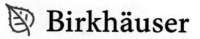

Mathematik Kompakt

Reihe herausgegeben von
Martin Brokate, Garching, Deutschland
Aiso Heinze, Kiel, Deutschland
Mihyun Kang, Graz, Österreich
Götz Kersting, Frankfurt, Deutschland
Moritz Kerz, Regensburg, Deutschland
Otmar Scherzer, Wien, Österreich

Die Lehrbuchreihe *Mathematik Kompakt* ist eine Reaktion auf die Umstellung der Diplomstudiengänge in Mathematik zu Bachelor- und Masterabschlüssen.
Inhaltlich werden unter Berücksichtigung der neuen Studienstrukturen die aktuellen Entwicklungen des Faches aufgegriffen und kompakt dargestellt.
Die modular aufgebaute Reihe richtet sich an Dozenten und ihre Studierenden in Bachelor- und Masterstudiengängen und alle, die einen kompakten Einstieg in aktuelle Themenfelder der Mathematik suchen.
Zahlreiche Beispiele und Übungsaufgaben stehen zur Verfügung, um die Anwendung der Inhalte zu veranschaulichen.

- **Kompakt:** relevantes Wissen auf 150 Seiten
- **Lernen leicht gemacht:** Beispiele und Übungsaufgaben veranschaulichen die Anwendung der Inhalte
- **Praktisch für Dozenten:** jeder Band dient als Vorlage für eine 2-stündige Lehrveranstaltung

Weitere Bände in der Reihe http://www.springer.com/series/7786

Kristina Reiss · Christoph Hammer

Grundlagen der Mathematikdidaktik

Eine Einführung für den Unterricht in der Sekundarstufe

2. Auflage

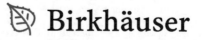

Kristina Reiss
Technische Universität München
München, Deutschland

Christoph Hammer
Universität Osnabrück
Osnabrück, Deutschland

ISSN 2504-3846   ISSN 2504-3854   (electronic)
Mathematik Kompakt
ISBN 978-3-030-65428-3   ISBN 978-3-030-65429-0   (eBook)
https://doi.org/10.1007/978-3-030-65429-0

Die Deutsche Nationalbibliothek verzeichnet diese Publikation in der Deutschen Nationalbibliografie; detaillierte bibliografische Daten sind im Internet über http://dnb.d-nb.de abrufbar.

Planung/Lektorat: Dorothy Mazlum
Birkhäuser ist ein Imprint der eingetragenen Gesellschaft Springer Nature Switzerland AG und ist ein Teil von Springer Nature.
Die Anschrift der Gesellschaft ist: Gewerbestrasse 11, 6330 Cham, Switzerland

Vorwort

Es gibt Bücher, die man als ein Wagnis bezeichnen kann. Wir meinen, dass dieses Buch dazugehört. Im Wesentlichen sind es zwei Gründe, die uns zu dieser Einschätzung führen und die sich beide direkt aus dem Reihentitel ergeben. Einerseits ist es ein Buch über Mathematikdidaktik, das wir in einer Reihe vorlegen, die der Mathematik gewidmet ist. Andererseits ist es ein kompaktes Buch, das entsprechend auf sehr begrenztem Raum versucht, wesentliche Themen der Mathematikdidaktik anzusprechen, was sicherlich eine Gratwanderung ist.

Beginnen wir mit dem Verhältnis von Mathematik und Mathematikdidaktik. George Bernard Shaw wird der Ausspruch zugeschrieben, dass England und die USA zwei Länder sind, die durch eine gemeinsame Sprache getrennt werden[1]. Unseres Erachtens kann man diese Aussage problemlos auf die Mathematik und die Mathematikdidaktik übertragen: Es sind zwei Wissenschaftsdisziplinen, die durch einen gemeinsamen Gegenstand getrennt werden. Wir wollen mit diesem Buch als gelernte und begeisterte Mathematiker und Mathematikdidaktiker gerne dazu beitragen, zwischen den beiden Bereichen zu vermitteln.

Die Mathematikdidaktik beschäftigt sich mit dem Lehren und Lernen von Mathematik, und damit basiert sie ohne Zweifel auf Wissen aus dieser wichtigsten Bezugsdisziplin. Die Mathematikdidaktik ist allerdings keine „kleine Mathematik", sozusagen die Reduktion der richtigen Mathematik auf Schulniveau. Erfolgreiches Lehren und Lernen hat eben nicht nur mit den Inhalten zu tun, sondern ganz zentral auch mit den agierenden Personen. Es gibt daher vielfältige Bezüge zu anderen Fächern wie etwa der Pädagogik und Psychologie, der Soziologie oder der Philosophie. Die Nähe der Mathematikdidaktik zu diesen Geistes- und Sozialwissenschaften zeigt sich nicht nur in benachbarten oder sich ergänzenden Arbeitsfeldern, sondern auch in den Forschungsmethoden. Die Mathematik ist eine *beweisende* Disziplin und in dieser Eigenschaft einzigartig. Die Mathematikdidaktik kann sich hier nicht anschließen, sondern arbeitet mit geistes- und sozialwissenschaftlichen Methoden, um ihre Forschungsfragen zu beantworten.

---

[1] „We (the British and Americans) are two countries separated by a common language."

In diesem Band über die Grundlagen der Mathematikdidaktik werden wir grundlegende Ideen und Forschungsergebnisse der Disziplin beschreiben und sie an mathematikhaltigen Beispielen aus der Sekundarstufe illustrieren. Wir verleugnen nicht die besondere Nähe zur Pädagogik und Pädagogischen Psychologie, auf deren Ergebnisse wir uns schwerpunktmäßig beziehen. Das ist keine Geringschätzung anderer Bezüge oder gar Bezugsdisziplinen, sondern durch die Tatsache bedingt, dass jede Darstellung der Mathematikdidaktik sich auf eine Auswahl des Wissens beschränken muss. Wir haben diese Betonung gewählt und dabei versucht, soweit wie möglich auf der Basis empirischer Evidenz zu argumentieren.

Die kompakte Darstellung war eine große Herausforderung beim Schreiben des Textes. Die Beschränkung auf (zumindest nach unserer Ansicht) wesentliche Aspekte des Fachs hat dazu geführt, dass wir ein umfangreiches Literaturverzeichnis angebunden haben. Die Idee dahinter ist schlicht: Wir möchten unsere Leserinnen und Leser ermuntern, ihren eigenen Interessen entsprechend die Beschäftigung mit den Themen zu erweitern und zu vertiefen. Ein Fach wie die Mathematikdidaktik kann man von verschiedenen Blickwinkeln aus betrachten und man sollte sich das für einen guten Unterricht am besten zur Gewohnheit werden lassen. In diesem Sinne wünschen wir eine interessante und erfolgreiche Lektüre.

An einem Lehrbuch sind außer den Autoren fast immer freundliche Helferinnen und Helfer beteiligt. Das ist auch bei uns nicht anders. Wir möchten daher an dieser Stelle gerne „Danke" sagen. Wir danken zuallererst unseren Studentinnen und Studenten an der Ludwig-Maximilians-Universität und der Technischen Universität München. Ihre Rückmeldungen auf das im Entstehen befindliche Manuskript haben sehr geholfen und zu vielen Präzisierungen und Verbesserungen geführt. Ein genauso großer Dank geht an die Mitarbeiterinnen und Mitarbeiter an den Münchner Lehrstühlen für Didaktik der Mathematik, die den Text unterstützend und kritisch kommentiert und korrigiert haben. Schließlich gilt unser Dank dem Herausgebergremium der Reihe *Mathematik kompakt* und dem Birkhäuser-Verlag für die große Geduld, mit der sie den Prozess des Schreibens begleitet haben. Wir hoffen sehr, dass sie das Wagnis einer mathematikdidaktischen Publikation noch immer mit Wohlwollen sehen.

München   Kristina Reiss
im März 2012   Christoph Hammer

Danke, liebe Leserinnen und Leser, für die sehr freundliche Aufnahme dieses Bandes. Wir haben in den letzten Jahren viele wertschätzende Rückmeldungen erhalten, die uns zu dieser neuen Auflage motiviert haben. Dabei haben wir Ergebnisse neuerer Forschung integriert, wesentliche Überschriften aber beibehalten. Die prinzipiellen Themen des Mathematikunterrichts haben sich unseres Erachtens nicht geändert und genau um die geht es uns. Wir wollen einen Überblick präsentieren, auf welchen Grundlagen guter Mathematikunterricht geplant und gestaltet werden kann. Dabei ist das Literaturverzeichnis noch ein wenig länger und hoffentlich auch anregender geworden. Einige neue Überlegungsaufgaben wurden ebenso ergänzt wie Hinweise zu möglichen Antworten. Lassen Sie sich von unserem Text inspirieren, dort tiefer in die Mathematikdidaktik einzusteigen, wo es Ihre Interessen trifft.

München   Kristina Reiss
im August 2020   Christoph Hammer

Inhaltsverzeichnis

Teil I
Ziele des Mathematikunterrichts

Die Mathematik ist eine wunderbare Lehrerin für die Kunst, die Gedanken zu ordnen, Unsinn zu beseitigen und Klarheit zu schaffen.

Jean-Henri Fabre (1823–1915)

Brauchen wir eigentlich Mathematik in der Schule? Das ist eine freche Frage mit einer einfachen Antwort: Ja, Mathematik ist (nicht nur) als Schulfach völlig unverzichtbar. Warum das so ist, wollen wir in diesem Kapitel zeigen. Wir werden dabei den allgemeinbildenden Wert und die Bedeutung der Mathematik im Alltag diskutieren und sehen, dass es eine ganze Reihe von guten Gründen gibt, sich mit dem Fach zu beschäftigen. Mathematik lernen und damit auch Mathematik lehren ist nützlich und sinnvoll. Dieses erste Kapitel wird Sie hoffentlich standfest(er) für Diskussionen mit Nicht-Mathematikern zurücklassen. In seinem Prolog zum Buch „Alles Mathematik" wünscht sich Gero von Randow, dass Mathematik Kult wird [5]. Dem können wir eigentlich nur zustimmen. Der Weg dahin dürfte zwar nicht ganz einfach sein, aber als Ziel ist der Kultstatus unübertroffen.

Nur wenige Fächer begleiten Schülerinnen und Schüler vom ersten bis zum letzten Schultag, das Fach Mathematik gehört dazu. Vom Umgang mit einfachen Zahlen und den Grundrechenarten bis hin zu den (Un-)Tiefen der Differential- und Integralrechnung sind mathematische Inhalte selbstverständlicher Teil des schulischen Lernens. Mathematik ist im Kanon der Schulfächer ein Kernfach mit einem relativ hohen Anteil an Unterrichtsstunden. Diese unangefochtene Stellung bekommt niemand geschenkt, noch nicht einmal – wie in diesem Fall – eine Disziplin mit einer mehr als 6000 Jahre langen Geschichte. Es muss also gute Gründe geben, warum man Mathematik unterrichtet, und diese Gründe müssen etwas mit der Realität von Kindern, Jugendlichen und Erwachsenen zu tun haben. Wir wollen im Folgenden daher zunächst den Beitrag zur Allgemeinbildung und den Nutzen des Fachs im Alltag diskutieren.

Mathematik und Allgemeinbildung

1

Was macht den allgemeinbildenden Charakter der Mathematik aus? Nun, fraglos muss dazu der Bildungswert des Fachs als unverzichtbar angesehen werden. Es sollte also insbesondere (in Anlehnung an Klafki[1], man vergleiche [81] bzw. [82]) eine wesentliche Bedeutung des Lerninhalts für das gegenwärtige und zukünftige Leben der Lernenden gegeben sein. Wir werden darauf etwas später zurückkommen. Folgt man Heymann[2], einem weiteren Erziehungswissenschaftler mit deutlichem Bezug zur Mathematik, dann gehört dazu nicht nur, dass der Unterricht die Schülerinnen und Schüler konkret und pragmatisch auf ihren späteren beruflichen und privaten Alltag vorbereitet („Lebensvorbereitung"). Es geht auch darum, durch den Unterricht Kultur zu tradieren („Stiftung kultureller Kohärenz") und einen Überblick über unsere Welt und ihre Probleme zu geben („Weltorientierung"). Schließlich soll Unterricht auch individuelle Eigenschaften wie das selbstständige Denken oder das Kritikvermögen stärken, zur Übernahme von Verantwortung motivieren und die Verständigung und Kooperation zwischen Individuen fördern. Heymann nennt diese weiteren Dimensionen die „Anleitung zum kritischen Vernunftgebrauch", die „Entfaltung von Verantwortungsbereitschaft", die „Einübung in Verständigung und Kooperation" sowie die „Stärkung des Schüler-Ichs" [73].

Das klingt in der Theorie gut, doch die Frage des konkreten Beitrags der Mathematik ist damit noch nicht beantwortet. Was macht den Bildungswert der Mathematik aus? Welche Inhalte und Methoden sind für Schülerinnen und Schüler von unmittelbarer Relevanz, sei es in ihrem Alltag oder in einem anderen Schulfach, was spielt für den zukünftigen Beruf, ein Studium oder aber die Teilhabe am sozialen und kulturellen Leben eine Rolle? Man kann

---

[1] Wolfgang Klafki (1927–2016) war ein Erziehungswissenschaftler, der wichtige Arbeiten zu einer bildungstheoretisch fundierten Didaktik geleistet und damit insbesondere auch die Fachdidaktiken beeinflusst hat.

[2] Hans-Werner Heymann, *1946, ist ein Erziehungswissenschaftler mit den Schwerpunkten Schulpädagogik und Didaktik (z. B. im Hinblick auf bildungstheoretische Grundlagen) und einem Hintergrund als Mathematiklehrer.

© Der/die Autor(en), exklusiv lizenziert durch Springer Nature Switzerland AG 2021
K. Reiss und C. Hammer, *Grundlagen der Mathematikdidaktik,* Mathematik Kompakt,
https://doi.org/10.1007/978-3-030-65429-0_1

versuchen, diese Fragen für einzelne Themen des Unterrichts zu beantworten. Dann wird es sicherlich keine ernsthafte Diskussion um die Bedeutung der Grundrechenarten geben. Aber hat die Multiplikation von Bruchzahlen irgendeinen praktischen Wert? Braucht man wirklich Kenntnisse in Wahrscheinlichkeitsrechnung und Statistik? Ist das Beweisen in der Geometrie nicht eher überflüssig, weil es weder in anderen Schulfächern noch im Fach selbst in genau dieser Form in den folgenden Schuljahren genutzt wird? Nein, so einfach kann und darf man wichtige und unwichtige Inhalte nicht voneinander trennen. Die Kinder und Jugendlichen werden in der Zukunft unterschiedliche Wege gehen, unterschiedliche Berufe ergreifen und dazu jeweils unterschiedliche Voraussetzungen mitbringen müssen. Es ist daher sinnvoll, sich dem Problem aus entsprechend unterschiedlichen (aber aufeinander aufbauenden) Perspektiven zu nähern. Wir ordnen sie nach den oben genannten Funktionen von Unterricht und beschränken uns dabei auf eine Auswahl mit besonderem Bezug zum Fach.

Lebensvorbereitung

Zur Vorbereitung auf das Leben gehören nach Heymann ganz allgemeine Aspekte, die man im Grunde überall in der Schule lernen kann, genauso wie solche, die ganz besonders im Mathematikunterricht erworben werden können [73]. Lern- und Arbeitstechniken kann man in jedem Fach vermitteln, die Fähigkeit zu selbstständiger Informationsbeschaffung und zum aktiven Umgang mit Medien ist angesichts der unzähligen (guten und weniger guten) Möglichkeiten im Internet explizit eine Aufgabe für alle Fächer geworden, aber der sichere Umgang mit symbolischen und graphischen Darstellungen oder die Fähigkeit zum Abschätzen von Größenordnungen oder Größenverhältnissen gelingen vielleicht im Mathematikunterricht besser als in anderen Fächern.

Beispiel (Alltagswissen)

In der Fernsehsendung „Wer wird Millionär?" vom 27.01.2011 wurde die Frage gestellt, ob *GZSZ* oder die *Tagesschau* vor nicht allzu langer Zeit auf die 20 000-ste Sendung zurückblicken konnte.[3] Der Kandidat hatte größte Mühe zu überlegen, wie viele Jahre es dauert, bis eine (fast) täglich ausgestrahlte Sendung diesen Wert erreichen kann. Dabei ist es nicht schwer, wenn man sinnvolle Abschätzungen nutzt, und genau das tat der Moderator. GZSZ kann man ungefähr fünfmal in der Woche

---

[3] GZSZ bedeutet *Gute Zeiten, schlechte Zeiten* und ist eine *Daily Soap* im Deutschen Fernsehen, die seit 1992 gezeigt wird. Ein bisschen Wissen um die Welt außerhalb der Mathematik ist (leider) auch hier unverzichtbar.

sehen. Nehmen wir an, die Woche hat 5 Tage und das Jahr 50 Wochen, dann geht es um etwa 250 Sendungen im Jahr, also etwa 20 000 : 250 = 80 Jahre. So viele Sendungen dürfte GZSZ also noch nicht erlebt haben. Andererseits sendet die Tagesschau täglich, aber 20 000 : 365 ist zu schwierig, oder? Nun, die Abschätzung 20 000 : 400 = 50 kommt wohl ungefähr hin und beantwortet die Frage.

Man kann an dem Beispiel übrigens auch sehr schön sehen, wie sich eine Aufgabenstellung entwickeln kann. Wie sieht es mit *GZSZ* und der *Tagesschau* zehn Jahre später aus? Ja, beide Sendung laufen immer noch. Und 50 Wochen mit je 5 Tagen in 10 Jahren bedeuten für *GZSZ* einen Zuwachs von etwa 2 500 Sendungen, während es die Tagesschau bei 365 Tagen in 10 Jahren auf mehr als 3500 Sendungen zusätzlich bringt. Wann ungefähr ist also, wenn man unveränderte Sendungshäufigkeit voraussetzt, mit der 30 000-sten Ausstrahlung zu rechnen? Eine solche einfache Betrachtung kann beispielsweise am Beginn einer Auseinandersetzung mit dem Begriff des Wachstums stehen.   □

Fraglos spielt die Mathematik in vielen Studiengängen und Arbeitsfeldern eine wichtige Rolle. Dabei sind es auch Bereiche, in denen man auf den ersten Blick nicht mit Mathematik rechnen würde. Nicht nur die Natur- oder Ingenieurwissenschaften, sondern auch die Sozialwissenschaften nutzen umfangreich mathematische Methoden, offensichtlich sind bei Banken und Versicherungen Mathematikkenntnisse unverzichtbar, sie sind es genauso in der Bauwirtschaft oder im gewerblichen Bereich. In jedem Fall ist also ein solides Schulwissen nötig, auf dem dann aufgebaut werden kann. Welche Kenntnisse und Fertigkeiten auf einer spezifischen Klassenstufe und in einem spezifischen Schultyp vermittelt werden müssen, ist dabei unterschiedlich zu konkretisieren (siehe Kapitel pagerbista zu den Bildungsstandards).

Aufgabe (Zuviel Mathe)
Im Oktober 1995 fasste die Bild-Zeitung die Hablitationsschrift von Hans-Werner Heymann (siehe [73]) folgendermaßen zusammen:

„Zuviel Mathe-Unterricht ist Quatsch – das sagt ausgerechnet ein Mathematik-Professor. Hans Werner Heymann (Uni Bielefeld) forschte und fand heraus: Was Erwachsene an Mathematik brauchen, lernen sie in den ersten sieben Schuljahren. Alles, was darüber hinaus vermittelt wird, spielt im späteren Leben keine Rolle mehr. Logarithmus, Sinus und Cosinus – seit Jahren Stoff unzähliger Familiendramen – sind, so der Professor, fürs spätere Leben völlig unnütz."

Fallen Ihnen Argumente für diese (übel verkürzte) Meinung ein? Diskutieren Sie unvoreingenommen mögliche Kritikpunkte am Sinn und Zweck einzelner Unterrichtsinhalte.   □

Stiftung kultureller Kohärenz

Ein wenig abgehoben mag dieser Begriff ja klingen, aber es geht auch hier im Grunde um einen plausiblen Gedanken: Kinder und Jugendliche leben in einer Kultur, zu der die Mathematik und mathematisches Wissen genauso gehören wie Musik, Kunst und Literatur. Wenn sie lernen sollen, sich als Teil dieser Kultur zu begreifen, was sicherlich ein sinnvolles Ziel ist, dann müssen sie diese Dimension erfahren. Dazu gehört es zu verstehen, welche zentralen Errungenschaften in unserem Kulturkreis mit der Mathematik verbunden sind und welche Bezüge es zwischen Fachkultur und „allgemeiner" Kultur gibt. Konkret sind hier fundamentale Ideen zum Wesen der Mathematik bedeutsam, die sich in der Geschichte nachverfolgen lassen und noch immer von zentraler Bedeutung sind. Eine Aufstellung gibt Schweiger[4], der Begriffe wie *Symmetrie, Algorithmus, Approximation/Modellierung, Funktion, Invarianz* und *Charakterisierung* einbezieht [159]. In welcher Weise sie die Mathematik bestimmt und zur Entwicklung des Fachs beigetragen haben, aber auch welche Wurzeln sie zum Teil in Problemen oder Phänomenen des alltäglichen Lebens oder der Umwelt haben, das sollte im Unterricht nicht unerwähnt bleiben.

Zur Stiftung kultureller Kohärenz gehört es auch, Mathematik als „Wissenskultur" im Sinne von Loos und Ziegler[5] zu begreifen, die „mehr als ein Schweizer Taschenmesser" ist [104, S. 9]. Die Autoren nennen insbesondere Aspekte, die bei einer allzu alltagsgewandten Sicht vernachlässigt werden. Für Schule und Unterricht besonders relevant dürften dabei die Beachtung der historischen Entwicklung des Fachs sowie die mit der Mathematik verbundenen philosophischen und ethischen Fragen sein.

Beispiel (Die Symmetrie als Grundbegriff)

Der Begriff der Symmetrie zieht sich durch viele Schulfächer. Exemplarisch seien die Bildende Kunst oder die Biologie genannt. Insbesondere stellt die Symmetrie ein Ordnungsprinzip dar, das offensichtlich aus der Natur übernommen ist und in weite kulturelle Bereiche hineinwirkt. Symmetrie ist aber auch eines der zentralen Themen der Mathematik, das von den ersten Schuljahren an eine Rolle spielt und immer noch einen aktuellen Forschungsbezug hat. Bereits in der Grundschule werden ebene Figuren auf Symmetrieeigenschaften hin untersucht oder symmetrische Figuren hergestellt [40]. In der Sekundarstufe gilt es dann, diese Erfahrungen zu systematisieren.

---

[4] Fritz Schweiger, *1942, ist ein österreichischer Mathematikdidaktiker, der bis zu seiner Emeritierung an der Universität Salzburg gearbeitet hat. Zu seinen wesentlichen Forschungsthemen zählen die genannten *Fundamentalen Ideen* der Mathematik.

[5] Günther M. Ziegler, *1963, befasst sich mit diskreter Mathematik, insbesondere mit diskreter Geometrie und der Topologie diskreter Strukturen. Immer wieder hat er sich darüber hinaus sehr erfolgreich in die Kommunikation von Mathematik eingebracht.

Hier werden beispielsweise die Kongruenzabbildungen behandelt und mit den aus der Anschauung bereits bekannten Begriffen wie Achsensymmetrie, Punktsymmetrie oder Drehsymmetrie in Verbindung gebracht [157]. ☐

Weltorientierung

Mit Weltorientierung ist keineswegs gemeint, dass der „Nützlichkeitsaspekt" der Mathematik betont werden soll, es geht vielmehr darum, im Unterricht das Basiswissen für die Teilhabe an wesentlichen gesellschaftlichen Prozessen zu vermitteln. Insbesondere sollen Schülerinnen und Schüler erfahren, wie mathematisches Wissen und mathematische Erkenntnisse zur Deutung und Modellierung alltäglicher Phänomene (man vergleiche S. 91), aber auch zum Verständnis solcher Phänomene beitragen können. Durch die rasant gewachsene Verbreitung digitaler Medien hat dieser Aspekt einerseits an Bedeutung gewonnen, denn eine sichere, fehlerfreie und zuverlässige Datenübertragung ist in vielen Anwendungssituationen von Belang, sei es beim Online-Banking, beim Telefonieren oder beim Bezahlen an der Warenhauskasse. Andererseits werden diese Aspekte oft nur genutzt und nicht hinterfragt. Wie viel Mathematik in unserer modernen Welt steckt, ist nicht unbedingt jedem oder jeder bewusst (ein Tipp für Interessierte sind die Beiträge in [5]). Die folgende Aufgabe soll zum eigenen Nachdenken anregen (vergleiche auch [77]) und zeigen, wie mathematische Modellierung zum Verständnis eines realen Sachverhalts beitragen kann. Aber natürlich: Man kann auch ohne dieses Verständnis mit dem Fahrrad fahren.

Beispiel (Fahrradschaltung)

Wie viele (wirklich unterscheidbare) Gänge hat ein 21-Gang-Fahrrad? Diese Frage kann man beantworten, wenn man an die möglichen und gängigen Größen von Kettenblatt und Ritzel denkt und überlegt, wie beide zusammenspielen. ☐

Zur Sache (Fahrradschaltung)

Da bei einer Umdrehung der Kurbel das hintere Zahnrad um so viele Zähne weiter gedreht wird, wie das vordere Kettenblatt Zähne hat, ergibt sich die Übersetzung als Quotient aus den Zahnanzahlen der gewählten Kombination. Hat man z. B. die Kombination 32 Zähne vorne und 16 Zähne hinten gewählt, dreht sich das Rad bei einer Kurbeldrehung zwei Mal. Je größer also der Quotient ist, umso größer ist die so genannte „Entfaltung", also die Strecke, die pro Kurbeldrehung zurückgelegt wird.

Für ein Trekkingrad mit 21 Gängen gibt es etwa Zahnkränze, die vorne 22, 32, 42 Zähne und hinten 12, 14, 16, 18, 21, 24, 28 Zähne haben. Zwar ergibt sich rechnerisch nur eine exakte Übereinstimmung (32/16 und 42/21), aber bei sinnvoller Rundung finden sich mehrere kaum zu unterscheidende Gänge. Natürlich sollte man hier auch das Problem ansprechen, dass Extremkombinationen wegen stärkerem Verschleiß vermieden werden sollten, weshalb nicht alle rechnerisch möglichen Kombinationen tatsächlich nutzbar sind. ◄

Der Mathematikunterricht soll Gelegenheiten geben, zwischen Fach und Alltag vermittelnde Erfahrungen zu sammeln. Er muss die Schülerinnen und Schüler aber auch dabei unterstützen, diese Erfahrungen angemessen einzuordnen. Die Weltorientierung erschöpft sich nicht nur im Lösen praxisnaher Aufgaben, sondern ist mit Einsicht in Zusammenhänge und so auch eng mit der Förderung kritischer Reflexion verbunden.

Anleitung zum kritischen Vernunftgebrauch
Die eigene Vernunft kritisch zu gebrauchen ist sicher nicht nur ein Ziel des Mathematikunterrichts, aber in diesem Kontext vielleicht leichter anzugehen als in anderen Fächern. Damit ist beispielsweise verbunden, Behauptungen, Schlussfolgerungen oder Werturteile nicht einfach als gegeben hinzunehmen, sondern sie zu hinterfragen, mögliche Widersprüche zu erkennen, Unstimmigkeiten zu identifizieren und dabei dem eigenen, rational gefällten Urteil zu vertrauen. Die Mathematik kann hier einen besonderen Beitrag leisten, weil subjektive Ansichten nicht zählen und ohne den Rückgriff auf Autoritäten entschieden werden muss, ob eine Aussage richtig oder falsch ist.

Beispiel (Kritische Vernunft)

1. Mathematikhaltige Situationen, in denen kritischer Vernunftgebrauch helfen könnte, begegnen uns überall. So war zum Beispiel in einer Zeitschrift zu lesen, dass jeder täglich gelaufene Kilometer das Herzinfarktrisiko um elf Prozent senkt [6]. Die etwas schlichte Frage, wie weit man täglich laufen müsste, um sicher keinen Herzinfarkt zu erleiden, wollen wir uns sparen. Aber wie könnte die Aussage gemeint sein? In einem anderen Zeitungsbericht war zu lesen, dass in Ostdeutschland jede zweite Mutter regelmäßig an Sonn- und Feiertagen arbeitet, während

---

[6]Deutsche Zeitschrift für Sportmedizin, Jahrgang 60, Nr. 10 (2009).

dies in Westdeutschland jede dritte tut. Die Überschrift der Meldung lautet: „Jede 5. Mutter arbeitet auch sonntags". Ist doch ganz einfach: $\frac{1}{2} + \frac{1}{3}$ ergibt $\frac{1}{5}$, oder?

2. Es ist gar nicht so einfach, Beweise (besser ausgedrückt: Beweise bzw. etwas, was so ähnlich aussieht) zu beurteilen. In einer Studie von Lulu Healy und Celia Hoyles ging es etwa darum, mathematische Argumentationen im Hinblick auf ihre Korrektheit beurteilen zu lassen [60]. Dazu wurden Schülerinnen und Schülern der 10. Jahrgangsstufe korrekte bzw. nicht korrekte Begründungen eines mathematischen Sachverhalts gezeigt und es wurde nach der Schlüssigkeit der Argumentation gefragt. Die Aufgabe erwies sich als relativ schwierig. So konnten nur wenige Schülerinnen und Schüler beispielsweise einen Zirkelschluss erkennen. Allerdings orientierten sie sich ohnehin weniger am mathematischen Inhalt als an der Art der Darstellung. Beweise (oder: s. o.), die einen formalen Eindruck machten, wurden in der Regel als korrekt angesehen und zwar unabhängig von der tatsächlichen Korrektheit. Formal wirkende Argumentationen wurden zusätzlich als von der Lehrerin oder dem Lehrer erwünscht eingestuft. Entsprechende Untersuchungen mit deutschen Gymnasiastinnen und Gymnasiasten bestätigten diese Ergebnisse. Auch hier war es eher eine formal wirkende Darstellung, die überzeugte, und zwar auch dann, wenn dahinter eine fehlerhafte Argumentation steckte (siehe [87] und [138]). □

Auch wenn der Gebrauch kritischer Vernunft wie geschaffen für den Mathematikunterricht scheint, sollte nicht vergessen werden, dass die Mathematik keine starre Wissenschaft ist. Sie ist in einen gesellschaftlichen Kontext eingebunden, ein sich weiter entwickelndes Forschungsfeld und „keineswegs eine Sammlung unveränderlicher Wahrheiten" (man vergleiche [104]).

Nicht diskutiert werden soll an dieser Stelle, wie der Mathematikunterricht zur Entfaltung von Verantwortungsbereitschaft, zum Üben von Verständigung und Kooperation und zur Stärkung des Schüler-Ichs beitragen kann. In diesen Bereichen geht es weniger um kognitive Aspekte als um Personenmerkmale mit einer affektiven, also Einstellungen und Gefühle betreffenden, sozialen (das Verhalten in Gruppen betreffenden) bzw. behavioralen (individuelle Verhaltensweisen betreffenden) Komponente und damit jeweils um ein ganz neues „Fass", für das auf die Originalliteratur verwiesen sei [73].

Grundfragen und Grunderfahrungen

Offensichtlich lässt sich das Konzept der Allgemeinbildung in sehr konkrete Kontexte einbetten. Um es im Unterricht sinnvoll umzusetzen, sei noch einmal auf Klafki verwiesen [81]. Er hat in dieser frühen Arbeit fünf didaktische Grundfragen herausgearbeitet, an denen sich fachliche Inhalte messen lassen sollten. Neben der bereits oben genannten Bedeutung für Gegenwart und Zukunft von Schülerinnen und Schülern nennt er die *exemplarische Bedeutung* des Inhalts, seine *Struktur* und seine *Zugänglichkeit*. Der Nachweis einer exemplarischen Bedeutung verlangt, dass Unterrichtsinhalte zwar einer spezifischen Thematik zugeordnet sein können, dabei aber zur Lösung allgemeinerer Probleme nützlich sein sollten. Schülerinnen und Schüler sollten insbesondere diesen Nutzen erkennen können. Eng damit verbunden ist offensichtlich die Zugänglichkeit des Lerninhalts auf dem Niveau des Schulunterrichts. Schließlich ist die so genannte Struktur zu beachten, durch die ein Thema in einen größeren Zusammenhang eingebettet wird und die Frage von Lernvoraussetzungen angesprochen ist.

Allen Aspekten ist gemeinsam, dass sie eine individuelle, ggf. auch eine auf die spezielle Klasse bezogene Komponente haben. Damit kann man argumentieren, dass ein allgemeinbildender Mathematikunterricht die subjektiven Sichtweisen der Schülerinnen und Schüler ernst nehmen sollte. Das Allgemeinbildungskonzept legt nicht fest, *was* Gegenstand des Mathematikunterrichts sein sollte, es gibt aber durchaus einen Anhaltspunkt, *wie* (etwa im Sinne von Schülerorientierung) unterrichtet werden kann. Das Eingehen auf Umwege und Irrwege, das Zulassen alternativer Deutungen, die Anregung zu Ideenaustausch und Reflexion und die Initiierung eigenverantwortlichen Handelns sollten sich als kompatibel mit diesem Konzept erweisen.

Angemerkt sei an dieser Stelle noch die einflussreiche Auffassung von Winter[7], der den allgemeinbildenden Charakter der Mathematik an so genannten *Grunderfahrungen* festmacht [182]. Sie sind vielfältig miteinander verknüpft und sollen im Unterricht ermöglicht werden. Dem Wortlaut folgend sind es diese drei Erfahrungen:

1. Erscheinungen der Welt um uns, die uns alle angehen oder angehen sollten, aus Natur, Gesellschaft und Kultur, in einer spezifischen Art wahrzunehmen und zu verstehen;
2. mathematische Gegenstände und Sachverhalte, repräsentiert in Sprache, Symbolen, Bildern und Formeln, als geistige Schöpfungen, als eine deduktiv geordnete Welt eigener Art kennenzulernen und zu begreifen;
3. in der Auseinandersetzung mit Aufgaben Problemlösefähigkeiten, die über die Mathematik hinaus gehen (heuristische Fähigkeiten), zu erwerben.

Mit dem ersten Aspekt werden „Beispiele aus dem gelebten Leben" verbunden, in denen sich Anwendungen der Mathematik zeigen. Winter nennt dabei sehr konkrete Inhalte mit Relevanz für den Alltag wie das Zinsrechnen oder Mathematisierungen im technischen und naturwissenschaftlichen Bereich. Der zweite Aspekt eröffnet die Möglichkeit, „strenge Wissenschaft" zu betreiben und das an geeigneten Fragestellungen (etwa zu Zahlen bzw. Zahlbereichserweiterungen oder in der Geometrie) zu üben. Im dritten Aspekt wird schließ-

---

[7] Heinrich Winter (1928–2017) war ein deutscher Mathematikdidaktiker, der in vielen Teilbereichen zur Entwicklung des Fachs beigetragen hat. Wesentliche Arbeiten betreffen Grundlagen und fundamentale Ideen der Mathematik in der Schule.

lich der „formale Bildungswert" von Mathematik und das Fach „als Schule des Denkens" angesprochen. Dieser Aspekt kann etwa durch ein reflektiertes mathematisches Problemlösen erfahren werden. Winter differenziert seine Vorstellungen zu Lernzielen in [180] aus und nennt acht Aspekte, die er in „Haltungen" und „Intellektuelle Grundfertigkeiten" gliedert. Eine ausführliche Darstellung des Problemkreises „Allgemeine Lernziele" findet man bei Wittmann[8] [183].

Interesse, Motivation, Selbstwirksamkeit

Implizit wird es immer wieder deutlich, doch auch explizit soll es erwähnt werden: Der Mathematikunterricht kennt nicht nur kognitive Lernziele. Genauso muss es darum gehen, das Interesse von Schülerinnen und Schülern für die Mathematik zu wecken, ihre Motivation für eine Auseinandersetzung mit dem Fach zu stärken und ihre Selbstwirksamkeitserwartungen, also ihr Vertrauen in die eigenen Fähigkeiten, bestmöglich zu entwickeln.

Diese so genannten mehrdimensionalen Bildungsziele wurden im Rahmen von PISA 2012 untersucht, als Mathematik Hauptdomäne der Studie war. Die Ergebnisse kann man direkt auf den Unterricht beziehen: So hängen sowohl die erreichten mathematischen Kompetenzen als auch die auf das Fach bezogenen Selbstwirksamkeitserwartungen positiv mit einem Unterricht zusammen, der die Schülerinnen und Schüler kognitiv aktiviert (man vergleiche S. 25) und in dem hinreichend auf Disziplin geachtet wird. Ein solcher Unterricht fördert außerdem die Freude am Fach und das Interesse der Jugendlichen für die Mathematik, wobei hier auch die konstruktive Unterstützung durch die Lehrerinnen und Lehrer eine wesentliche Rolle spielt [156].

---

[8]Erich Christian Wittmann, *1939, ist ein Mathematikdidaktiker, der sich sehr grundlegend mit Fragen des Mathematikunterrichts beschäftigt und durch zahlreiche Diskussionsbeiträge und Publikationen auch im Rahmen des von ihm mitbegründeten Projekts „mathe 2000" maßgeblichen Einfluss auf die didaktische Diskussion v. a. im Primarschulbereich genommen hat.

Mathematik und Anwendungen im Alltag

2

Die Idee einer bildungstheoretisch fundierten Didaktik erschöpft sich natürlich nicht im allgemeinbildenden Wert eines Fachs. Die Bedeutung für das gegenwärtige Leben muss auch mit dem ganz normalen Alltag in Verbindung gebracht werden können. Fraglos begegnet uns in diesem Alltag fast überall Mathematik. Wir hatten im vorigen Abschnitt schon die Bedeutung für elektronische Medien erwähnt: Ohne Mathematik würde das Smartphone weder klingeln noch Musik spielen oder ein Foto aufnehmen. Aber auch ganz klassische Bereiche sind auf mathematisches Wissen angewiesen: Ohne Mathematik gäbe es keine Berechnung der Statik, sodass Häuser und Brücken einfallen würden, und wir könnten beim Einkauf günstige und weniger günstige Angebote nicht unterscheiden. Selbstverständlich gibt es eine Unmenge weiterer einfacher und komplexer Beispiele, mit denen die Unverzichtbarkeit der Mathematik belegt werden kann (man vergleiche etwa die Beiträge in [5] zum fachlichen Hintergrund einiger solcher Beispiele).

Wird das Fach in der Schule aber tatsächlich unter diesem Aspekt gesehen? Und wird die Mathematik in diesen Kontexten auch sichtbar und wahrgenommen? Nicht unbedingt, und das ist schade. In der Praxis wird Mathematik noch immer viel zu oft mit schlichtem Rechnen in Verbindung gebracht, das man dann wiederum an den Taschenrechner delegieren kann. Keine Frage, dass man so selbst mit einer simplen Plausibilitätskontrolle schnell überfordert ist.

© Der/die Autor(en), exklusiv lizenziert durch Springer Nature Switzerland AG 2021
K. Reiss und C. Hammer, *Grundlagen der Mathematikdidaktik*, Mathematik Kompakt,
https://doi.org/10.1007/978-3-030-65429-0_2

Beispiel (Prozentrechnen)

Es gibt viele Belege für eher unzureichende Mathematikkenntnisse, gerade im Bereich des Bruch- und Prozentrechnens. Die folgende Aufgabe wurde im Rahmen von TIMSS[1] verwendet und zeigt Schwierigkeiten schon bei sehr schlichten Rechnungen [11].

Im letzten Jahr besuchten 1172 Schüler und Schülerinnen das Gymnasium Neufeld. Dieses Jahr sind es 15 % mehr als im letzten Jahr. Wie viele Schüler und Schülerinnen gehen dieses Jahr ungefähr ins Gymnasium Neufeld?

A. 1800   B. 1600   C. 1500   D. 1400   E. 1200

Die Aufgabe wurde in der siebten und achten Jahrgangsstufe gestellt und von 43 % bzw. 53 % der Schülerinnen und Schüler korrekt gelöst. Man kann es auch so sehen: Gut die Hälfte der jüngeren Kohorte bzw. knapp die Hälfte der älteren Kohorte war nicht in der Lage, die Aufgabe richtig zu bearbeiten. International gesehen (und hier sind mehr als 20 Staaten eingeschlossen) lagen die Lösungsraten noch etwas niedriger, nämlich bei 36 % bzw. 44 % korrekter Lösungen in Klasse 7 bzw. Klasse 8 (man vergleiche [11]).   ☐

In der Überwindung dieser Schwierigkeiten liegt eine wesentliche Aufgabe des Mathematikunterrichts. Es geht allerdings nicht nur darum, Inhalte oder Formeln zu kennen und sie im Unterricht zu nutzen. Vielmehr sollen Schülerinnen und Schüler zu einer flexiblen Anwendung von Mathematik in vielfältigen Kontexten befähigt werden. Es ist genau dieser Gedanke, der dem Konzept der mathematischen Grundbildung („mathematical literacy") zu Grunde liegt, so wie es bei PISA[2] verstanden wird. Es geht darum, die Rolle der Mathematik in der Welt zu erkennen und zu verstehen, begründete mathematische Urteile abzugeben und Mathematik sinnvoll anzuwenden. Das Konzept der mathematischen Grundbildung zielt insbesondere nicht nur auf alltagsnahe Anwendungen von Mathematik, sondern umfasst genauso ein Verständnis für mathematische Denk- und Arbeitsweisen und für die Mathematik als ein Kulturgut ([33, 121, 137]). Das aktualisierte Framework für PISA 2021 greift diese Auffassung auf und betont dabei Problemlösen und Argumentieren als wichtige mathemati-

---

[1] TIMSS steht für die *Third International Mathematics and Science Study,* eine internationale Studie, deren Ergebnisse Ende der 1990er Jahre veröffentlicht wurden [9]. Hier wurde erstmals auf statistisch gut abgesichertem Niveau deutlich, dass die Kenntnisse von deutschen Schülerinnen und Schülern im Fach Mathematik weit hinter den Erwartungen zurückblieben.

[2] PISA ist das *Programme for International Student Assessment,* eine Studie der OECD, durch die im Abstand von drei Jahren Kompetenzen im Lesen, der Mathematik und den Naturwissenschaften in einer großen Zahl von Ländern bei Schülerinnen und Schülern im Alter von 15 Jahren erhoben und verglichen werden.

sche Tätigkeiten. Es gilt, den mathematischen Kern eines Problems zu erkennen und diesen in eine mathematische Sprache bzw. einen mathematischen Term zu übersetzen [120].

Damit greift – auch in der Sichtweise von PISA – die allenthalben geäußerte Forderung nach mehr anwendungsorientierten Aufgabenstellungen im Unterricht zu kurz. Als Beispiel sei noch einmal die Prozentrechnung erwähnt, die üblicherweise mit einer Fülle von Alltagsbezügen behandelt wird und bei der dennoch der erwünschte Erfolg ausbleibt. Wo liegen also die Probleme? In der Literatur werden im Wesentlichen drei Gründe genannt, warum Schülerinnen und Schüler mit diesem Inhalt nur schwer zurecht kommen.

1. Trotz der Betonung möglicher realer Bezüge dominieren im Unterricht noch immer die eher regelhaften und prozeduralen Aspekte. Die vermeintlich alltagsbezogenen Aufgaben sind häufig nicht mehr als „Einkleidungen" (vergleiche S. 158), die der Routinisierung bestimmter Rechenoperationen dienen: „Tina ist 1,60 m groß. Ihr Vater ist um 20 % größer als sie. Um wie viel Prozent ist Tina kleiner als ihr Vater?" Diese Aufgabe findet sich so in einem (zugegeben etwas älteren) Schulbuch [36, S. 179] und wird sicherlich auch als Übungsaufgabe zum Prozentrechnen verwendet. Offensichtlich hat sie aber keine wirkliche Alltagsrelevanz, da man sich im normalen Leben eine solche Frage kaum stellen würde. Auch der Vater wird ein Maßband zu Hilfe nehmen, wenn er seine Größe bestimmen möchte. Das Einbringen einer Prozentrechnung ist hier jedenfalls nutz- und sinnlos.

2. Der Lebensweltbezug in einer Aufgabe ist keine Konstante. Er kann je nach Alter der Kinder oder Jugendlichen ganz unterschiedlich gesehen werden, er kann aber auch von Interessen und anderen eher persönlichen Dispositionen abhängen. So haben beispielsweise Hypothekenkredite wenig mit dem Leben eines 12-Jährigen zu tun, die Anschaffung von Autos liegt selbst in den folgenden Klassen in weiter Ferne und nicht jede oder jeder muss sich für Glücksspiele begeistern. Gute Aufgaben leben aber davon, dass sie zum eigenständigen Explorieren ermuntern, was letztendlich Kontextverständnis und eine gewisse Motivation zur Beschäftigung mit dem Kontext voraussetzt.

3. Es kommt schließlich nicht selten vor, dass Alltagsprobleme zwar prinzipiell geeignet scheinen, aber dann unrealistisch formuliert sind. Soll zum Beispiel aus Höhe und Breite eines Bildschirms die Länge der Bildschirmdiagonale berechnet werden, dann ist das mathematisch möglich, aber im Grunde ohne einen praktischen Wert. Im realen Leben der Werbeprospekte ist es schlicht umgekehrt, denn dort ist in der Regel als erste Information genau diese Länge der Diagonalen angegeben.

Entsprechend wundert es auch nicht, wenn die Schülerinnen und Schüler eine unüberbrückbare Kluft zwischen ihrem Leben in der Schule und dem Leben außerhalb sehen. Ein Vorschlag der Mathematikdidaktik zur Überwindung des Konflikts liegt darin, in eher künstliche Kontexte eingekleidete Sachaufgaben deutlich als solche erkennbar zu machen und wenigstens hin und wieder *echte* Probleme aus dem Alltag lösen zu lassen. Geeignete Probleme müssen identifiziert und im Unterricht schülergerecht thematisiert und aufbereitet werden.

Wir kommen in Teil VIII auf die Problematik des Alltagsbezug zurück und geben dort Beispiele dafür, wie man den hier angesprochenen Problemen begegnen kann.

Ja, es gibt Alltagsbezüge, die auch für den Mathematikunterricht geeignet sind und genutzt werden sollten. Wenn das allerdings einmal nicht möglich ist, dann sind innermathematische Anwendungen einer künstlich wirkenden Scheinanwendung vorzuziehen.

Die Mathematik im Rahmen der Unterrichtsfächer 3

Die Exploration mathematischer Phänomene ist im Schulunterricht nicht auf das Fach Mathematik beschränkt. Es gibt zahlreiche Verbindungen auch zu anderen Fächern. Vermutlich kann man drei Gruppen unterscheiden, nämlich

1. Fächer, die zwingend auf Inhalte der Mathematik angewiesen sind. Das sind im Rahmen des üblichen Curriculums wesentlich die Fächer Physik und Informatik, aber auch das Fach Wirtschaft,
2. Fächer, die Inhalte des Mathematikunterrichts ergänzend und aus einer anderen Perspektive aufnehmen wie zum Beispiel die Geographie und
3. Fächer, die Bezüge zu mathematischen Phänomenen aufzeigen können, es aber nicht unbedingt müssen, und in diese Kategorie fallen Kunst und Musik.

Wir wollen im Folgenden kurz auf die ersten beiden Fächergruppen eingehen, die damit verbundenen Anforderungen an die Mathematik schildern und die Chancen für den Unterricht diskutieren.

Physik und die Mathematik als das Grundlagenfach

Die Bedeutung der Mathematik im Kanon der Fächer wird für manche Schülerinnen und Schüler erst dann richtig deutlich, wenn sie ein Studium aufgenommen haben. So nimmt die Mathematik in den Sozialwissenschaften oder den technischen Studiengängen eine ganz zentrale Rolle ein und bereitet nicht selten und dazu oft unerwartet Probleme. Im Rahmen der Schulfächer ist eine enge Verbindung zweifellos mit der Physik gegeben. Es kommt hier also ganz besonders darauf an, das notwendige Werkzeug zum geeigneten Zeitpunkt zur Verfügung zu stellen und die Inhalte aufeinander abzustimmen.

Dabei geht es nicht nur um das einfache Anwenden etwa von Termumformungen auf eine konkrete Aufgabenstellung. Vielmehr ist die *Mathematisierung* oder *mathematische Modellbildung* (man vergleiche Teil VII) ein wesentliches Element des Arbeitens in der

© Der/die Autor(en), exklusiv lizenziert durch Springer Nature Switzerland AG 2021
K. Reiss und C. Hammer, *Grundlagen der Mathematikdidaktik*, Mathematik Kompakt,
https://doi.org/10.1007/978-3-030-65429-0_3

Physik. In den ersten Jahren steht zwar das Beobachten und qualitative Beschreiben von Phänomenen im Vordergrund, doch spätestens ab dem achten oder neunten Schuljahr werden auch präzisere mathematische Modelle hinzugenommen. Im Physikunterricht gibt es zahlreiche Möglichkeiten, sinnvolle mathematische Modelle zu entwickeln und dann auch ihre Grenzen zu diskutieren. Man denke etwa an die Gesetze von Hooke oder Ohm, aber auch an die Bewegungsgleichungen für gleichmäßig beschleunigte Vorgänge. Dabei können aus Messergebnissen funktionale Abhängigkeiten entwickelt und mathematisch formuliert werden. Das ist Experimentieren, Explorieren und Erklären und genau so geht wissenschaftliches Arbeiten. Es geht nicht darum, Formeln auswendig zu lernen, sondern sie zu verstehen.

Natürlich gibt es auch Themen im Physikunterricht, die sich nur begrenzt mit schulischen Mitteln bearbeiten lassen, zum Beispiel weil im mathematischen Modell physikalisch bedeutsame Parameter vernachlässigt werden müssen. Man denke etwa an den Koffer der ohne Höhenänderung „angeblich" frei von Arbeit transportiert wird, obwohl man das subjektiv ganz anders erlebt. Für die Schülerinnen und Schüler kann daraus leicht ein problematisches Bild vom Fach entstehen, das durch eine (zu) große Kluft zwischen Modell und Realität geprägt ist. Das folgende Beispiel soll zeigen, wie man das Verhältnis von Situation und Modellierung in den Griff bekommen kann. Obwohl das Beispiel zunächst schlicht aussieht, kann es zu bedeutsamen Erkenntnissen führen.

Beispiel (Skifahrer)

Im Zentrum steht die Frage: „Haben schwerere Skifahrer einen Vorteil? Welche Rolle spielt das Gewicht beim Skifahren?"[1]

In einem ersten Schritt ist zu klären, was man als „Vorteil" verstehen soll und welche Parameter dabei eine Rolle spielen. Meist wird man den Vorteil auf ein Skirennen beziehen, und da geht es in der Regel darum, möglichst schnell zu sein. Wovon hängt die Geschwindigkeit ab? Etwa

- von der Neigung des Hangs.
- vom Gewicht des Fahrers und/oder
- von der Schneebeschaffenheit?

---

[1] Nein, wir diskutieren hier nicht den Unterschied zwischen Gewicht und Masse. Eine Verwechslung ist an dieser Stelle wohl kaum zu befürchten.

Gibt es vielleicht eine ganz andere beeinflussende Komponente? Vorstellungen, Vermutungen und meist auch Erfahrungen haben die meisten Schülerinnen und Schüler[2]. Sie meinen zumeist, dass eine schwerere Person auch die schnellere sein sollte. So stellt sich die Frage, ob die „gefühlte Wahrheit" auch wirklich die Wahrheit ist, und wenn ja, warum es so ist.

Im Physikunterricht bieten sich verschiedene Experimente an, wie „hangab Gleiten" ohne Reibung (Luftkissen-Fahrbahn) und „horizontal Gleiten" mit Reibung jeweils unter Variation der Masse des Gleiters. Dies ist übrigens ein Vorgehen, das bei wissenschaftlichen Experimenten zum Standard gehört: Beeinflussen mehrere Parameter die Zielgröße, versucht man möglichst nur einen zu variieren, um seinen konkreten Beitrag zu identifizieren. Die Planung einer entsprechenden Unterrichtssequenz für den Physikunterricht wird diesen Aspekt in den Vordergrund stellen. Im Mathematikunterricht wird man den Schwerpunkt darauf legen, welchen Beitrag die mathematische Modellierung zur Verständnisentwicklung leisten kann.   □

Zur Sache (Skifahrer)

Beim freien Fall sträubt sich mancher gegen die bereits von Galileo Galilei[3] gezeigte Tatsache, dass Körper unterschiedlicher Masse in gleichen Zeitspannen zu Boden fallen, wenn die Reibung vernachlässigt werden kann. Das lässt sich problemlos durch ein Experiment zeigen.

Das berühmte Gedankenexperiment von Galilei[4] und das mathematische Modell können die Beobachtung ergänzen: Bewegungsänderungen werden durch eine Kraft F verursacht und es gilt das Gesetz von Newton: $F = m \cdot a$ (hier genügt der eindimensionale Fall). Das bedeutet, dass ein Körper der Masse m, auf den die Kraft F wirkt, die Beschleunigung a erfährt. Dieser Sachverhalt kann auf einfache Weise durch (gedankliche) Variation der Kraft bzw. der Masse plausibel gemacht werden (für einen Körper der doppelten Masse brauche ich die doppelte Kraft ...). Weil beim freien Fall (ohne Reibung) das Gewicht des Körpers ($G = m \cdot g$; dabei ist $g \approx 9.8 \frac{N}{kg}$ der „Ortsfaktor") für die Beschleunigung sorgt, gilt: $m \cdot a = m \cdot g$. Also ist die Beschleunigung $a = g$ unabhängig von der Masse.

---

[2]In Regionen ohne nennenswerten Wintersport kann die Aufgabe problemlos auf „mit dem Fahrrad bergab fahren" übertragen werden.

[3]Galileo Galilei (1564–1642) war ein italienischer Physiker, Astronom, Mathematiker und Philosoph. Er gilt als erster Vertreter eines neuzeitlichen Wissenschaftsverständnisses.

[4]Es werden zwei unterschiedlich schwere Körper betrachtet. Nun wird angenommen, dass der schwerere Körper schneller fällt als der andere. Würde man die beiden z. B. zusammenbinden, müsste beim Fall der langsamere den schnelleren bremsen. Das Gebilde wäre also langsamer als der schwerere der beiden Körper, obwohl es schwerer als dieser ist.

Wie ist die Situation nun bei einer schiefen Ebene unter Berücksichtigung der Gleitreibung? Wir müssen zwei Kräfte berücksichtigen (vgl. Abb. 3.1), nämlich

- die „Hangabtriebskraft", deren Betrag sich mit einer einfachen geometrischen Überlegung aus Gewichtskraft und Neigungswinkel ergibt; es ist $F_H = G \cdot \sin\alpha = m \cdot g \cdot \sin\alpha$;
- die „Gleitreibungskraft", deren Betrag proportional zur Kraft auf die Unterlage („Normalkraft") und zur Gleitreibungszahl μ ist, mit der die Beschaffenheit der reibenden Flächen eingeht; es ist $F_R = -\mu \cdot G \cdot \cos\alpha = -\mu \cdot m \cdot g \cdot \cos\alpha$.

Abb. 3.1 Kräfte an der schiefen Ebene

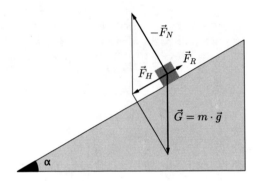

Betrachten wir wieder die Beschleunigung, so ergibt sich:

$$m \cdot a = m \cdot g \cdot \sin\alpha - \mu \cdot m \cdot g \cdot \cos\alpha \;\Rightarrow\; a = g \cdot \sin\alpha - \mu \cdot g \cdot \cos\alpha.$$

Die Beschleunigung ist also auch im Fall einer schiefen Ebene unabhängig von der Masse. Offensichtlich können Unterschiede zwischen einem schweren und einem leichten Skifahrer somit nur durch Kräfte erklärt werden, die nicht proportional zur Masse sind. Hier liegt die Stärke des mathematischen Modells. Wir können klären, welche Arten von Kräften Unterschiede verursachen und welche nicht, ohne sie im Detail zu kennen. Ob es daran liegt, wie tief man in den Schnee einsinkt, oder ob man genau weiß, wie Gleiten auf Schnee funktioniert (auch abhängig von den Eigenschaften der Ski), entscheidend ist die Frage nach der Proportionalität zur Masse. Jedenfalls dürfte ein ganz wesentlicher Beitrag die Luftreibung sein, die von der Form und Größe des Körpers und stark von der Geschwindigkeit, nicht aber von seiner Masse beeinflusst wird[5]. Bezeichnet man diese massenunabhängige Kraft mit F_L, so ergibt sich:

$$a = g \cdot \sin\alpha - \mu \cdot g \cdot \cos\alpha - \frac{F_L}{m}.$$

---

[5] Selbst wenn man berücksichtigt, dass die Form von der Masse abhängig sein kann, ist die Luftreibungskraft jedenfalls nicht *proportional* zur Masse.

Das Ergebnis passt sehr gut zum vermuteten Vorteil des Schwereren, da der Luftreibungsterm bei größerer Masse weniger ins Gewicht fällt. ◄

Sport: Eine mathematische Sichtweise auf das Fach

Es gibt eine Reihe von Schulfächern, in denen Mathematik zwar eine Rolle spielt, bei denen diese Rolle im Unterricht aber mehr oder minder implizit bleiben kann. Dabei gibt es durchaus eine klare Verbindung zwischen Mathematik und Geographie oder zwischen Mathematik und Sport. Es ist sicherlich sinnvoll, solche Verbindungen zu nutzen. Sie können gegebenenfalls die Motivation der Schülerinnen und Schüler fördern oder auch die Relevanz der Unterrichtsinhalte betonen.

Das folgende Beispiel thematisiert ein Problem aus dem Sport. Seine Komplexität wird erst dann deutlich, wenn man die mathematische Sichtweise einnimmt. Das hatte dann letztlich Konsequenzen für die Regeln des Wettkampfs, um den es hier geht.

Beispiel (Schwimmwettkampf)

Bei den Olympischen Spielen in München 1972 gab es spektakuläre Schwimmwettkämpfe, bei denen eine Entscheidung erst nach genauer Auswertung der Zeitmessungen gefällt wurde. Gunnar Larsson (Schweden) gewann den Wettbewerb über 400 m Lagen mit 2 Tausendstel Sekunden Vorsprung vor Tim McKee (USA). Für beide wurde zunächst die Zeit 4:31,98 min angezeigt. Der winzige Zeitvorsprung entspricht einer Strecke von etwa 3 mm, was die Frage aufwirft, ob die achtmal zu schwimmenden Bahnen (à 50 m) tatsächlich eine so exakte Länge haben, dass ein derart geringer Zeitunterschied eine Reihung rechtfertigt. Heutzutage ist man wieder dazu übergegangen, nur auf Hundertstel Sekunden genau zu messen. Eine einfache Modellierung hilft, das Realproblem zu verstehen und damit faire Kampfrichterentscheidungen zu treffen. □

Zur Sache (Schwimmwettkampf)

Die Durchschnittsgeschwindigkeit der beiden Schwimmer kann man mit der Rechnung $400\,\text{m} : 272\,\text{s} \approx 1{,}5\,\frac{\text{m}}{\text{s}}$ bestimmen. Sie legten also in $2 \cdot 10^{-3}\,\text{s}$ ungefähr die Strecke $1{,}5\,\frac{\text{m}}{\text{s}} \cdot 2 \cdot 10^{-3}\,\text{s} = 3\,\text{mm}$ zurück. Es wird übrigens berichtet, dass bei einer Renovierung des Olympiabades festgestellt wurde, dass die Bahn von McKee 1 mm länger war als die von Larsson, was einem Streckenunterschied von $8 \cdot 1\,\text{mm} = 8\,\text{mm}$ entspricht [39, S. 39]. ◄

Den beiden letzten Beispielen liegt übrigens der so genannte Modellierungskreislauf zu Grunde (man vergleiche Teil V). Dabei wird eine Realsituation in eine mathematische Aufgabe übersetzt, die mit mathematischen Mitteln gelöst wird. Die mathematische Lösung der Aufgabe muss bestimmt und dann in der Realität interpretiert werden. Dabei kann sinnvolles Runden genauso eine Rolle spielen wie das Wissen um die Regeln eines Wettbewerbs. Weitere Beispiele in Bezug auf den Sport findet man in [106].

Mathematik im Kontext anderer Fächer zu betrachten ist ein angemessenes und wichtiges Ziel. Man kann es vermutlich dann erreichen, wenn es den Interessen von Lehrenden und Lernenden entspricht. Einfach ist es dennoch in der Regel nicht, denn die Probleme des fächerübergreifenden Arbeitens sind zahlreich. Sie liegen nicht selten darin begründet, dass Abstimmungen zwischen den Unterrichtsfächern kaum durch Lehrpläne und Rahmenricht- linien vorgegeben sind. In der Folge sind die Inhalte nicht explizit aufeinander abgestimmt. Darüber hinaus muss die Initiative von den Lehrpersonen der unterschiedlichen Fächer aus- gehen. Lohnenswert dürfte die Behandlung fächerübergreifender Themen aber auf jeden Fall sein, trägt dies doch dazu bei, dass Schule und Unterricht verstärkt ein realistisches Bild des Fachs Mathematik zeichnen.

Teil II
Mathematik unterrichten

*Also lautet ein Beschluß: Daß der Mensch was lernen muß.
Nicht allein das Abc Bringt den Menschen in die Höh, Nicht allein
im Schreiben, Lesen Übt sich ein vernünftig Wesen; Nicht allein in
Rechnungssachen Soll der Mensch sich Mühe machen; Sondern
auch der Weisheit Lehren Muß man mit Vergnügen hören. Daß dies
mit Verstand geschah War Herr Lehrer Lämpel da. (Aus: „Max und
Moritz. Eine Bubengeschichte in sieben Streichen." Das Zitat ist
der Beginn des vierten Streichs. Die Geschichte wurde erstmals im
Jahr 1865 veröffentlicht, ein Reprint ist zum Beispiel 2007 beim
Esslinger Verlag J. F. Schreiber erschienen.)*

Wilhelm Busch (1832–1908)

*Es ist eine schlichte Binsenweisheit, dass Unterricht ein komplexes Gefüge ist und von
vielen Faktoren bestimmt wird. Dabei spielt die Lehrerin oder der Lehrer eine ganz
zentrale Rolle. Fachliche, fachdidaktische und pädagogische Kompetenzen müssen
zusammenkommen, um erfolgreich zu unterrichten. Leider ist es nicht so, dass es ein
paar schlichte Ursache-Wirkungs-Beziehungen gibt, deren Beachtung den Erfolg
garantiert. Wir werden uns deshalb in diesem Kapitel mit möglichen Einflussfaktoren
beschäftigen und sie auch in Bezug auf empirische Evidenz diskutieren.*

Auch wenn es in diesem Kapitel vor allem um das Unterrichten im Hinblick auf die
Lehrerin oder den Lehrer geht, möchten wir gleich zu Beginn einen Aspekt deutlich
machen: Unterricht und Lehren sind keine synonymen Begriffe. Unterricht lebt
vom Wechselspiel aus Lehren und Lernen genauso wie von der Kommunikation
zwischen Lehrenden und Lernenden oder Lernenden untereinander [67]. Dass wir
in diesem Kapitel vor allem die Perspektive der Lehrkraft einnehmen und ihre
Handlungsmöglichkeiten betrachten, ist dem Versuch geschuldet, ein unübersichtliches
Feld in übersichtlichere Teile zu schneiden. Wir werden uns dabei vor allem auf die
Bedeutung von fachlichem und fachdidaktischem Wissen sowie auf den Einfluss
unterschiedlicher Sichtweisen zum Lehren und Lernen konzentrieren.

Als theoretische Grundlage wählen wir das Paradigma von Angebot und Nutzung (siehe z. B. [68, S. 73]). Unterricht ist danach ein Angebot von mehr oder minder guten Lerngelegenheiten, die von den Schülerinnen und Schülern mehr oder minder gut genutzt werden können. Dabei geht es nicht (und das wird insbesondere in neueren Arbeiten zu diesem Thema deutlich) um schlichte Übertragung von Wissen. Auf der „Angebotsseite" gehören zu den bestimmenden Faktoren beispielsweise das fachliche, fachdidaktische und pädagogische Wissen der Lehrperson, aber auch Spezifika einer Schule oder des Kollegiums können genauso wie Lehrpläne, Rahmenrichtlinien und Bildungsstandards als prägend angesehen werden. Es sind also sowohl individuelle als auch systemische Einflussfaktoren, die hier zusammenwirken. In Bezug auf die „Nutzung" ist es ganz ähnlich. Nicht nur kognitive oder motivationale Dispositionen des Individuums sind entscheidend, sondern auch Aspekte wie familiäre Bedingungen oder der soziokulturelle Kontext.

Lehrerhandeln und Lernen kann man als abhängig voneinander sehen, aber es gibt offensichtlich eine Vielzahl und Vielfalt zusätzlicher Einflussfaktoren. Sie stehen vermittelnd oder hindernd zwischen Lehren und Lernen, und so bekommt man die Komponenten Prozess, Mediation und Produkt. Ein systemisches Rahmenmodell („Prozess-Mediations-Produkt-Modell"), das den derzeitigen Stand der Diskussion gut widerspiegelt, findet man bei Reusser[1] und Pauli [150, S. 18].

---

[1]Kurt Reusser, *1950, ist Pädagogischer Psychologe mit Affinität zum Mathematiklehren und -lernen. Er lehrte an der Universität Zürich. Zu seinen Arbeitsschwerpunkten gehört die video-basierte Unterrichtsforschung.

Kriterien guten Unterrichts

4

Wie kommt man nun zu einem guten Angebot im Sinne des oben beschriebenen Modells? Welche Voraussetzungen muss insbesondere eine Lehrerin oder ein Lehrer mitbringen, um erfolgreich zu unterrichten? Zur Beantwortung dieser Frage ist es sinnvoll, sich zunächst mit Kriterien für einen guten Unterricht zu beschäftigen. Hier unterscheiden Klieme[1], Schümer und Knoll drei Faktoren oder *Grunddimensionen der Unterrichtsqualität,* nämlich

1. die Unterrichts- und Klassenführung,
2. die Schülerorientierung und
3. die kognitive Aktivierung.

Mit dem ersten Faktor werden „klassische Merkmale der klaren, strukturierten, gut organisierten Instruktion" verbunden, beim zweiten Faktor geht es um „das Eingehen auf individuelle Lernpotenziale und Bedürfnisse" und beim dritten Faktor „um die Komplexität von Aufgabenstellungen und Argumentationen und die Intensität des fachlichen Lernens" [85, S. 51].

Auf den ersten Blick sehen diese Faktoren zwar sehr allgemein aus, aber alle haben für den Mathematikunterricht eine jeweils eigene Bedeutung. In Bezug auf die kognitive Aktivierung ist das leicht zu sehen. Die Einbeziehung von Schülerinnen und Schülern in mathematische Argumentationen oder die Auswahl angemessener, aber anspruchsvoller Lern- und Übungsaufgaben sind hier fachspezifische Komponenten. Es überrascht auch kaum, dass sich die kognitive Aktivierung als ein Prädiktor für den Lernerfolg in der Mathematik erwiesen hat (z. B. [85] und [156]). Die Schülerorientierung im Unterricht wird bei Klieme,

---

[1] Eckhard Klieme, *1954, Bildungsforscher, diplomierter Mathematiker und Psychologe, war Direktor des Deutschen Instituts für Internationale Pädagogische Forschung (DIPF) in Frankfurt. Er ist einer breiteren Öffentlichkeit durch die sogenannte „Klieme-Expertise" zur Entwicklung nationaler Bildungsstandards bekannt geworden [86].

© Der/die Autor(en), exklusiv lizenziert durch Springer Nature Switzerland AG 2021
K. Reiss und C. Hammer, *Grundlagen der Mathematikdidaktik,* Mathematik Kompakt,
https://doi.org/10.1007/978-3-030-65429-0_4

Schümer und Knoll eher dem sozialen Bereich zugeordnet (z. B. diagnostische Kompetenz im Sozialbereich oder Interaktionstempo). Für den Mathematikunterricht hat sie sich allerdings als förderlich im Hinblick auf die Lernmotivation erwiesen [85]. Schließlich gehört zur Unterrichts- und Klassenführung die Klarheit und Strukturiertheit des Unterrichts sowie das Schaffen einer störungsfreien Lernumgebung, und das sind schlichte Voraussetzungen für fachliches Lernen.

Etwas stärker ins Detail geht Meyer[2], der für seine empirisch fundierte Aufstellung die einschlägige Literatur ausgewertet hat [110, S. 15 ff.]. Für ihn sind es zehn Merkmale, mit deren Hilfe man die Qualität von Unterricht bestimmen kann, nämlich

- klare Strukturierung des Unterrichts, die insbesondere Inhalte, Prozesse und Ziele umfasst;
- hoher Anteil an effektiver und den fachlichen Inhalten gewidmeter Lernzeit;
- lernförderliches Klima in der Klasse;
- inhaltliche Klarheit, die sich etwa in verständlichen Aufgabenstellungen und verbindlicher Ergebnissicherung ausdrückt;
- sinnstiftendes Kommunizieren zwischen allen Beteiligten;
- Vielfalt verwendeter Methoden und Handlungsmuster;
- individuelle Förderung etwa durch Differenzierung, individuelle Analysen des Lernstands oder Förderpläne;
- intelligentes Üben, das durch bewusste Lernstrategien gekennzeichnet ist und mit Hilfe gut ausgewählter Übungsaufgaben geschieht;
- klare Leistungserwartungen und Rückmeldungen;
- gut vorbereitete Lernumgebungen.

Natürlich fällt auf, dass viele dieser Kategorien auf den ersten Blick eine eher pädagogische Dimension haben. Doch gibt es bei genauerer Betrachtung fast immer auch eine fachspezifische Komponente. Wir wollen das an Beispielen veranschaulichen. Allerdings mögen wir den Ausdruck „sinnstiftendes Kommunizieren" nicht sonderlich, denn unseres Erachtens kann man eher sinnvoll kommunizieren, die Sinnhaftigkeit einer Kommunikation betonen oder aber sich gemeinsam darum bemühen, Kommunikation sinnvoll zu gestalten. Wir erlauben uns deshalb eine kleine sprachliche Änderung gleich im ersten Beispiel.

---

[2]Hilbert Meyer, *1941, ist ein deutscher Schulpädagoge. Er steht für einen handlungsorientierten Unterricht, der durch Ganzheitlichkeit und Schülerorientierung geprägt ist (er hat darüber viele, sehr empfehlenswerte Bücher im breiten Kontext der Schulpädagogik geschrieben).

Beispiele (Kriterien von Unterrichtsqualität)

1. *Sinnvoll kommunizieren*

Ein Lernen ohne Fehler ist nicht möglich, was aber kein Problem ist, denn Fehler können im Lernprozess sehr hilfreich sein. Das gilt insbesondere dann, wenn sie als Gesprächsanlass (möglichst der Schülerinnen und Schüler untereinander) dienen. Folgende Aufgabe kann man etwa in einer sechsten Klasse behandeln. Anna rechnet so:

$$\frac{1}{2} + \frac{1}{2} = \frac{2}{4} = \frac{1}{2}$$

$$\frac{1}{2} + \frac{1}{4} = \frac{2}{6} = \frac{1}{3}$$

$$\frac{2}{3} + \frac{3}{4} = \frac{5}{7}$$

Welchen Fehler hat sie gemacht? Sprich mit deiner Nachbarin oder deinem Nachbarn darüber, wie ihr Anna helfen würdet.

Mit Blick auf ein anderes Fehlkonzept beim Bruchrechnen soll hier von einem Interview berichtet werden, das im Rahmen der PALMA-Studie[3] und ist eine Längsschnittstudie, bei der Fähigkeitsverläufe zu spezifischen mathematischen Inhalten sowie Art und Ausprägung damit zusammenhängender Grundvorstellungen analysiert wurden. Durchgeführt wurde PALMA zwischen 2000 und 2008 (man vergleiche etwa [126]). mit einer Schülerin der 6. Jahrgangsstufe eines Gymnasiums geführt wurde. Im Mittelpunkt stand folgende Aufgabe: „Lilly nimmt sich die Hälfte [...einer] Tafel Schokolade [mit 20 Rippchen]. Davon isst sie $\frac{3}{5}$ auf. Wie viele Stücke hat sie gegessen?"

Die Schülerin möchte die Aufgabe mit dem Quotienten 10 : 0,6 lösen. Abgesehen von der verbreiteten Neigung, auch bei der Division den Dezimalbruch zu bevorzugen, ist ihre Antwort auf die Frage des Interviewers nach der Rechenart interessant. Sie begründet die Division damit, dass es *weniger* Schokolade werden muss. Hier kann die Kommunikation zwischen Schülerin und Lehrkraft Konsequenzen für den weiteren Unterricht haben. Es muss geklärt werden, dass bei rationalen Zahlen Division vergrößern und Multiplikation verkleinern kann. Wir werden uns in Teil IX ausführlicher mit Fehlern und ihrem Nutzen für erfolgreiches Lernen beschäftigen.

---

[3]PALMA steht für „*Projekt zur Analyse der Leistungsentwicklung in Mathematik*"

2. *Intelligentes Üben*

Rechenpäckchen sind bei Schülerinnen und Schülern gar nicht so unbeliebt wie man denken könnte. Man kann sie entsprechend gut zum gezielten Üben mit durchdachter Variation der Aufgaben nutzen. Mit der Sequenz

$$\frac{1}{2} + \frac{1}{2} =$$

$$\frac{1}{2} + \frac{1}{4} =$$

$$\frac{1}{2} + \frac{1}{8} =$$

$$\frac{1}{2} + \frac{1}{16} =$$

kann man beispielsweise die Addition von Bruchzahlen üben. Sie ist darüber hinaus geeignet, Größenvergleiche bei den Ergebnissen anzustellen und die Systematik in der Änderung des Nenners beim zweiten Bruch in den Konsequenzen zu untersuchen.   □

Die genannten Beispiele gehören im Sinne von Klieme, Schümer und Knoll zum Faktor *Kognitive Aktivierung* und stehen hier für die wesentlichen Möglichkeiten, die eine Lehrerin oder ein Lehrer im Mathematikunterricht hat. Einerseits ist es zentral, mit Aufgaben zu arbeiten, die das Vorwissen der Schülerinnen und Schüler angemessen berücksichtigen und dabei den weiteren Kompetenzerwerb unterstützen, andererseits kann das Gespräch etwa über eine solche Aufgabe das Verständnis für die Lösungen und die Lösungswege aufbauen [25].

Kommen wir kurz auf die zehn Merkmale guten Unterrichts zurück, die Hilbert Meyer aus den Ergebnissen empirischer Studien abgeleitet hat. Es fällt auf, dass einige Punkte die man vielleicht erwarten könnte *nicht* genannt werden.

So mag es z. B. überraschen, dass sich offenbar „Leistungsdruck" nicht unbedingt negativ auswirken muss, sondern vielmehr „klare Leistungserwartungen" nachweislich positiven Einfluss auf die Lerneffekte haben [110, S. 8]. Ein Wort zum Merkmal „Vielfalt verwendeter Methoden und Handlungsmuster": Nach einer gewissen Zeit der Euphorie wird die Diskussion über Methodenvielfalt wieder nüchterner geführt. Dabei ist die Erkenntnis leitend, dass es weniger um oberflächlichen Aktionismus sondern vielmehr und fach- und adressatengerechte Lerngelegenheiten geht [168]. Unbestreitbar sind dazu verschiedene Methoden und Sozialformen hilfreich, dürfen aber nicht als Selbstzweck gesehen werden.

In etwas anderer Ausrichtung bestätigt das eine Metaanalyse zum Einsatz von Computern im mathematisch-naturwissenschaftlichen Unterricht der Sekundarstufe. Sie kommt zum Ergebnis, dass Computer eine lernförderliche Wirkung haben können, aber eher dann, wenn sie gezielt und nicht allzu lange eingesetzt werden: Der positive Effekt verschwindet zwar nicht beim Langzeiteinsatz, wird aber deutlich geringer [76].

Fachliche und fachdidaktische Kompetenzen von Lehrkräften

5

Fachwissen, fachdidaktisches Wissen und pädagogisches Wissen sind nach Shulman [162] die wesentlichen Aspekte des so genannten *Professionswissens* von Lehrkräften. Diese Einteilung wird auch in mehreren neueren Studien aufgegriffen und präzisiert. Insbesondere beim Fachwissen gibt es aber durchaus verschiedene Meinungen über die Relevanz spezifischer Inhalte.

In der empirischen Umsetzung wird häufig ein pragmatischer Standpunkt vertreten. So betonen Kunter et al. im Rahmen ihrer Studie COACTIV[1] jeweils den konkreten Bezug einer Wissenskomponente zur schulischen Anwendung [100]. Das Fachwissen umfasst dabei schulrelevante Inhalte, die von einem höheren Standpunkt (etwa in Anlehnung an Klein[2], man vergleiche [84]) aus beherrscht und verstanden werden sollten (in der COACTIV-Studie wird es formuliert als „profundes Verständnis der mathematischen Hintergründe der in der Schule unterrichteten Inhalte" [13, S. 37]). Fachdidaktisches Wissen ermöglicht es, fachliche Inhalte auf einem für Schülerinnen und Schülern angemessenen Niveau aufzubereiten. Dazu gehört einerseits das Wissen um fachspezifische Instruktionsstrategien, andererseits beinhaltet es aber auch Wissen um das spezifische Potenzial von Lerninhalten oder Wissen um Denkprozesse bei Lernenden im Fach. Das pädagogische Wissen ist schließlich ein eher allgemeines Wissen um Prozesse des Lehrens und Lernens, ihre Optimierung und Förderung.

---

[1] Mit der COACTIV-Studie *(Cognitive Activation in the Classroom)* wurde untersucht, welche Voraussetzungen Lehrkräfte erfüllen müssen, um Unterricht so zu gestalten, dass er Schülerinnen und Schülern Gelegenheiten zu verständnisvollem Lernen bietet.

[2] Felix Klein (1849–1925) war ein deutscher Mathematiker, der wichtige Beiträge etwa zur Geometrie (aber auch zu vielen anderen Gebieten) geleistet hat. Für ihn waren aber nicht nur die fachlichen Inhalte, sondern auch die Vermittlung der Mathematik von großer Relevanz. Das hier zitierte Buch gehört zu einem dreibändigen Werk, das sich an Lehrkräfte wandte und sie mit den modernen Grundlagen des Fachs vertraut machte.

© Der/die Autor(en), exklusiv lizenziert durch Springer Nature Switzerland AG 2021
K. Reiss und C. Hammer, *Grundlagen der Mathematikdidaktik,* Mathematik Kompakt,
https://doi.org/10.1007/978-3-030-65429-0_5

Neuere Studien haben gezeigt, wie sehr die einzelnen Komponenten zusammenkommen müssen, wenn sich professionelles Wissen förderlich auf die Leistung von Schülerinnen und Schülern auswirken soll. Insbesondere wurden die Zusammenhänge im Rahmen der COACTIV-Studie deutlich, bei der Daten von Schülerinnen und Schülern sowie ihren Lehrkräften erhoben wurden. Dabei konnte der wirksame Einfluss eines kognitiv aktivierenden Unterrichts und einer guten Klassenführung auf die Leistung der Schülerinnen und Schüler bestätigt werden. Das fachdidaktische Wissen von Lehrkräften beeinflusste die Fähigkeit zur kognitiven Aktivierung und wirkte sich so positiv aus. Schließlich war auch das Fachwissen ein wesentlicher Baustein zu einem erfolgreichen Unterricht, wenn es durch fachdidaktisches Wissen ergänzt wurde [14].

Es ist übrigens nicht leicht zu definieren, was fachliches Wissen ausmacht. Sicherlich geht es in der Lehramtsausbildung um mehr als um die Vermittlung von schulischen Inhalten (die sich ja ändern könnten). Auch das Methodenwissen spielt gerade für Lehrerinnen und Lehrer eine zentrale Rolle. Die folgenden Beispiele sollen diese Aspekte verdeutlichen.

Beispiele (Fachliches Wissen)

1. Bruchrechnen wird zumeist im sechsten Schuljahr unterrichtet. Man beginnt in der Regel mit der Addition von Bruchzahlen und stellt sie (nicht zwingend, aber häufig) mit einem Rechteck- oder Kreisscheibenmodell („Pizza") dar. So wird eine Rechnung wie $\frac{1}{3} + \frac{1}{4} = \frac{7}{12}$ folgendermaßen plausibel (Abb. 5.1):

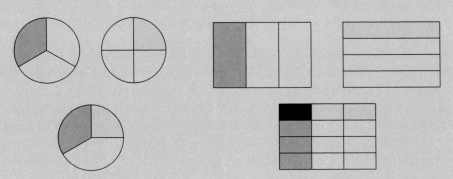

Abb. 5.1 Bruchaddition im Kreisscheiben- und im Rechteckmodell

Dabei muss beim Rechteckmodell die Unterteilung in Zwölftel nicht vorgegeben werden, sie kann sich von alleine ergeben, wenn die Aufgabe z. B. durch Falten eines rechteckigen Blatts gelöst wird. Anders ist die Situation beim Kreisscheibenmodell. Um das Ergebnis ablesen zu können, muss die gemeinsame Unterteilung erst gefunden werden.

Es ist nur zu klären, dass das dunkelgraue Flächenstück in Abb. 5.1 doppelt gezählt werden muss, weil es sowohl zur Darstellung des ersten als auch zu der des zweiten Summanden gehört.

Auch die Multiplikation wird zunächst an einsichtigen Beispielen eingeführt [125]. Wenn man weiß, dass sie in den natürlichen Zahlen als wiederholte Addition definiert ist (und die Addition von Brüchen bereits behandelt wurde), dann rechnet man ganz entsprechend $5 \cdot \frac{1}{3} = \frac{1}{3} + \frac{1}{3} + \frac{1}{3} + \frac{1}{3} + \frac{1}{3} = \frac{5}{3}$. Was aber ist $\frac{1}{3} \cdot 5$? Mit der fortgesetzten Addition kommt man nicht weiter, denn was sollte das bei einem Faktor $\frac{1}{3}$ bedeuten? Ob $\frac{1}{3} \cdot 5 = 5 \cdot \frac{1}{3}$ ist, also das Kommutativgesetz gilt, darf nicht ohne weiteres vorausgesetzt werden. Hier gibt es zwei Möglichkeiten. Entweder man argumentiert mit dem Permanenzprinzip und fordert in diesem Sinn die Gültigkeit des Kommutativgesetzes, oder man erklärt an dieser Stelle, dass „$\frac{1}{3} \cdot 5$" nichts anderes als „$\frac{1}{3}$ von 5" ist und bekommt so das Ergebnis $\frac{5}{3}$. Es ist nicht wirklich überraschend, wenn eine solche Setzung nicht von allen Kindern ohne weiteres mitgetragen wird. Die mathematisch „saubere" Lösung (vgl. [142]) ist allerdings so weit vom Verständnis eines Sechstklässlers weg, dass man keine andere Wahl hat. Auch wenn man es nicht vermitteln kann: Wissen sollte eine Lehrerin oder ein Lehrer diesen Fakt, bei dem die „intellektuelle Ehrlichkeit" ihre Grenzen hat (und was damit genau gemeint ist, steht in Kap. 6 bzw. in [22]).

2. Ist $0,\overline{9} = 1$? Diese Fragestellung (die ihren Weg auch in die COACTIV-Studie fand) ist alles andere als trivial. Schülerinnen und Schüler kommen auf diese Frage und eine korrekte Antwort ist nicht leicht [15]. In Schulbüchern findet man häufig folgenden Weg, damit umzugehen: Sei $0,\overline{9} = x$. Dann ist $10 \cdot 0,\overline{9} = 10x$, also $9,\overline{9} = 10x$. Subtrahiert man die erste von der dritten Gleichung, so bekommt man $9,\overline{9} - 0,\overline{9} = 9 = 10x - x = 9x$ und damit $x = 1$. Die Lösung ist plausibel (und auf Schulniveau durchaus zu vertreten), hat aber im Detail ganz erhebliche Tücken. So ist völlig unklar, warum man mit einer unendlichen Anzahl von Dezimalstellen genauso wie mit einer endlichen Anzahl umgehen darf. Der Algorithmus für das Lösen von $10 \cdot 0,9$ muss auf $10 \cdot 0,\overline{9}$ nicht unbedingt übertragbar sein. Die Mathematik, die dahinter steckt, ist vielmehr äußerst komplex und nutzt ganz wesentlich tiefer greifende Ergebnisse der Analysis [31]. Das fachliche Wissen von Lehrkräften sollte den Aspekt des Erkennens der Grenzen von Erklärungsmöglichkeiten auf Schulniveau umfassen.

3. Was versteht man unter einer Potenz? Eine Frage, die dann interessant ist, wenn man die Definitionsmengen für Basis und Exponent betrachtet. Sind die Exponenten natürliche Zahlen, gibt es nicht viel zu überlegen, die Schreibweise für Produkte mit mehreren übereinstimmenden Faktoren bildet den ersten Zugang zum Potenzbegriff. Aber was bedeutet a^q, wenn $q \in \mathbb{Q}$ ist? Um die Sache zu klären, müssen wir zunächst zwei Potenzgesetze für natürliche Exponenten formulieren und festhalten, dass $a^0 = 1$ gelten muss.

(i) $a^m \cdot a^n = a^{m+n}$ $a \in \mathbb{R}$; $m, n \in \mathbb{N}_0$

(ii) $(a^m)^n = a^{m \cdot n}$ $a \in \mathbb{R}$; $m, n \in \mathbb{N}_0$

Nun kann die Definitionsmenge für die Exponenten auf rationale Zahlen erweitert werden. Zunächst halten wir fest, dass a dann eine nicht-negative Zahl sein muss.

Im Sinn des Permanenzprinzips sollen die beiden Potenzgesetze auch für Potenzen mit rationalen Exponenten gelten. Also gilt:

(i) $a^n \cdot a^{-n} = a^{n-n} = a^0 = 1$, $a \in \mathbb{R}^+$; $n \in \mathbb{N}_0 \Rightarrow a^{-n} = \frac{1}{a^n}$

(ii) $(a^{\frac{1}{n}})^n = a^{\frac{1}{n} \cdot n} = a^1 = a$, $a \in \mathbb{R}_0^+$; $n \in \mathbb{N}_0 \Rightarrow a^{\frac{1}{n}} = \sqrt[n]{a}$

Der allgemeine Fall $a^{\pm \frac{m}{n}}$ ergibt sich zwanglos. Negative Exponenten führen also zu Kehrwerten und gebrochene Exponenten zu Wurzeln. Zur Erweiterung auf reelle Exponenten kann man die Monotonieeigenschaften der Potenzen nutzen, um die Idee, mit der die reellen Zahlen konstruiert wurden (z. B. Intervallschachtelung), auf die Exponenten zu übertragen.

4. Was ist ein idealer Punkt im Dreieck? Hier kann es je nach Sachsituation z. B. um den Schwerpunkt oder um den Umkreismittelpunkt gehen. Beim optimalen Standort für eine Funkantenne ist gleiche Entfernung von drei Ortschaften zweifellos ein sinnvolles Kriterium. Ist es das aber auch bei der Frage, wo ein Landeplatz für den Rettungshubschrauber für drei Skigebiete geplant werden soll? Abgesehen davon, dass dafür topographische Aspekte vermutlich bedeutender sind und solche Landeplätze meist beim Krankenhaus angelegt werden, geht es hier wohl eher darum, die Summe der Abstände von den drei Skigebieten zu minimieren. Dieses Problem wird nicht durch einen der üblicherweise behandelten besonderen Punkte gelöst, sondern führt zum Fermat-Punkt. □

Aufgabe (Potenzgesetze)

- Beweisen Sie die beiden Potenzgesetze für natürliche Exponenten.
- Begründen Sie, warum $a^0 = 1$ definiert werden muss.
- Machen Sie sich klar, warum die Bedingung $a \geq 0$ erforderlich ist, wenn die Definitionsmenge für die Exponenten erweitert wird. □

Zur Sache (Fermat-Punkt)

Die Minimaleigenschaft hinsichtlich der Abstandssumme erfüllt in Dreiecken (deren Innenwinkel alle kleiner als 120° sind) der Fermat-Punkt. Dieser Punkt ergibt sich, wenn man über jeder Dreiecksseite ein gleichseitiges Dreieck zeichnet und dessen freie Ecke mit der gegenüberliegenden Dreiecksecke verbindet (vgl. Abb. 5.2). Man kann zeigen, dass sich diese „Ecktransversalen" in einem Punkt schneiden.

Dass dieser Schnittpunkt der Ecktransversalen (sofern er existiert, was hier nicht begründet wird) die Minimaleigenschaft hat, lässt sich mit einer sehr eleganten Überlegung einsehen: Wir wählen einen Punkt P im Inneren des Dreiecks und drehen das Dreieck APC um den Punkt A gegen den Uhrzeigersinn mit dem Drehwinkel 60° (vgl. Abb. 5.3). Dann ist C' freie Ecke eines gleichseitigen Dreiecks über $[AC]$ und der Streckenzug $C'P'PB$ genau so lang wie die Summe der Abstände des Punkts P von den Ecken des Dreiecks. Der Streckenzug hat minimale Länge, wenn er geradlinig, also wenn er eine Ecktransversale ist. ◄

Abb. 5.2 Fermat-Punkt

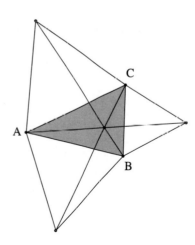

Abb. 5.3 Begründung der Minimaleigenschaft

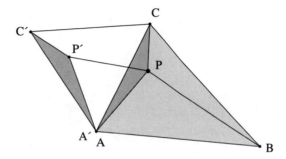

Fachliches und fachdidaktisches Wissen sind nicht unabhängig voneinander, und diese Tatsache kann als empirisch belegt gelten (z. B. [93]). Gerade das schulrelevante mathematische Wissen und das mathematikdidaktische Wissen von Lehrkräften sind zwar voneinander zu trennen, zeigen aber viele gemeinsame Aspekte. Man kann es sich anhand der genannten Beispiele plausibel machen. Diese Beispiele unterscheiden sich natürlich in ihrer Bedeutsamkeit für den Unterricht erheblich. Die fachlichen Grundlagen zur Bruchrechnung sollten für Mathematiklehrkräfte kein Problem sein, so können sie auch souverän mit den Modellen und Erklärungsmustern umgehen. Auch wenn die mathematische Behandlung der Bedeutung von $0,\overline{9}$ wie erwähnt anspruchsvoll ist, sollten Lehrkräfte sie bis zu einem gewissen Grad durchdrungen haben, um das didaktische Potential nutzen zu können. Es könnte z. B. darin liegen, dass bei diesem Problem deutlich werden kann, was „dicht" im Zusammenhang mit rationalen Zahlen bedeutet. In jedem Fall sollte sich eine Mathematiklehrkraft genaue Gedanken über den Potenzbegriff gemacht haben, die über die Vorstellungen der ersten Schuljahre in der weiterführenden Schule deutlich hinausgehen. Auch wenn er interessant ist, den Fermat-Punkt muss man nicht unbedingt kennen. Vielleicht sollte man aber ein Gespür dafür entwickelt haben, wann eine Modellierung mehr Wissen als das einfach verfügbare erfordert.

Pädagogisch-didaktische Sichtweisen auf das Lehren und Lernen

6

Es steht außer Frage, dass Unterricht fachliches Wissen und fachbezogene Kompetenzen vermitteln soll. Den Unterrichtsinhalten sowie ihrer Auswahl und Präsentation kommt entsprechend eine wesentliche Bedeutung zu. Man könnte also zu der Auffassung kommen, dass Lernumgebungen vorrangig durch den Lerngegenstand bestimmt sein sollten. Wenn der Inhalt die tragende Rolle spielt, dann gilt es insbesondere, ihn fachlich angemessen aufzubereiten. Andererseits wissen wir, dass Lehren nicht unbedingt auch Lernen bedeutet. In gutem Unterricht werden Schülerinnen und Schüler aktiviert, wie wir in Kap. 4 gesehen haben. Das kann eigentlich nur bedeuten, dass der Erwerb von Wissen und Kompetenzen stark auf eigenem Handeln beruht. Es kommt somit nicht nur darauf an, wie ein Lerninhalt angeboten wird, sondern vielmehr darauf, wie er von den Schülerinnen und Schülern rezipiert wird.

Damit haben wir zwei Ansätze für den Mathematikunterricht, bei dem einmal das gute Angebot und einmal die optimale Nutzung im Vordergrund steht. Beide Ansätze scheinen eine plausible Grundlage für eine theoretische Einordnung des Lehrens und Lernens zu bieten. Grenzt man sie streng voneinander ab, dann bekommt man zum einen die *instruktionale* (auch *kognitivistische* oder *technologische*) und zum anderen die *konstruktivistische* Perspektive auf das Lehren und Lernen. Diese Positionen sollen im Folgenden beschrieben werden. Die Darstellung orientiert sich an Reinmann-Rothmeier und Mandl, man vergleiche entsprechend [135] für eine ausführlichere Darstellung.

Die instruktionale Perspektive

Stellen Sie sich einen Hörsaal vor, in dem ein paar Hundert Studentinnen und Studenten sich die Lineare Algebra näher bringen lassen. Die Methodik dieses Unterrichts („Vorlesung") ist simpel. Sie beruht darauf, dass eine Person („Dozentin" oder „Dozent") aktiv ist, über Inhalte redet, sie erklärt und an die Tafel schreibt, und viele andere Personen („Studentinnen und Studenten") mehr oder minder passiv sind, zuhören, versuchen zu verstehen, mitdenkend mitschreiben oder einfach von der Tafel abschreiben. Im Vordergrund steht der Inhalt, der

K. Reiss und C. Hammer, *Grundlagen der Mathematikdidaktik,* Mathematik Kompakt, https://doi.org/10.1007/978-3-030-65429-0_6

aufbereitet wurde und nun präsentiert wird. Wenn alles gut geht, dann ist die Aufbereitung genauso wie die Präsentation optimal gelungen, hat eine erkennbare Systematik und ist frei von Fehlern. Bei dieser Methode wird Wissen (in möglichst eleganter Form und auf dem Stand der Dinge) vom Lehrenden auf den Lernenden übertragen. Insgesamt konzentriert sich der Dozent auf die Inhalte, ihre Systematik, ihre Struktur und auf Erklärungen.

Was in diesem Hörsaal passiert (oder passieren soll), das ist Lernen unter einer instruktionalen Perspektive. Charakteristisch sind die Orientierung an fachlichen Inhalten, die systematische Aufbereitung der Inhalte, die aktive Rolle der oder des Lehrenden und die eher passive Rolle der Lernenden („Gegenstandszentrierung"). Die Perspektive wird von der Idee getragen, dass Wissensvermittlung ein Prozess ist, der ganz wesentlich durch die Inhalte bestimmt ist und deren optimale Vermittlung (definiert durch optimale Aufbereitung) auch den optimalen Lernerfolg bewirken sollte.

Nicht alle, aber viele Vorlesungen folgen dem Muster der Instruktion. Ein Beweggrund ist sicherlich die einfache Umsetzbarkeit auch bei großen Gruppen, doch es gibt auch andere Charakteristika, die vorteilhaft erscheinen. So hat die Dozentin oder der Dozent die Kontrolle über die Lehrinhalte und kann sie den eigenen Vorstellungen entsprechend darstellen. Damit ist ein geregelter *Input* geleistet, der etwa eine gegebene Modulbeschreibung sicher abdeckt. Die Methode der Instruktion ist darüber hinaus zeiteffizient, nicht unbedingt in Bezug auf das Lernen, aber in Bezug auf das Lehren. Umwege, Irrwege, Fehler können (bei entsprechender Vorbereitung zumindest im Wesentlichen) vermieden werden. Gerade für ein Fach wie die Mathematik erscheint das vielen Lehrenden als wichtiger Vorteil. Schließlich macht Instruktion es einfacher, den Lernerfolg zu überprüfen. Wenn Lehrinhalte ausschließlich von der Lehrkraft aufbereitet und präsentiert werden, dann ist offensichtlich, was die Lernenden letztendlich können sollten: Am präsentierten Wissen orientiert sich das Ziel des Unterrichts.

Die instruktionale Perspektive geht von einem Primat der Lehre aus. Der Planung und Organisation von Unterricht im Hinblick auf die fachlichen Inhalte kommt dabei eine besondere Bedeutung zu.

Die konstruktivistische Perspektive

Nimmt man eine konstruktivistische Perspektive auf das Lernen ein, so geht man primär vom Individuum und nicht vom spezifischen Inhalt aus. Diese Perspektive betont die Rolle der Lernenden und ihre Eigenaktivität. Unabhängig von den Inhalten wird das Individuum danach nur dann einen Wissenszuwachs haben, wenn es sich dieses Wissen in einem aktiven Konstruktionsprozess aneignet. Wissen ist insbesondere keine einfache Kopie der Realität, sondern es wird individuell und kontextabhängig konstruiert, es lässt sich nicht problemlos von Lehrenden auf Lernende übertragen. In Übereinstimmung mit der Auffassung von Mandl[1] und seiner Arbeitsgruppe betrachten wir den Konstruktivismus dabei nur als eine Theorie des „Denkens und Lernens handelnder Subjekte", und nicht als spezifische Erkenntnistheorie (vgl. [135, S. 626]; auch [49] sowie [108]).

---

[1] Heinz Mandl, *1937, ist ein deutscher Bildungsforscher, der sich insbesondere mit selbstgesteuertem und kooperativem Lernen beschäftigt.

In der konstruktivistischen Perspektive spielt der jeweils spezifische Kontext eine wichtige Rolle. Eine Konstruktion von Wissen basiert auf je eigenen Erfahrungen und der eigenen Wissensbasis. Damit sind so genannte *situierte Lernumgebungen* von Bedeutung, die sich explizit auf einen Kontext beziehen. Insbesondere im Rahmen des Mathematikunterrichts ist daraus die Forderung nach einem verstärkten Alltagsbezug des Wissens entstanden.

Beispiel (Situiertes Lernen)

Eine der bekanntesten Studien zum situierten Lernen in der Mathematik führten Carraher, Carraher und Schliemann in den 1980er Jahren durch [26]. Sie beobachteten brasilianische Straßenkinder und ihre Rechenkenntnisse. Es zeigte sich, dass manche Kinder in einem realen Kontext durchaus in der Lage waren, mathematikhaltige Aufgaben zu lösen. So gab ein neun Jahre altes Mädchen den korrekten Preis für drei Kokosnüsse zu je 40 Cent an, indem sie die Folge 40, 80, 120 nannte. Die formal präsentierte Aufgabe $3 \cdot 40$ konnte dieses Kind hingegen nicht lösen.   □

Die Rolle der Lernenden ist unter einer konstruktivistischen Perspektive aktiv, Lehrende begleiten ihre Lernprozesse und bereiten Inhalte so auf, dass ein konstruktiver Umgang mit Wissen erleichtert wird. Unter dieser Perspektive bekommt auch das Fach eine spezifische Ausrichtung. Die Mathematik wird dabei mehr im Sinne einer *Tätigkeit* als im Sinne eines fertigen *Produkts* gesehen (vgl. [42] bzw. [43]).

Die konstruktivistische Perspektive betont das Lernen (und nicht das Lehren im klassischen Sinn) und stellt das Individuum und seine Lernprozesse in den Vordergrund. Nun kann es sicherlich nicht darum gehen, in einem Fach wie Mathematik mit einer mehrere tausend Jahre alten Geschichte das Rad jeweils wieder neu zu erfinden. Die Konstruktion muss sich also auf in einer Kultur verfügbares Wissen berufen. In der Sichtweise des Konstruktivismus hat dieses Wissen allerdings keinen absoluten Status, sondern wird von Individuen in ihrer Interaktion entwickelt und geteilt [147].

Instruktion und Konstruktion

Es ist im Grunde nicht möglich, entweder Instruktion oder Konstruktion als *die* für das Lehren und Lernen ideale theoretische Position zu benennen. Empirische Befunde geben hier zumindest keine klare Auskunft. So gibt es einerseits Belege, dass eine konstruktivistische Sichtweise von Lehrkräften einen positiven Einfluss auf den Unterrichtserfolg hat. Hier konnten Staub und Stern in einer Studie mit Grundschulkindern zeigen, dass insbesondere Textaufgaben unter dieser Bedingung besser gelöst wurden. Andererseits ergab dieselbe Studie, dass sich Kinder bei eher konstruktivistisch und eher instruktional geprägten Lehrerinnen und Lehrern in Bezug auf Rechenaufgaben ohne einen Kontext nicht in ihrer

Leistung unterschieden [163]. Auch im Bereich der Sekundarstufe zeigt die Forschung kein einheitliches Bild. So ergab eine videobasierte Auswertung von Mathematikunterricht keinen systematischen Zusammenhang zwischen einer konstruktivistischen Orientierung von Lehrerinnen und Lehrern und dem „guten" Einsatz von Aufgaben (vgl. Teil VIII), bei dem Exploration ermöglicht wird, unterschiedliche Lösungswege gesucht und diskutiert werden oder komplexe Probleme für selbstständiges Arbeiten genutzt werden [150].

Die instruktionale Perspektive (in ihrer Reinform) ist eher anachronistisch und mit neueren pädagogischen und didaktischen Auffassungen oder Erkenntnissen der Neurowissenschaften kaum in Einklang zu bringen. Der konstruktivistischen Perspektive (ebenfalls in Reinform) fehlt ein wenig die zielgerichtete Komponente, die im konkreten Mathematikunterricht unverzichtbar ist. Vermutlich spricht also einiges für eine integrierte Perspektive, so wie sie Reinmann-Rothmeier und Mandl vorschlagen. Damit wird eine eher pragmatische Position formuliert, die Instruktion und Konstruktion einschließt und davon ausgeht, dass beide Aspekte im realen Unterricht nebeneinander stehen können. Lernen wird aus dieser Perspektive als ein aktiver, selbstgesteuerter, konstruktiver, situativer und sozialer Prozess angesehen. Dem Individuum kommt also keinesfalls eine rein rezipierende Rolle zu. Aber auch Lehren ist aus dieser Sicht eine Tätigkeit, die aktiv gestaltet werden muss. Lehren bedeutet dabei einerseits, Lernprozesse anzuregen, zu unterstützen und zu begleiten, es beinhaltet andererseits aber auch, Lernen anzuleiten und Inhalte darzubieten und zu erklären [135, S. 625]. Diese pragmatische Position lässt sich direkt mit der Gestaltung von problemorientierten Lernumgebungen verbinden, die Konstruktion und Instruktion in einem ausgewogenen Verhältnis verbinden.

Beispiel (Scheitelpunktsform)

Die Mischung zwischen aktiv-entdeckenden, konstruktiven und instruktionalen Phasen im Sinn der pragmatischen Sichtweise könnte bedeuten, die Phasen *nacheinander* abzuwechseln. Wahl bezeichnet dies als ein Vorgehen nach dem *Sandwich-Prinzip* [174]. Dabei sollen sich „Lagen der Konstruktion" mit „Lagen der Instruktion" wie die Schichten in einem Sandwich abwechseln[2].

Als Beispiel wollen wir die Umformung der Funktionsgleichung $y = ax^2 + bx + c$ in die Scheitelpunktsform $y = a \left(x + \frac{b}{2a}\right)^2 + c - \frac{b^2}{4a}$ mittels quadratischer Ergänzung betrachten. Zunächst ist zu klären, was die Schülerinnen und Schüler hier tatsächlich

---

[2]Dabei kann die „Dicke" der Instruktionsschichten mit wachsendem Alter der Schülerinnen und Schüler zunehmen.

selbst herausfinden können. In diesem Fall könnte es die Tatsache sein, dass alle drei Parameter a, b und c in der Gleichung $y = ax^2 + bx + c$ zur Lage des Scheitelpunktes beitragen. Man muss aufpassen ein Fehlkonzept zu vermeiden, das vielleicht naheliegt und sich durch „a ergibt die Öffnung, b die Ordinate und c die Abszisse des Scheitelpunkts" ausdrücken lässt. Hier liegt ein Kernproblem. Es geht nicht darum, einen einfachen Algorithmus zu entwickeln, sondern darum, Verständnis aufzubauen bzw. beim Aufbau von Verständnis sinnvoll zu unterstützen.

Man kann beispielsweise dafür sorgen, dass die Schülerinnen und Schüler durch gelenkte Entdeckung zunächst qualitativ die Rolle der Parameter erkennen, was z. B. durch Zeichnen von geeigneten Graphen und den Einsatz von Dynamischer Geometrie Software möglich ist. Die Erarbeitung der quadratischen Ergänzung kann im zweiten Schritt dann instruktional und lehrerzentriert erfolgen. Im Folgenden erkennen die Schüler nun wieder auf eigenen Wegen, dass die Scheitelkoordinaten direkt aus der Gleichung in der Form $y = a \left(x + \frac{b}{2a}\right)^2 + c - \frac{b^2}{4a}$ abgelesen werden können. Es gilt $x_S = -\frac{b}{2a}$ und $y_S = c - \frac{b^2}{4a}$. Eine Begründung für das Minuszeichen bei der Ordinate kann man (auch in der Lernphase) über die Extremaleigenschaft des Scheitelpunktes selbst herausfinden. Schließlich sollte die Verallgemeinerung auf andere Funktionen $g(x) = f(x - x_0) + y_0$ erfolgen, die im Fall der linearen Funktion konstruktiv und in anspruchsvolleren Fällen ggf. dann instruktional möglich ist. Die lineare Funktion sollte auf jeden Fall thematisiert werden, um durch die Vernetzung mit früher Gelerntem flexibles Wissen zu erreichen. □

Die eben dargestellten Gedanken zur Mischung von Instruktion und Konstruktion sind unseres Erachtens zentral für einen guten Mathematikunterricht. Sie sind uns so wichtig, dass wir sie zum Thema einer Aufgabe machen wollen.

Aufgabe (Rechnen mit ganzen Zahlen)
Betrachten Sie die Einführung der Regeln für die Addition und Subtraktion ganzer Zahlen. Überlegen Sie, welche Schritte Schülerinnen und Schüler allein gehen können und welche Sie instruktional gestalten würden. Formulieren Sie für die konstruktivistischen Phasen konkrete Arbeitsaufträge. □

Soviel Instruktion wie nötig, soviel Konstruktion wie möglich klingt zwar nach einem sehr kompromissbasierten Ratschlag, doch es dürfte die vernünftigste Variante sein. Nicht nur die Mathematikdidaktik, auch die allgemeine Didaktik geht davon aus, dass Lernen und eigenes Tun untrennbar miteinander verbunden sind. Wir werden insbesondere in Teil VI diese Verbindung noch einmal explizit aufgreifen.

Teil III
Die Entwicklung mathematischen Denkens

Die Mathematik ist eine Art Spielzeug, welches die Natur uns
zuwarf zum Troste und zur Unterhaltung in der Finsternis.

Jean-Baptist le Rond d'Alembert (1717-1783)

Das im Zitat erwähnte Spielzeug ist vermutlich eines der ganz frühen Geschenke der
Natur, denn schon in einem jungen Alter haben Kinder zumindest ein rudimentäres
Verständnis für Zahlen und das Zählen. Es gibt Belege, dass bereits im Säuglingsalter
kleine Anzahlen von Dingen erkannt, unterschieden und eingeordnet werden. Offenbar
gibt es Kompetenzen, die mehr oder minder angeboren sind. Doch die meisten
mathematischen Zusammenhänge müssen vom Individuum schlicht erworben werden.
Wie das geschieht, darüber gibt es verschiedene Theorien, wobei (noch immer) viele
Überlegungen der Entwicklungspsychologen Jean Piaget[1] und Bärbel Inhelder[2]
als grundlegend angesehen werden können. In diesem Kapitel sollen Aspekte der
Entwicklung des mathematischen Denkens betrachtet werden, wobei wir uns vor allem
(wenn auch nicht ausschließlich) auf das Schulalter konzentrieren werden.

Immer wieder wird darüber diskutiert, ob so etwas wie Begabung (also auch
mathematische Begabung) eher angeboren ist oder erst im Laufe der persönlichen
Entwicklung erworben wird. Eine müßige Diskussion? Nun ja, vermutlich legt schon
der gesunde Menschenverstand ein „sowohl als auch" nahe. Doch eine wissenschaftliche
Argumentation braucht Belege, und die sind in diesem Fall nicht nur zahlreich,
sondern zeigen vielmehr ein differenziertes Bild der Fähigkeiten, über die Menschen
offensichtlich bereits bei der Geburt bzw. im frühen Säuglingsalter verfügen.

---

[1]Jean Piaget (1896—1980) war ein Schweizer Entwicklungspsychologe, der bahnbrechende
Arbeiten zur Entwicklung des kindlichen Denkens geleistet hat.
[2]Bärbel Inhelder (1913—1997), Schweizer Entwicklungspsychologin, war Schülerin von Jean Piaget,
dann Professorin und später seine Nachfolgerin an der Universität Genf mit gleichem Arbeitsgebiet.

Die Arbeiten der Gruppe um Karen Wynn können dabei als besonders aussagekräftig gelten [186]. Sie zeigte Säuglingen Objekte wie etwa Micky-Mäuse in einer kleinen Anzahl. Die Objekte verschwanden dann hinter einem Schirm und wurden kurz darauf wieder aufgedeckt. In einer ersten Versuchsreihe waren es zwei Objekte, die zunächst gezeigt, dann verdeckt und schließlich wieder aufgedeckt wurden. Die Fixationszeiten der Babys wurden gemessen („wie lange wird das Objekt betrachtet?"), sie nahmen mit zunehmender Wiederholung ab, was so interpretiert wurde, dass das Ergebnis für die Säuglinge uninteressant geworden war. Es wurden dann wieder zwei Objekte gezeigt und verdeckt, aber beim Aufdecken war nur noch ein Objekt vorhanden. Die Fixationszeit war daraufhin signifikant länger. Wynn schließt auf eine angeborene Fähigkeit, kleine Anzahlen zu unterscheiden.

Nun kann man diese angeborenen Grundlagen nicht beeinflussen (die nebenbei auch junge Affen haben). Ganz offensichtlich sind aber die Fähigkeiten und Fertigkeiten, über die wir gleich nach der Geburt verfügen, eine gute Basis für das,was im Laufe der Jahre durch Lernen hinzukommt. Und weil in der Schule das Lernen die zentrale Rolle spielt, wollen wir uns im Folgenden auf Theorien konzentrieren, die genau diesen Aspekt in den Vordergrund stellen. Wir können im gesamten Kapitel nur eine sehr knappe Darstellung wählen, zur weitergehenden Lektüre sei deshalb [122] empfohlen.

Jean Piaget und seine Stadientheorie der Denkentwicklung

Lernen beruht in der Theorie von Jean Piaget auf einer Wechselwirkung zwischen dem Individuum und seiner Umwelt. Es sind drei Grundbegriffe, mit deren Hilfe diese Wechselwirkung beschrieben werden kann, nämlich die *Assimilation,* die *Akkomodation* und die *Äquilibration* [130]. Das Individuum (oder hier ganz einfach und konkret: das Kind) versucht, neue Erfahrungen in sein vorhandenes Wissen so einzupassen, dass es mit der Welt in einem (relativen) Gleichgewicht („Äquilibration") ist. Um das zu erreichen, kann es zwei Wege einschlagen, nämlich entweder die neuen Erfahrungen in ein vorhandenes kognitives Schema einfügen („Assimilation") oder aber, wenn das nicht möglich ist, ein gegebenes Schema anpassen bzw. ein neues Schema aufbauen („Akkomodation"). Das klingt abstrakt, ist aber mit einem Beispiel leicht zu konkretisieren.

Beispiel (Assimilation und Akkomodation)

In der Literatur findet man dazu fast überall den *Wauwau.* Nehmen wir an, ein kleines Kind hat gelernt, dass es in der Nachbarschaft einige Wesen gibt, die vier Beine haben und die man streicheln kann. Von den Eltern werden sie als *Wauwau* bezeichnet. Dann ist es plausibel, ein weiteres Wesen dieser Art auch als *Wauwau* zu bezeichnen, selbst wenn es längere Beine oder kürzere Ohren hat als die beiden bekannten *Wauwaus.* Das Kind sagt *Wauwau,* die stolzen Eltern strahlen, und so wird das vorhandene Schema erweitert und der neue *Wauwau* integriert („assimiliert"). Kommt nun eine Katze vorbei, die das Kind als *Wauwau* bezeichnet, dann ändert sich die Reaktion der Eltern, das Lächeln verliert eventuell an Glanz oder wird gar zu einem Lachen, ein neuer Begriff wird genannt, woraus klar wird, dass dieser Vierbeiner nicht in das Schema passt. Es bietet sich folglich an, ein neues kognitives Schema anzulegen (zu „akkomodieren"). Genauso würde man es als Akkomodation bezeichnen, wenn das Kind nur nette und freundliche Hunde in seinem Schema hat und lernen muss, dass manche Hunde knurren und dabei eher böse in ihre Umgebung blicken. □

© Der/die Autor(en), exklusiv lizenziert durch Springer Nature Switzerland AG 2021
K. Reiss und C. Hammer, *Grundlagen der Mathematikdidaktik,* Mathematik Kompakt,
https://doi.org/10.1007/978-3-030-65429-0_7

„Man muss die Dinge so einfach wie möglich machen. Aber nicht einfacher." Diese Aussage des Physikers Albert Einstein kann man *cum grano salis* (also im Wesentlichen) auch hier anwenden. Natürlich führt nicht jede Assimilation oder Akkomodation zu einem tragfähigen neuen oder verbesserten Schema. Allerdings werden jeweils aktiv Schritte unternommen, die geeignet sind, das individuelle Gleichgewicht zu stärken („Äquilibration"). Entsprechend entstehen so individuelle Theorien über die Welt, die beispielsweise auch abhängig vom Alter immer wieder angepasst und optimiert werden können.

Lernen wird in diesem Zusammenhang als eine aktive Auseinandersetzung mit der Umwelt gesehen, und diese Auffassung ist ein Kern vieler aktueller Lerntheorien. In Abhängigkeit von Faktoren wie dem Vorwissen, der Lernumgebung oder der Motivation erfolgt der Wissenserwerb eines Individuums *konstruktiv*, indem neues Wissen aktiv in den Wissensbestand eingepasst wird. Was gelernt wird, hängt also nicht nur vom Angebot („Lehrinhalt") ab, sondern auch von der oder dem Lernenden und den jeweiligen individuellen Erfahrungen. Konstruktivistische Theorien des Lernens (und das hatten wir in Teil II bereits diskutiert) gehen somit davon aus, dass jeder Wissenserwerb als eine Anpassung der jeweils eigenen Repräsentation der Welt beschrieben werden kann.

Nach Piaget ist die Art und Weise des Erwerbs von Wissen und damit die Entwicklung des Denkens altersabhängig und erfolgt in Stadien. Konkret unterscheidet er das senso-motorische, das präoperatorische, das konkret-operatorische und das formal-operatorische Stadium, die jeweils wieder in unterschiedliche Phasen zerfallen. Er sieht diese Stadien aufeinander aufbauend, in einer zwingenden zeitlichen Reihenfolge und ordnet ihnen Altersangaben zu. Auch wenn die Theorie nicht unumstritten und in Teilaspekten sogar widerlegt ist (man vergleiche das Beispiel auf S. 43), lohnt sich die Beschäftigung mit ihr, da sie noch immer als einziger zusammenhängender Ansatz für eine Erklärung der Denkentwicklung angesehen werden kann.

Das *sensomotorische Stadium* beginnt mit der Geburt und reicht bis zu einem Alter von etwa zwei Jahren. Es ist durch einen Wissenserwerb gekennzeichnet, bei dem das Kind im Wesentlichen seiner Wahrnehmung und seinem Körper folgt. Es fasst Dinge an, nimmt sie in den Mund, betrachtet sie und exploriert so seine Umwelt. Für die Schule ist dieses Stadium eher nicht von Bedeutung, sodass es an dieser Stelle bei der kurzen Erklärung bleiben soll.

Das sich anschließende *präoperatorische Stadium* ist dadurch geprägt, dass das kindliche Denken an Handlungen und konkrete Anschauung gebunden ist (ca. zwei bis sieben Jahre). Sehr bekannt sind in diesem Zusammenhang Piagets Versuche zur Mengenkonstanz, bei denen Flüssigkeit beispielsweise von einem hohen schmalen Glas vor den Augen der Kinder in ein niedrigeres und breiteres Glas umgeschüttet wird. Hier kommt es darauf an zu erkennen, dass sich die Flüssigkeitsmenge durch Umschütten nicht ändern kann und unabhängig von der Form des Glases ist. Auch bei einer anschaulichen Versuchsanordnung (zwei gleiche Gläser mit der gleichen Menge Flüssigkeit sind gegeben, nur aus einem wird die Flüssigkeit umgeschüttet, das andere bleibt zum Vergleich unverändert) sind Kinder in dieser Altersstufe nicht in der Lage, die Mengenkonstanz korrekt zu beurteilen, sondern meinen etwa, dass im hohen Glas nun *mehr* Flüssigkeit sei (Abb. 7.1).

Abb. 7.1 Umschüttversuch

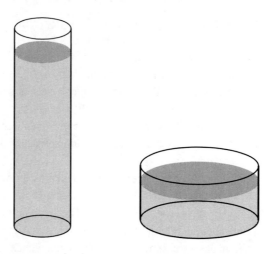

Auch die Mengeninvarianz wird in diesem Entwicklungsstadium nicht gesehen. So meinen Kinder, dass in einer Reihe *mehr* Bonbons liegen, wenn diese weiter voncinander entfernt liegen (Abb. 7.2). Allerdings gibt es Evidenz, dass diese Invarianz zumindest in geeigneten Situationen erkannt wird. In einer Studie von Mehler und Bever durften sich Kinder Bonbons aussuchen und konnten zwischen einer kurzen Reihe mit vielen Bonbons und einer langen Reihe mit wenigen Bonbons auswählen [109]. Die Kinder zeigten hier auf die kürzere Reihe mit mehr Bonbons (Abb. 7.2).

Abb. 7.2 Mengeninvarianz

Das *Stadium der konkreten Operationen* wird mehr oder minder mit dem Grundschulalter verbunden (sieben bis elf Jahre). Kinder in diesem Stadium können bestimmte Denkoperationen durchführen, wenn die konkrete Anschauung gegeben ist, sie können ihr Denken aber auch auf vorangegangene Erfahrungen gründen. Aufgaben, die eine korrekte Beurteilung der Mengeninvarianz fordern, werden problemlos bearbeitet. Darüber hinaus werden Anforderungen wie das korrekte Einzeichnen des Wasserspiegels bei einer gekippten Flasche gemeistert und es können einfache mathematische Begriffe („Zahl", „Plusaufgabe", „Länge") erworben werden. Auch ein schlussfolgerndes logisches Denken wird möglich, wobei hier noch vielfach die Anschauung eine zentrale Rolle spielt. Wenn eine Aufgabe wie „Anna ist größer als Lena, Anna ist kleiner als Mia. Wer ist am größten?" verbal formuliert wird, dann sind Kinder in diesem Entwicklungsstadium nicht in der Lage, sie zu lösen [129]. Wird hingegen konkretes Material vorgegeben, dann ist eine Lösung möglich.

Das *Stadium der formalen Operationen* beginnt ungefähr mit dem zwölften Lebensjahr. Die Kinder sind nicht mehr auf konkrete Handlungen und eine unmittelbar vorangehende Anschauung angewiesen, sondern sind in der Lage, abstrakte und hypothetische Annahmen zu machen und zu nutzen. So wird ein wissenschaftliches Vorgehen möglich, das beispielsweise Einflussparameter systematisch variiert und die jeweiligen Folgen differenziert abschätzt oder beurteilt. Erst in diesem Stadium können Kinder oder Jugendliche entsprechend eher formale Argumentationen durchführen. Damit ist etwa ein Verständnis abstrakter Sachverhalte oder die Fähigkeit zum deduktiven Schließen auch erst ab diesem Alter realistisch.

Im Detail hat es immer wieder Kritik an den Arbeiten von Jean Piaget gegeben (vgl. etwa [30] für eine Übersicht). So gibt es eine Fülle von Untersuchungen, durch die die starren Altersangaben relativiert werden. Die Verbindung von Stufen und Alter gilt entsprechend inzwischen als überholt. Darüber hinaus ist auch das methodische Vorgehen nicht unumstritten, das durch eine kleine Anzahl von nicht zufällig ausgewählten Versuchspersonen (oft seine eigenen Kinder) und nicht immer eindeutige Formulierungen geprägt war. Ein Begriff wie *mehr* in den weiter vorne genannten Aufgaben (siehe S. 43) lässt unterschiedliche Interpretationen zu. Insbesondere kann die Abhängigkeit der Lösung mathematischer Aufgaben von ihrer konkreten Formulierung als belegt gelten. Bei Elsbeth Stern findet man hier ein konkretes Beispiel. So legte man in den USA und in Deutschland Kindern die Aufgabe „5−3=2" als Texte in der Formulierung „Fünf Vögel finden drei Würmer. Wie viel mehr Vögel als Würmer gibt es?" sowie in der Formulierung „Fünf Vögel finden drei Würmer. Wie viele Vögel bekommen keinen Wurm?" vor. In der ersten Fassung konnten weniger als ein Drittel der Kinder eine korrekte Lösung angeben, in der zweiten Fassung, die wesentlich realitätsnäher ist, kamen hingegen fast alle zur richtigen Lösung (siehe [80, 164]).

Zusammenfassend kann man feststellen, dass die prinzipielle Bedeutung der Arbeiten von Jean Piaget für die Entwicklungspsychologie hoch einzuschätzen ist. Gleiches gilt auch speziell für die Mathematikdidaktik. Insbesondere die Einteilung in Stadien und ihre Beschreibung hat zu verschiedenen didaktischen Theorien geführt, die nicht nur überzeugend wirken, sondern auch empirisch fundiert werden konnten.

Ebenen der Repräsentation nach Bruner

8

Folgt man Bruner[1], so ist die Denkentwicklung mit unterschiedlichen Ebenen der Repräsentation von Inhalten verbunden. Sie können im Sinne dieser Theorie auf einer Ebene der Handlung („enaktiv"), einer bildlichen Ebene („ikonisch") oder einer eher abstrakten Ebene („symbolisch") dargestellt bzw. erschlossen werden [23]. Diese Ebenen sind nicht unbedingt zeitlich angeordnet zu sehen, es gibt aber in unterschiedlichen Altersstufen unterschiedliche Prioritäten für bestimmte Darstellungen. Bei jungen Kindern dominiert in der Regel die enaktive Ebene, denn die Umwelt wird im Wesentlichen durch das Handeln erschlossen (z. B. bei der Unterscheidung von runden und eckigen Formen mithilfe von Bauklötzen).[2] Bei Jugendlichen oder jungen Erwachsenen kann auch das Arbeiten auf der symbolischen Ebene, eventuell verbunden mit geeigneten ikonischen Repräsentationen, die Methode der Wahl sein (z. B. bei Kurvendiskussionen im Rahmen des Analysisunterrichts der gymnasialen Oberstufe).

Unterrichtsinhalte können (nicht nur in der Mathematik) in enaktiver, ikonischer oder symbolischer Form präsentiert werden. Sie erschließen sich entsprechend aus (eigenen) Handlungen, bildlichen Darstellungen oder in Form von abstrakten Symbolen. Die Ebenen bauen auch nicht unbedingt aufeinander auf, können aber in Bezug auf viele Unterrichtsinhalte in einer Hierarchie gesehen werden. So beginnen Kurse zum Bruchrechnen in der Regel mit konkreten Manipulationen an geeigneten Größenmodellen („Pizza-" oder „Rechteckmodell"; siehe S. 30), nehmen Bezug auf bildliche Darstellungen und führen dann in die Ebene der symbolischen Darstellung durch Bruchzahlen ein.

Es kommt im Unterricht immer wieder vor, dass Inhalte auf den verschiedenen Ebenen gegebenenfalls in unterschiedlichen Schuljahren (und auch in verschiedenen Schularten)

---

[1] Jerome S. Bruner (1915–2016) war ein amerikanischer Psychologe, der sich vor allem der Entwicklung einer kognitiv orientierten Lerntheorie widmete.

[2] Selbstverständlich sind hier fachlich relevante Handlungen gemeint. So zählen Vorbereitungen wie das Bereitlegen des Arbeitsmaterials nicht zur enaktiven Ebene.

© Der/die Autor(en), exklusiv lizenziert durch Springer Nature Switzerland AG 2021
K. Reiss und C. Hammer, *Grundlagen der Mathematikdidaktik,* Mathematik Kompakt,
https://doi.org/10.1007/978-3-030-65429-0_8

behandelt werden. Gerade dann bietet es sich an, unterschiedliche Zugangsweisen zu wählen und ihre Bezüge herauszuarbeiten.

Beispiele (Repräsentationsebenen)

1. Man falte ein beliebiges Blatt Papier einmal und dann ein zweites Mal so, dass die Faltkante auf sich selbst zu liegen kommt. Nimmt man das Blatt nun auseinander, sieht man einen rechten Winkel, der handelnd entstanden ist. Hätte man es nicht zeichnerisch mit dem Geodreieck viel leichter gehabt? Mag sein, aber wenn man es durchdenkt, dann steckt gerade in dieser Methode richtig gute Mathematik. Durch das zweifache Falten bekommt man kongruente Winkel (man denke an die Achsenspiegelung). Insbesondere ist jeder Winkel zu seinem Nebenwinkel kongruent. Damit hat man die Hilbert'sche[3] Definition des rechten Winkels realisiert und letztendlich eine solide Grundlage für den Umgang mit dem Geodreieck geschaffen [75].

2. Der Symmetriebegriff ist ein zentrales Konstrukt der Mathematik. Auf einer enaktiven Ebene erschließt er sich bereits in der Grundschule. Wenn man ein einfaches DIN-A4-Blatt so faltet, dass die beiden Teile genau aufeinander liegen und dann mit einer Schere Muster ausschneidet, dann bekommt man eine *achsensymmetrische* Figur. Faltet man das Blatt zweimal und zwar so, dass die Faltlinien senkrecht aufeinander stehen (wie im ersten Beispiel beschrieben), und schneidet wieder Muster aus, entsteht eine *punktsymmetrische* Figur, die nebenbei auch *achsensymmetrisch* ist. Man kann somit symmetrische Figuren (handelnd) herstellen. Diese Propädeutik hat ihren Platz in der Grundschule und auch noch in der fünften oder sechsten Klasse der weiterführenden Schulen. Auf der ikonischen Ebene werden im Anschluss die charakteristischen Eigenschaften genutzt, um symmetrische Figuren zu zeichnen. Ebenfalls auf der ikonischen Ebene wird in der Regel zwischen der Figureneigenschaft Symmetrie und dem Konzept der Kongruenzabbildung vermittelt. Schießlich kann man die Achsenspiegelung im $\mathbb{R}^2$ durch eine geeignete Matrix darstellen und kommt so zur symbolischen Ebene (siehe auch Teil VI).

3. Das Lösen linearer Gleichungen ist in der Regel ein wesentlicher Unterrichtsinhalt zumeist der siebten Jahrgangsstufe. Hier werden Äquivalenzumformungen behandelt, die sich auf jede lineare Gleichung anwenden lassen und zur Lösung führen. Einfache (und geeignete) Gleichungen kann man allerdings auch auf der enaktiven bzw. der ikonischen Ebene lösen. Wir betrachten die Gleichung $3x + 2 = 8$ mit der Grundmenge $\mathbb{N}_0$.

---

[3] David Hilbert (1862–1943) war einer der bedeutendsten Mathematiker am Ende des 19. und zu Beginn des 20. Jahrhunderts. Seine Arbeiten zur Mathematik und mathematischen Physik waren bahnbrechend, visionär und haben die moderne Mathematik wesentlich beeinflusst.

(i) *Handeln mit Schachteln und Hölzchen (enaktive Ebene)*
Man kann die Situation mit Hölzchen und Schachteln auf den Tisch legen und fragen: „Wie viele Hölzchen müssen in jeder der Schachteln liegen, damit es auf beiden Seiten des Gleichheitszeichens insgesamt gleich viele sind? In den Schachteln müssen sich jeweils gleich viele Hölzchen befinden (Abb. 8.1)."

Abb. 8.1 Ikonische Darstellung zum Handeln mit Schachteln und Hölzchen

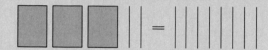

Die Einschränkungen hinsichtlich der Grundmenge und der möglichen Operationen sind an dieser Stelle unproblematisch, da es um die Grundstruktur der linearen Gleichung und die Frage nach der Bedeutung der Lösung geht. Viele Schülerinnen und Schüler erkennen von allein, dass man auf beiden Seiten zwei Hölzchen entfernen kann, ohne die Lösungsmenge zu verändern. Damit ist der Begriff der Äquivalenz von Gleichungen vorbereitet.

(ii) *Darstellung im Operatormodell (ikonische Ebene)*
Die beliebten Zahlenrätsel („Ich merke mir eine Zahl …") können zu linearen Gleichungen führen. Umgekehrt bedeutet Lösen einer Gleichung, nach der Ausgangszahl zu suchen. In [3] wird das „versteckte Zahlen herausfinden" genannt. Dieses Verstecken und Herausfinden wird in der Darstellung im Operatormodell besonders deutlich:

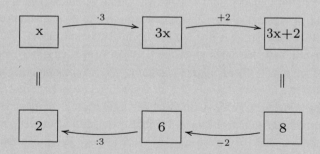

Eine andere Möglichkeit, lineare Gleichungen auf ikonischer Ebene zu betrachten, ist die Darstellung als Funktionsgraph. Dieser Zugang ist jedoch noch nicht beim hier angesprochenen ersten Zugang zum Thema sinnvoll.

(iii) *Äquivalenzumformung (symbolische Ebene)*
Schließlich sollen die Schülerinnen und Schüler sicher darin werden, lineare Gleichungen mit Äquivalenzumformungen zu lösen. Dabei erscheint es uns

> wichtig, diese (natürlich im jeweils gültigen Umfang) als Umkehrung von
> Rechenoperationen zu begreifen und missverständliche Formulierungen wie
> „auf die andere Seite bringen" zu vermeiden.   □

Aufgabe (Winkelsumme im Dreieck)
Sie wollen den Satz über die Winkelsumme im Dreieck begründen. Überlegen Sie sich,
welche Möglichkeiten es gibt, dabei die drei Repräsentationsebenen zu nutzen.   □

Es ist wichtig, die Repräsentationsebenen nicht unabhängig voneinander zu betrachten,
sondern auch auf ihre wechselseitigen Beziehungen einzugehen. Will man ein gutes Verständnis von Begriffen und Verfahren entwickeln, müssen die mit den verschiedenen Ebenen
verknüpften Vorstellungen zusammenpassen und sich gegenseitig unterstützen. Dazu sind
vielfältige Aktivitäten hilfreich, bei denen bewusst zwischen den Ebenen gewechselt wird
(„intermodaler Transfer"). Zum Beispiel kann der Begriff *Steigung* durch eine (zumindest
vorgestellte) Handlung enaktiv erfahren werden, durch Darstellung in einer Grafik „iko-
nisiert" und in Sprache („Verbalisierung") oder in eine Darstellung mit mathematischen
Zeichen („Formalisierung") übertragen werden. Bei dem hier zunächst angesprochenen
Wechsel in Richtung zur symbolischen Ebene sollte es nicht bleiben, auch auf die anderen
– konkretisierenden – Übergänge kommt es entscheidend an.

Andere kognitionspsychologische Theorien haben diesen Ansatz verfeinert [78]. Insbesondere konnte gezeigt werden, dass die Ebenen nicht unbedingt altersabhängig sind,
sondern mit einem persönlichen kognitiven Stil bzw. mit Aspekten wie der Vertrautheit mit
einem Inhalt zusammengebracht werden können. Auch mathematische Kompetenz könnte
eine Rolle spielen. So zeigt eine Studie, die an der Technischen Universität München durchgeführt wurde, dass leistungsschwächere Kinder Aufgaben zum Bruchrechnen besser lösen,
wenn sie die Inhalte über konkrete Handlungen (hier am Computer) erworben haben. Leis-
tungsstärkere Kinder sind offensichtlich genauso gut in der Lage, auf Grundlage vorgestellter
Handlungen zu lernen [136]. Schließlich gibt es Beispiele, bei denen selbst Erwachsene eine
Situation ohne das konkrete Handeln nicht angemessen beurteilen können: Die Chancen für
„Kopf" oder „Seite" beim Werfen einer Reißzwecke kann man nur über das Experiment
bestimmen.

Aebli und die operative Methode

9

Der Name Hans Aebli[1] ist wie kaum ein anderer mit grundlegenden Arbeiten zum Lehren und Lernen verbunden. Dabei spielt das eigene Handeln der Schülerinnen und Schüler als Basis jeglichen Wissenserwerbs (bzw. Kompetenzerwerbs und für diesen Begriff sei auf Teil IV verwiesen) eine besondere Rolle. Unter Handeln werden dabei sowohl reale und konkrete Handlungen als auch Denkhandlungen verstanden. Aebli nimmt die Theorien von Piaget auf und folgt den Grundideen von Bruner. Im Unterschied zu Piaget geht er allerdings davon aus, dass die Denkentwicklung auf Stufen erfolgt, die nicht unbedingt vom Lebensalter abhängig sind [78]. Für ihn steht im Vordergrund, welche Erfahrungen zu einem Lerninhalt vorliegen. Vor allem durch diese Erfahrungen wird bestimmt, mit welchen Darstellungen neue Inhalte präsentiert werden sollten. Die Stufen ähneln den oben genannten und werden als *konkret, figural* und *symbolisch* bezeichnet. Eine Operation kann verinnerlicht (z. B. automatisiert) werden, wenn sie diese Stufen hierarchisch durchläuft und der Wechsel zwischen den Stufen durch eine geeignete Verbalisierung unterstützt wird. „Verinnerlichung" bedeutet, dass Denkoperationen aufgebaut und dann gefestigt werden. Das Ziel ist Beweglichkeit, die sich darin ausdrückt, dass man gedankliche Operationen zusammensetzen kann, sie in unterschiedlicher Zusammensetzung planbar sind und ggf. auch rückgängig gemacht werden können. Im genannten Kontext werden dafür die Begriffe *Kompositionsfähigkeit, Assoziativität* und *Reversibilität* gewählt.

Kompositionsfähigkeit bedeutet im Kern, dass man auf verschiedenen Wegen zum Ziel zu kommen kann, indem man zum Beispiel verschiedene Teiloperationen kombiniert. Die Assoziativität ist aus der Mathematik bekannt. So gilt das Assoziativgesetz etwa für ganze, rationale oder reelle Zahlen und ihre Addition oder Multiplikation: Es ist $(22018 + 12018) + 7982 = 22018 + (12018 + 7982)$ und das führt einerseits zur (eher schwierigen) Rechnung $34036 + 7982$ und andererseits zu $22018 + 20000$, was sich im Kopf

---

[1] Hans Aebli (1923–1990) war ein Schweizer Psychologe, dessen Forschungsinteresse dem Lehren und Lernen galt. Er war Schüler von Jean Piaget und Mitbegründer der (hier dargestellten) Methode des „operativen Lernens".

© Der/die Autor(en), exklusiv lizenziert durch Springer Nature Switzerland AG 2021
K. Reiss und C. Hammer, *Grundlagen der Mathematikdidaktik,* Mathematik Kompakt,
https://doi.org/10.1007/978-3-030-65429-0_9

rechnen lässt. Assoziativität im genannten Sinn hat genau diesen Hintergrund und ist als Basis für flexibles Denken zu verstehen, das über gelernte Algorithmen hinausgeht. Wenn man in dieser Aufgabe erkennt, dass die Klammer auf der rechten Seite der Gleichung und damit der ganze Term leicht zu berechnen ist, dann muss man etwas von der Struktur des Dezimalsystems verstanden haben. Hinter der Reversibilität versteckt sich nichts anderes als die Eigenschaft mancher Operationen, umkehrbar zu sein.

So kann man die Subtraktion als Umkehrung der Addition und die Division als Umkehrung der Multiplikation auffassen: Es ist $500 - 300 = 200$, weil $200 + 300 = 500$ ist und $56 : 7 = 8$, weil $8 \cdot 7 = 56$ ist. Die Addition und die Multiplikation natürlicher Zahlen sind also auch reversible Operationen[2]. Schöne Beispiele für Komposition, Assoziativität und Reversibilität liefern auch geometrische Abbildungen. Kongruenzabbildungen können als Komposition mehrerer Achsenspiegelungen aufgefasst werden, bei denen es allerdings auf die Reihenfolge ankommen kann. Assoziativität gilt also nur in bestimmten Fällen, wie etwa bei Drehungen und Verschiebungen. Ein gleichseitiges Dreieck kann man durch eine Drehung um $120°$ abbilden (aus $\triangle ABC$ wird $\triangle CBA$, vgl. Abb. 9.1). Eine Drehung um weitere $240°$ erzeugt die Ausgangssituation. Die Drehung ist damit reversibel.

Abb. 9.1 Reversibilität

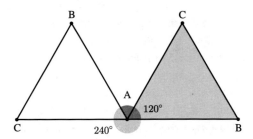

Die operative Methode hat ihre Spuren im Schulunterricht hinterlassen. Das Ziel der operativen Durchdringung von Inhalten passt insbesondere gut zur Mathematik, bei der ja der Aufbau von Verständnis und nicht das Abarbeiten von Algorithmen im Vordergrund steht. Wir werden darauf in Teil VI noch einmal genauer eingehen.

---

[2] Dabei kommt es zentral auf die Richtung an: Wenn man natürliche Zahlen addiert oder multipliziert, dann ist das Ergebnis wieder eine natürliche Zahl. Nur so ist (im Sinne der Umkehrung) die Existenz der Differenz bzw. des Quotienten in $\mathbb{N}$ gewährleistet.

Lernen und die neurowissenschaftliche Perspektive

10

Die neurowissenschaftliche Forschung hat in letzter Zeit zu unserem Wissen über das menschliche Denken beigetragen. Insbesondere gibt es immer mehr Ergebnisse dieser Forschung, die für das Lernen sinnvolle Einsichten geben könnten. Die Grundlage ist einfach: Wenn man geistig aktiv ist, dann wird das Gehirn besser durchblutet. Dabei ist es von der Art des Denkens abhängig, an welchen Stellen des Gehirns die Blutzufuhr erhöht wird. Werden diese Ströme mit bildgebenden Verfahren sichtbar gemacht, so kann man erkennen, dass unterschiedliche Tätigkeiten auch unterschiedliche Areale aktivieren (können). Allerdings sind selbst einfachste Prozesse Grundlage für die Aktivierung einer Vielzahl von Arealen [30].

Ganz wesentlich wird dabei mit fMRI gearbeitet. Das Kürzel steht für *functional magnetic resonance imaging* oder – mit dem deutschen Begriff – für *funktionelle Magnetresonanztomographie* (und dann schreibt man in der Regel fMRT). Mit dem Verfahren können Durchblutungsveränderungen in Gebieten des Gehirns sichtbar gemacht werden. Die Probanden müssen dazu relativ fixiert in einer Röhre untersucht werden, was den Anwendungsbereich einschränkt. Mit fMRI ist nach dem Stand der Forschung keine Gesundheitsgefährdung verbunden.

Ähnlich ist es bei NIRS, was *Nahinfrarotspektroskopie* bedeutet. Auch mit diesem Verfahren können Änderungen der Durchblutung im Gehirn sichtbar gemacht werden. Die Probanden tragen dabei eine leichte Haube auf dem Kopf, mit deren Hilfe die Elektroden auf der Schädeldecke fixiert sind. Auch hier sollten sie sich nicht heftig bewegen, aber kleinere Schwankungen werden durchaus toleriert. Entsprechend kann diese Methode auch relativ leicht bei Kindern und Jugendlichen in ihrem regulären Umfeld (also etwa der Schule) angewendet werden. Infrarotstrahlen gelten übrigens ebenfalls als unschädlich.

Der Vollständigkeit halber seien zwei weitere Verfahren erwähnt, die im Prinzip für Untersuchungen am Gehirn benutzt werden (können). Das ist zum einen das *Elektroenzephalogramm* (EEG). Durch ein EEG macht man allerdings keine Änderungen der Blutzufuhr im Gehirn sichtbar, sondern es bildet Veränderungen des elektrischen Feldes ab, die durch

K. Reiss und C. Hammer, *Grundlagen der Mathematikdidaktik,* Mathematik Kompakt, https://doi.org/10.1007/978-3-030-65429-0_10

Entladung von Neuronen induziert werden. Zum anderen wurde in den Neurowissenschaften mit der *Positronenemissionstomographie* (PET) gearbeitet, die wiederum Veränderungen des regionalen Blutflusses erfasst. PET ist allerdings mit einer gewissen (wenn auch geringen) Strahlenbelastung verbunden, was eher gegen eine Verwendung in der Hirnforschung spricht.

Ist es wirklich interessant, dass beim Vergleich von Zahlen andere Teile des Gehirns aktiviert werden als beim Addieren oder Multiplizieren von Zahlen? Nun, zum einen haben wir dadurch klare Evidenz gewonnen, dass es nicht *den* mathematischen Prozess gibt, sondern eine Vielzahl einzelner Aspekte, die sich zu mathematischer Kompetenz ergänzen. So zeigen verschiedene Studien, dass schon bei einfachen Aufgaben unterschiedliche Hirnregionen aktiviert werden. Es gibt Kernbereiche etwa für die Verarbeitung von Zahlen (und das sind bilateral parietale Hirnregionen, die sich oben links und rechts von der Mitte befinden). Die Komplexität mathematischen Arbeitens scheint sich also in einem Netz aktiver Regionen widerzuspiegeln. Darüber hinaus bilden sich unterschiedliche Strategien bei der Lösung von Mathematikaufgaben auch durch unterschiedliche Aktivierung des Gehirns ab (z. B. [32]; siehe [117] bzw. [116] für einen Überblick). Neuere Studien zeigen darüber hinaus, dass auch gezielte Fördermaßnahmen zu Veränderungen in neuronalen Aktivierungsmustern führen können. Allerdings sind bei diesen einzelnen Aspekten kaum interindividuelle Unterschiede zu erkennen. Unabhängig von der Leistung oder auch vom Alter sind prinzipiell die gleichen Hirnregionen bei mathematischen Aktivitäten involviert [116].

Man darf nicht vergessen, dass es sich hier um einen recht jungen Forschungsbereich handelt, der noch von explorativem Arbeiten geprägt ist. Die Ergebnisse sind wenig gefestigt, Methoden und Interpretationen sind in permanenter Diskussion. Insbesondere wird es eine Weile dauern, bis man Erkenntnisse darüber hat, wie (wenn überhaupt) das Wissen um Abläufe im Gehirn für das Lehren konkret nutzbar gemacht werden kann. Immerhin zeigen die bisherigen Forschungsergebnisse, dass Aktivitäten in unterschiedlichen Regionen des Gehirns mit unterschiedlichen kognitiven Operationen verknüpft sind.

Teil IV
Individuelle Voraussetzungen des Lernens im schulischen Kontext

Zu einem vollkommenen Menschen gehört die Kraft des Denkens,
die Kraft des Willens, die Kraft des Herzens.

Ludwig Feuerbach (1804–1872)

Nicht alle Menschen lernen alles gleichermaßen gut und gerne, und das gilt natürlich auch für das Lernen von Mathematik. Für die einen ist sie ein Lieblingsfach, für die anderen eher mit Schrecken und unangenehmen Gefühlen besetzt, manche erarbeiten sich die Inhalte mühelos, andere tun sich schon schwer damit, die Grundlagen des Rechnens zu verstehen. Kurz und gut: Nicht nur die Sache, sondern auch der individuelle Umgang damit ist für ein erfolgreiches Lernen entscheidend. Wir wollen daher in diesem Kapitel betrachten, welchen Einfluss individuelle Variablen auf das Lernen von Mathematik haben.

Es sind vielfältige Faktoren, die den Unterricht in der Schule prägen, wobei in jedem Fall das Wechselspiel zwischen Lehrperson und den Schülerinnen und Schülern oder (etwas allgemeiner ausgedrückt) zwischen Lehren und Lernen von besonderer Bedeutung ist (vgl. etwa die Beiträge in [132]). Bereits in Teil II hatten wir uns dabei auf ein Modell von Angebot und Nutzung bezogen, das als Rahmen für die Qualität und Wirksamkeit von Unterricht angesehen werden kann [150]. Dort hatten wir unser Augenmerk vor allem auf das Lehren gerichtet, nun nehmen wir stärker das Lernen in den Blick. Wir konzentrieren uns dabei auf individuelle Schülermerkmale, ganz speziell auf kognitive und motivationale Dispositionen und Fertigkeiten.

Sind solche Dispositionen von Bedeutung? Auf jeden Fall. Im Mathematikunterricht geht es sicherlich um mehr als einen nur kurzfristigen Lernzuwachs. Insbesondere soll Wissen nicht nur vermittelt werden, um für die nächste Klassenarbeit oder Schulaufgabe abrufbar zu sein. Vielmehr ist es das Ziel, dieses Wissen so flexibel zur Verfügung zu haben, dass es in vielfältigen Situationen für die Lösung unterschiedlicher Probleme genutzt werden kann. Wenn das der Fall ist, dann spricht man in der Regel von (mathematischer) *Kompetenz*. Bei der auf Weinert[1] zurückgehenden Definition des Kompetenzbegriffs, die insbesondere die deutschen Bildungsstandards beeinflusst hat (siehe Teil VII), ist daher nicht nur Wissen, sondern auch die Fähigkeit zur Anwendung von Wissen ein integraler Bestandteil [176]. Beide Aspekte können allerdings kaum wirksam werden, wenn ein Individuum nicht an einer Problemlösung interessiert und dazu motiviert ist.

---

[1]Franz Emanuel Weinert, (1930–2001), war Professor für Entwicklungspsychologie und Pädagogische Psychologe in Heidelberg, später dann Gründungsdirektor des Max-Planck-Instituts für psychologische Forschung in München. Als ausgebildetem Lehrer galt sein Interesse unter anderem der schulischen Entwicklung von Kindern. Seine Arbeiten betonen individuelle Aspekte wie Intelligenz, Motivation und Persönlichkeit.

Kognition und Wissen

11

Die Begriffe „Lernen" und „Wissenserwerb" werden nicht selten synonym verwendet, gerade auch dann, wenn es um Lernen in der Schule geht. Es lohnt sich also darüber nachzudenken, was mit Wissen eigentlich gemeint ist. In einer ersten Näherung kann man sicherlich zwischen mathematischen Fakten („$\sqrt{2}$ ist keine rationale Zahl") und Arbeitsweisen („zeige, dass $\sqrt{2}$ keine rationale Zahl ist") unterscheiden. Darüber hinaus ist aber auch das Wissen um geeignete Lern- oder Kontrollstrategien eine wichtige Komponente, auch wenn dieses Wissen nicht unbedingt fachspezifisch ausgeprägt sein muss. Die folgende kurze Übersicht orientiert sich an einer Zusammenfassung von Renkl [146, S. 4 f.].

In Bezug auf den erstgenannten Aspekt („Wissen") wird (nicht nur) in der Psychologie in der Regel zwischen *deklarativem* und *prozeduralem* Wissen unterschieden. Zum deklarativen Wissen gehören Fakten und Begriffe, also etwa die Kenntnis der Zahlreihe von 1 bis 100 oder der genauen Formulierung des Satzes von Pythagoras („wissen, dass"). Es wird gerade in der Mathematikdidaktik auch als *konzeptuelles* Wissen bezeichnet. Dadurch soll deutlich gemacht werden, dass es nicht nur um auswendig gelernte konkrete Aussagen geht, sondern beispielsweise auch um abstrakte Begriffe oder um das Verständnis von Beziehungen und Verknüpfungen (siehe etwa [74] bzw. [151]). Prozedurales Wissen umfasst hingegen eher den Umgang mit Fakten oder Begriffen. Das Addieren von Bruchzahlen, die Bestimmung der Lösung einer quadratischen Gleichung oder eine Kurvendiskussion sind Beispiele für prozedurales Wissen („wissen, wie").

„Wissen über Wissen" gehört zum so genannten *metakognitiven Wissen*. Es umfasst Aspekte wie das Wissen um Lernstrategien, die Kontrolle des eigenen Verständnisses, das Planen des Vorgehens oder Techniken der Regulierung, wenn Prozesse nicht sinnvoll gelaufen sind. Zum metakognitiven Wissen gehören auch epistemologische Überzeugungen, die gerade in der Mathematik durchaus bedeutsam sein können. Mit diesem Begriff bezeichnet man die Einstellung eines Individuums zu einem Sachverhalt. So könnte man beispielsweise Mathematik vorrangig als eine formale Wissenschaft sehen, die wesentlich durch einen deduktiven Aufbau gekennzeichnet ist, oder aber die Vielfalt mathematischer Prozesse

© Der/die Autor(en), exklusiv lizenziert durch Springer Nature Switzerland AG 2021
K. Reiss und C. Hammer, *Grundlagen der Mathematikdidaktik,* Mathematik Kompakt,
https://doi.org/10.1007/978-3-030-65429-0_11

betonen und so Mathematik stärker in einen Zusammenhang mit kreativem Problemlösen stellen [53].

Beispiele (Epistemologische Überzeugungen)

1. Im Zusammenhang mit der Berechnung von Rechtecksflächen sind Aufgaben zur Verlegung von Fliesen beliebt. Betrachten wir ein Beispiel: Eine 2,60 m breite Wand soll bis in eine Höhe von 2,10 m gefliest werden. Das Format der Fliesen ist 20 cm × 30 cm. Wie viele Fliesen werden gebraucht?

   – Wir rechnen (ohne langes Nachdenken):

$$\frac{2,6 \cdot 2,1}{0,2 \cdot 0,3} = \frac{5,46}{0,06} = 91$$

   und freuen uns, dass es so schön aufgeht.

   – Nun kommt es aber sehr wohl darauf an, ob die Fliesen vertikal oder horizontal verlegt werden sollen. Hier hilft die Überlegung, die zur Entwicklung der Formel für den Flächeninhalt von Rechtecken führt: Wir berechnen, wie viele Rechtecke längs der beiden Seiten jeweils Platz haben und multiplizieren die Anzahlen. Im Fall der horizontalen Verlegung (was dem derzeitigen Geschmack entspricht) müssen wir schneiden und brauchen deshalb mehr Fliesen: $\frac{2,6}{0,3} = 8\frac{2}{3}$ und $\frac{2,1}{0,2} = 10\frac{1}{2}$. Also wäre es sinnvoll, mindestens $9 \cdot 11 = 99$ Fliesen zu kaufen, auch wenn Künstler beide Teile einer geschnittenen Fliese verwenden können.

   Es ist also sehr nützlich, die Aufgabe nicht nur formal anzugehen, sondern grundlegend nachzudenken. Um dabei erfolgreich zu sein, braucht man ein Bild von der Mathematik als Wissenschaft, die für die Lösung von Problemen geeignete Mittel bereitstellt.

2. Betrachten wir die quadratische Funktion mit der Gleichung $y = 2x^2 + 3x + 4$. Es sollen (mit den Möglichkeiten, die in der Mittelstufe zur Verfügung stehen) die Koordinaten des Scheitelpunkts bestimmt werden.

   – Zunächst gibt es den eher formalen Weg, über die quadratische Ergänzung zur Scheitelpunktsform zu kommen (oder sie als Formel zu verwenden; siehe S. 38): Es ist $y = 2\left(x + \frac{3}{4}\right)^2 + 4 - \frac{3^2}{8} = 2\left(x + \frac{3}{4}\right)^2 + \frac{23}{8}$. Damit ist $S\left(-\frac{3}{4} \mid \frac{23}{8}\right)$ der Scheitelpunkt.

   Dieser Weg führt immer zum Ziel und kann im Grunde auch ohne Verständnis der Zusammenhänge erfolgreich begangen werden.

– Eleganter ergibt sich die Lösung, wenn man die Symmetrie des Graphen nutzt und die Abszisse des Scheitelpunkts über die Nullstellen und Mittelwertbildung bestimmt. Nur setzt das voraus, dass die Funktion Nullstellen hat, was in unserem Beispiel nicht der Fall ist. Hier könnte man nun aufgeben und den formalen Weg beschreiten. Wer jedoch den Einfluss der Parameter auf die Lage des Scheitelpunkts verstanden hat, kann kreativ damit umgehen und sieht, dass alle Parabeln, deren Funktionsgleichungen sich nur um das konstante Glied unterscheiden, die gleiche Scheitelpunkts-Abszisse haben. In unserem Beispiel könnte man also z. B. die Nullstellen der Funktion mit der Gleichung $y = 2x^2 + 3x$ bestimmen[1] $\left(x_1 = 0;\ x_2 = -\frac{3}{2}\right)$ und ihren Mittelwert $x_S = -\frac{3}{4}$ berechnen. Die Ordinate erhält man durch Einsetzen in die (ursprüngliche!) Funktionsgleichung. Diese Möglichkeit nutzt flexibles Wissen und verzichtet auf die Verwendung eines starren Lösungsmusters. $\qquad\square$

Wissen alleine reicht häufig nicht aus, um Aufgaben erfolgreich zu bearbeiten, sondern es kommt auch darauf an, geeignete (intelligente) Problemlöseverfahren einzusetzen [54]. Intelligenz ist in der Psychologie ein viel untersuchtes und nicht immer unstrittiges Konstrukt. Es bezeichnet „die Fähigkeit eines Menschen zur Anpassung an neuartige Bedingungen und zur Lösung neuer Probleme auf der Grundlage vorangehender Erfahrungen im gesellschaftlichen Kontext" [54, S. 31]. Man geht davon aus, dass Intelligenz aus mehreren Komponenten zusammengesetzt ist. Bereits in den 1930er Jahren vermutete Thurstone, ein Pionier der Intelligenzforschung, so genannte Primärfaktoren: Sprachverständnis, Wortflüssigkeit, Rechenfertigkeit, Raumvorstellung, mechanisches Gedächtnis, Wahrnehmungsgeschwindigkeit und Induktion/Schlussfolgern [54, S. 32]. Offensichtlich zeigen eine Reihe dieser Faktoren einen Zusammenhang mit mathematischem Verständnis. Neuere Ansätze greifen dies auf und postulieren beispielsweise eine *logisch-mathematische* Intelligenz [46]. Im Grunde fehlt aber jeweils der empirische Beleg, sodass wir es weitgehend mit theoretisch fundierten Konstrukten zu tun haben. Insgesamt zeigen viele Studien eine positive Korrelation zwischen Wissen und Intelligenz, doch gibt es wenig empirische Belege dafür, wie man diesen Zusammenhang im Kontext des Lehrens und Lernens nutzen kann.

---

[1] Dies entspricht einer Verschiebung des Graphen von $y = 2x^2 + 3x + 4$ um -4 in y-Richtung.

Motivation und Interesse 12

Die Motivation für das Lernen *(Lernmotivation)* liegt vor, wenn ein Individuum den Wunsch oder die Absicht hat, bestimmte Inhalte oder Fähigkeiten zu erlernen (siehe unter anderem [91] bzw. [179]). Jüngere Kinder sind beispielsweise in der Regel in diesem Sinne motiviert, wenn sie in die Schule kommen und „Lesen, Schreiben und Rechnen" lernen möchten. Auch beim Übergang von der Grundschule in das Gymnasium sind die Kinder häufig für das Lernen (ohne irgendwelche Zusatzbedingungen) motiviert und wollen sich mit neuen Fächern und Inhalten auseinandersetzen.

Getrennt davon kann man die *Leistungsmotivation* sehen, die stärker an den Erfolg des Lernens bzw. das Vermeiden von Misserfolg geknüpft ist. Sie kann beispielsweise auf gute Noten oder andere Formen der Anerkennung ausgerichtet sein [179]. Auch diese Form der Motivation ist (wie die Lernmotivation) nicht primär an ein Fach gebunden, zeigt sich im schulischen Kontext allerdings oft fachbezogen.

Eng verknüpft mit dem Begriff der Motivation ist der Begriff des *Interesses,* der meist stärker mit bestimmten Inhalten verbunden ist und regelmäßig eine gegenstandsspezifische Komponente umfasst. Interesse wird man beispielsweise für ein bestimmtes Fach oder einen ausgewählten Inhaltsbereich haben bzw. entwickeln. Es kann sich einerseits um eine relativ stabile Disposition eines Individuums handeln, andererseits aber auch mit einer Situation verbunden sein. Vereinfacht gesprochen kann man sich also permanent für das Fach Mathematik interessieren oder gelegentlich und für ganz spezielle Fragen und Inhalte Interesse entwickeln.

Über das Interesse und die Interessensentwicklung existieren unterschiedliche Theorien. Als besonders einflussreich in Deutschland hat sich dabei die *Person-Gegenstands-Theorie* des Interesses erwiesen [90]. Das Interesse einer Person an einem Lerninhalt ist danach durch positive Gefühle, eine hervorragende subjektive Bedeutung und die freiwillige Beschäftigung geprägt. Nun gibt es sicherlich Kinder und Jugendliche, die sich gerne, mehr oder minder aus eigenem Antrieb und über das schulische Angebot hinaus mit Mathematik beschäftigen. Das zeigen die relativ hohen Teilnehmerzahlen an Veranstaltungen wie dem

© Der/die Autor(en), exklusiv lizenziert durch Springer Nature Switzerland AG 2021
K. Reiss und C. Hammer, *Grundlagen der Mathematikdidaktik,* Mathematik Kompakt,
https://doi.org/10.1007/978-3-030-65429-0_12

„Bundeswettbewerb Mathematik", dem „Känguru der Mathematik" oder den vielen regionalen Wettbewerben („Tag der Mathematik"). Es gibt Studien, die eine positive Korrelation zwischen Interesse und Leistung nachweisen (z. B. [89, 119, 153]). Kausale Beziehungen haben sich dabei nicht zweifelsfrei klären lassen. Anzumerken ist außerdem, dass dieser Befund in anderen Studien nicht repliziert werden konnte. Als belegt gelten kann aber, dass sich Interesse auf das Wahlverhalten etwa bei spezifischen Kursen auswirkt. Interesse kann damit auf jeden Fall als ein wichtiger Aspekt im Lernprozess gelten.

Kann man nun Interesse tatsächlich fördern bzw. verhindern, dass es zurückgeht? Auf jeden Fall sind wir bei dieser Aufgabe nicht sehr erfolgreich. So zeigt PISA ganz allgemein eine signifikante Abnahme von Freude und Interesse an der Mathematik zwischen 2003 und 2012 bei 15-jährigen Jugendlichen in Deutschland [155][1]. Darüber hinaus ist vielfach belegt, dass Lernmotivation und Interesse für die Mathematik im Laufe der Schulzeit deutlich abnehmen (z. B. [10, 65, 126]). Plausibel ist, dass gerade im Jugendalter ein Prozess der Identitätsbildung einsetzt, der sich auch in der Differenzierung individueller Interessen zeigt. Nicht jeder Jugendliche oder junge Erwachsene wird sich für jedes Schulfach in gleicher Weise begeistern können. Man sollte aber davon ausgehen, dass der Unterricht (positiv oder negativ) einen zentralen Beitrag leisten kann. Yager und Tamir stellen als wichtige Merkmale eines Unterrichts, der Interesse fördert, die folgenden Bedingungen heraus [187]:

- die Zentrierung auf Schülerinnen und Schüler,
- das Eingehen auf das Individuum,
- die Verwendung vielfältiger Unterrichtsmaterialien,
- das gemeinsame Lernen in Projekten,
- die Eigenaktivität von Schülerinnen und Schülern
- die Einbeziehung von Alltagserfahrungen, authentischen Lernsituationen und realistischen Problemen.

Ganz offensichtlich passen diese Aspekte zu den Merkmalen eines guten Unterrichts, so wie sie in Teil II diskutiert wurden.

Beispiel (Situatives Interesse)
Die folgende Aufgabe gehört zum Standardrepertoire von Schulbüchern im Rahmen der Prozentrechnung. „Ein Schreiner gewährt 5 % Rabatt auf eine Schranktür. Bei Zahlung innerhalb von 10 Tagen dürfen vom Rechnungsbetrag 2 % Skonto abgezogen werden. Ist es für den Kunden günstiger, wenn zuerst das Skonto und dann der Rabatt abgezogen wird? Ist es günstiger, erst die Mehrwertsteuer hinzu zu rechnen und dann Rabatt und Skonto abzuziehen oder sollte man in umgekehrter Reihenfolge verfahren?"

---

[1] Neuere Daten stellt PISA 2021 mit der Veröffentlichung im Dezember 2022 bereit.

Sind solche Fragen für Schülerinnen und Schüler interessant? Haben sie einen persönlichen Bezug zu dieser Sachsituation? Wohl eher nicht. Eine Zentrierung auf ihre Interessen könnte etwa bedeuten, folgenden Arbeitsauftrag zu geben: „Frage Eltern, Verwandte oder Bekannte, ob man bei einer Handwerkerrechnung ... und formuliere in deinen eigenen Worten einen Kommentar zu ihren Antworten." Es könnte durchaus sein, dass der eine oder andere Schüler voller Stolz berichtet, dass er seinen Eltern bei der Prozentrechnung helfen musste. □

Schiefele leitet aus der pädagogisch-psychologischen Literatur vier *Interventionsbereiche* ab, die ergänzend gesehen werden können [154, S. 172 f.]. Interessenförderung ist danach möglich durch Förderung von Kompetenzwahrnehmung, Selbstbestimmung, sozialer Bezogenheit und Bedeutsamkeit des Lerngegenstands. Die Kompetenzwahrnehmung lässt sich beispielsweise durch positive Rückmeldungen oder die Unterstützung bei herausfordernden Problemen verbessern. Auch die adressatengerechte Auswahl einer mathematischen Aufgabe kann bei der Wahrnehmung der eigenen Kompetenz ein guter Ausgangspunkt sein. Selbstbestimmung ist gegeben, wenn Schülerinnen und Schüler Handlungsspielräume und Wahlmöglichkeiten haben (und darunter können, wie am Beispiel oben angemerkt, Eigenaktivitäten und Projektarbeiten fallen). Soziale Bezogenheit kann etwa durch Teamarbeit und kooperatives Lernen gewährleistet werden. Schließlich ist die Bedeutsamkeit des Lerngegenstands ein wichtiger Aspekt, der in vielfältiger Weise hergestellt werden kann (z. B. Betrachtung der persönlichen Bedeutsamkeit für die Lehrkraft, Anwendungsbezug eines Themas; siehe Teil X).

Beispiel (Orientierung am Schülerinteresse)

An den Interessen der Schülerinnen und Schüler orientierte Aufgaben oder gar Projekte werden häufig mit Anwendungen der Mathematik im Alltag gleichgesetzt. Das muss nicht zwingend so sein. Ganz im Gegenteil sollten in diesem Zusammenhang auch Fragestellungen Berücksichtigung finden, die einen eher „rein mathematischen" Charakter haben. Die Anführungszeichen deuten es an: Es geht nicht um die (im Grunde überholte) Zuordnung eines Problems zur reinen oder angewandten Mathematik, sondern darum, den Facettenreichtum des Fachs auch in der Schule deutlich zu machen. Die folgende Aufgabe wurde im *Bundeswettbewerb Mathematik* 2010 in der ersten Runde gestellt.

Gibt es eine natürliche Zahl n, sodass die Zahl $\underbrace{1 \ldots 1}_{n} 2 \underbrace{1 \ldots 1}_{n}$ eine Primzahl ist?

Die Wahrnehmung der eigenen Kompetenz bei der Lösung eines solchen Problems setzt eigenständiges Arbeiten und Probieren voraus. Eine Phase erster Überlegungen muss also nicht stringent zur Lösung führen, sollte aber Zwischenschritte ermöglichen, die im Rahmen der Lösung sinnvoll sind.

1. *Erste Exploration der Problemstellung:* Wir wissen, dass $121 = 11 \cdot 11$, also 121 keine Primzahl ist. Die Zahl 11211 hat die Quersumme 6, ist also auch keine Primzahl, sondern $11211 = 3 \cdot 3737$. Wie sieht es mit 1112111 aus? Leider klappt es weder mit der Teilbarkeit durch 11 noch mit der Teilbarkeit durch 3 oder 37. Wenn es also ein Muster gibt (und das würden wir erwarten), dann ist es kein einfacher Wechsel etwa zwischen Teilbarkeit durch 11 und durch 3 (aha!).

2. *Systematischere Exploration der Problemstellung:* Zerlegen wir doch einmal die Zahl 11211 in ihre Primfaktoren. Es gilt $11211 = 3 \cdot 3737 = 3 \cdot 37 \cdot 101$. Wenn man nun wieder zusammenfasst, dann ist $11211 = 111 \cdot 101$. Das sieht nun schon besser aus: 121 ist durch 11 und 11211 durch 111 teilbar. Suchen wir also auch in der Zahl 1112111 einen entsprechenden Faktor. Ist sie durch 1111 teilbar? Offensichtlich, denn man rechnet $1112111 = 1111 \cdot 1001$.

3. *Vermutung:* Es gilt $\underbrace{1 \ldots 1}_{n} 2 \underbrace{1 \ldots 1}_{n} = \underbrace{11 \ldots 11}_{n+1} \cdot \underbrace{10 \ldots 01}_{n-1}$.

4. *Beweis:* In einer Beispiellösung (aus dem Bundeswettbewerb 2010) wird der Beweis so formuliert:

$$\underbrace{1 \ldots 1}_{n} 2 \underbrace{1 \ldots 1}_{n} = 10^n + \sum_{i=0}^{2n} 10^i = \sum_{i=n}^{2n} 10^i + \sum_{i=0}^{n} 10^i = (10^n + 1) \cdot \sum_{i=0}^{n} 10^i.$$

5. *Weiterführende oder alternative Ideen:* Wenn man die Grundidee erkannt hat, dann ist es leicht, Lösungsmöglichkeiten für ähnliche Aufgaben zu entwickeln und zu prüfen. Beispielsweise kann dabei die Regel für die Teilbarkeit durch 11 aufgestellt und gezeigt werden. Mit dieser breiteren Betrachtung ist dann gleichzeitig auch eine Möglichkeit der Differenzierung verbunden.

Jeder Zwischenschritt kann im Sinne der genannten Kriterien genutzt werden. Wichtig ist dabei, dass die Lehrperson hinter den mathematischen Ideen steht und ihre grundlegende Bedeutung vermitteln kann.   □

Nicht unerwähnt bleiben sollen in diesem Abschnitt die *Emotionen,* und das sind psychische Prozesse, die durch affektives Erleben gekennzeichnet sind [41]. Freude, Angst und Langeweile sind wohlbekannte Beispiele für Emotionen. Sie sind mitbestimmend für erfolgreiche Lernprozesse und beeinflussen die Leistungen eines Individuums. Bekannt und belegt ist die Prüfungsangst, aber auch positive Emotionen wie etwa Freude beeinflussen die Leistung insbesondere auch in der Mathematik. So zeigt eine Studie von Götz, dass Freude und Konzentration in einem Mathematiktest zusammenhängen [50]. Neuere Arbeiten belegen (nicht gänzlich unerwartet), dass Emotionen häufig fachspezifisch sind, also Fächer wie Mathematik und Deutsch ganz unterschiedliche Emotionen hervorrufen können [51]. Ein „emotionsgünstiger Unterricht" folgt übrigens ganz ähnlichen Gestaltungsprinzipien wie der Interesse fördernde Unterricht, sodass die Details hier nicht noch einmal wiederholt werden sollen [41, S. 228].

Selbstreguliertes Lernen

13

Kognitive und motivationale Faktoren spielen zusammen, wenn Lernprozesse erfolgreich verlaufen und sinnvolles Wissen erworben wird. Ohne die eigene Initiative des Schülers oder der Schülerin ist das allerdings nicht möglich. Lerninhalte können angeboten werden, sie müssen aber vom Individuum selbstständig in die je eigene kognitive Struktur eingepasst werden (man vergleiche insbesondere S. 35ff). Hier kommt dem so genannten *selbstregulierten Lernen* eine nicht unbedeutende Rolle zu. Aus theoretischer Perspektive ist das einleuchtend, aber es gibt auch eine gewisse Unterstützung durch empirische Befunde [189]. Dabei werden Wissen und Lernstrategien zur Aneignung neuer Lerninhalte selbstständig eingesetzt, es wird eigenständig und selbstmotiviert geplant und reflektiert. Für eine genauere Begriffsbestimmung sei auf die entsprechende Literatur verwiesen. An dieser Stelle möchten wir vor allem darauf eingehen, wie Selbstregulation gefördert werden kann. Die einschlägige Forschung belegt dabei, dass sie am besten im fachlichen Zusammenhang vermittelt wird [83].

Eine erste Variante zur Anbahnung selbstregulierten Lernens ist die Arbeit mit abgestuften Hilfen. Dabei erhalten Schüler die Möglichkeit, zu Aufgaben Lösungshilfen in unterschiedlichen Intensitäten in Anspruch zu nehmen. Mit der ersten Hilfe wird versucht, das Problem klarer zu machen, dann wird ein Einstieg in die Lösung gegeben. Schließlich findet sich in der letzten Hilfe der entscheidende Lösungsgedanke. Wie viele Hilfen sinnvoll sind, hängt natürlich von der Aufgabenstellung ab[1].

---

[1] Ausnahmsweise soll hier ein methodischer Hinweis gegeben werden: Man könnte die Hilfen auf nummerierte (Hilfe-)Karten schreiben, die am Pult bereitgelegt werden. Die Schülerinnen und Schüler können sich dann nach Bedarf selbst bedienen.

K. Reiss und C. Hammer, *Grundlagen der Mathematikdidaktik,* Mathematik Kompakt,
https://doi.org/10.1007/978-3-030-65429-0_13

Beispiel (Abgestufte Lösungshilfen)
Zum Auftrag: „Gegeben ist ein Kreisbogen, vervollständige zu einem ganzen Kreis!"
könnte man folgende Hilfen geben:

1. Wir suchen den Mittelpunkt des Kreises. Welche besondere Eigenschaft hat ein
   Kreismittelpunkt?
2. Betrachte ein anderes Problem: Auf welcher Linie liegen Punkte, die von zwei
   gegebenen Punkten P und Q gleichen Abstand haben?
3. Die Antwort auf die in Hilfe 2 gestellte Frage lautet: Es handelt sich um die
   Mittelsenkrechte zu $[PQ]$. Stelle die Verbindung zur Situation am Kreis her.
4. Konstruiere zu Punkten auf dem Kreis zwei Mittelsenkrechte.

Erfahrungsgemäß hat ein solches Vorgehen oft dann die gewünschte Wirkung, wenn
die Lehrkraft den Schülerinnen und Schülern die Verantwortung für ihre Mitarbeit
weitgehend überlässt und z. B. darauf verzichtet, eine vollständige Lösung an der
Tafel zu präsentieren. Gleichzeitig ergibt sich so die gute Möglichkeit, einzelne Schülerinnen oder Schülern besonders zu unterstützen.   □

Aufgabe (Abgestufte Lösungshilfen)
Folgende Aufgabe soll im Unterricht behandelt werden: „Eine Getränkefirma möchte zylin-
drische Dosen mit dem Volumen 0,3 l herstellen lassen. Wie müssen Höhe und Radius
gewählt werden, damit der Materialverbrauch (also die Oberfläche des Zylinders) mini-
mal ist?" Formulieren Sie (höchstens vier) Hilfen, mit denen die Schülerinnen und Schüler
selbstständig zur Lösung kommen können.   □

Es besteht wohl kein Zweifel daran, dass erfolgreiche Lernprozesse durch selbstreguliertes
Lernen begünstigt werden. Empirische Belege dafür gibt es etwa im Kontext der so genannten
Lösungsbeispiele. Ein Lösungsbeispiel ist im Prinzip nichts anderes als eine Aufgabe mit
einer (exemplarischen) Lösung. Die Lösung wird nachvollzogen und auf eine neue, ähnliche
Aufgabe angewendet. Diese Arbeit kann einzeln oder in einer kleinen Gruppe geleistet
werden, auf jeden Fall geht es selbstständig und im eigenen Tempo.

Beispiel (Lernen mit Lösungsbeispielen)
So könnte ein ganz einfaches Lösungsbeispiel aussehen:

Problem: Wie viele Diagonalen hat ein (konvexes) n-Eck?
Lösung: Wir zeigen, dass ein n-Eck $\frac{n \cdot (n-3)}{2}$ Diagonalen hat.

Begründung: Jede der n Ecken kann mit $n − 3$ anderen Ecken verbunden werden. Es sind *genau* $n − 3$ Ecken, da eine Ecke mit sich selbst und den beiden Nachbarecken keine Diagonale bilden kann. Auf diese Weise wird jede Diagonale von beiden Randpunkten aus berücksichtigt. Allerdings werden alle Diagonalen doppelt gezählt, sodass zum Schluss halbiert werden muss. $\square$

Beim Lernen mit Lösungsbeispielen geht man davon aus, dass durch das Nachvollziehen der korrekten Lösung ein Transfer auf ähnliche Aufgaben gelingen kann. Hat man einige Beispiele im gegebenen Kontext gesehen, dann sollte es einfacher möglich sein, selbst eine Lösung zu generieren. Die Überlegung in obigem Beispiel kann etwa auf folgende Aufgabe übertragen werden: „Bei einem Sektempfang stößt jeder der n Anwesenden mit jedem anderen (genau ein Mal) an. Wie oft klingen die Gläser?"[2]

Die theoretische Annahme hinter der Idee der Lösungsbeispiele ist eigentlich schlicht: Man hat begrenzte kognitive Ressourcen, und wer sie unvorbereitet einsetzt, ist so vielen Informationen ausgesetzt, dass sie nicht zielführend genutzt werden. In der Fachsprache redet man vom *cognitive load* und bezieht sich auf eine Theorie von Sweller [167]. Das Nachvollziehen eines Beispiels entlastet vom eigenen Problemlösen und ist so zur Vermittlung besser geeignet.

Fraglos kommt dem eigenen Arbeiten eine zentrale Rolle zu, und das haben wir bisher ja immer wieder betont. Genauso fraglos gibt es aber Ideen der Mathematik, auf die man nicht so ohne weiteres alleine kommen würde (etwa die Idee, eine Aussage mithilfe der vollständigen Induktion zu beweisen). Darüber hinaus hat es wenig Sinn, das Wissen aus 6000 Jahren Mathematik ausschließlich der eigenen Konstruktion zu überlassen. Lösungsbeispiele sind damit ein probates Mittel für den Mathematikunterricht, von dem in Schulbüchern auch rege Gebrauch gemacht wird. Eine Variante sind „heuristische Lösungsbeispiele" [141]. Auch sie führen zu einer vorbereiteten Lösung, lassen aber zwischendurch mehr Möglichkeiten zur eigenen Exploration und zum Verfolgen eigener Wege und Ideen. Im Hintergrund steht dabei die Tatsache, dass mathematisches Arbeiten kein linearer Prozess ist, sondern durch Phasen der Exploration gekennzeichnet ist. Damit sind auch fehlerhafte, nicht zielführende oder umständliche Wege eingeschlossen und normaler Bestandteil des Problemlösens. Heuristische Lösungsbeispiele greifen die Idee der Exploration in besonderer Weise auf.

Beispiel (Lernen mit heuristischen Lösungsbeispielen)
Wir betrachten noch einmal das oben gegebene Lösungsbeispiel und arbeiten heraus, wie es als heuristisches Lösungsbeispiel aussehen würde. Wir unterscheiden dabei Problemlösephasen, in denen einzelne Schritte jeweils explizit werden.

---

[2]Man beachte, dass hier die Nachbarn sehr wohl berücksichtigt werden müssen.

Problem: Wie viele Diagonalen hat ein (konvexes) n-Eck?

Exploration: Wir betrachten einige Fälle anhand aussagekräftiger Skizzen. Offensichtlich hat ein Dreieck keine Diagonale und ein Viereck hat zwei Diagonalen. Beim Fünfeck wird die Lösungsidee schon deutlicher: Jede Ecke kann mit zwei anderen Ecken verbunden werden, beim Sechseck sind es drei Ecken, mit denen eine feste Ecke verbunden werden kann.

Identifikation eines sinnvollen Arguments: Die Überlegungen führen zur bereits dargestellten Argumentation, warum jede Ecke mit $n - 3$ anderen Ecken verbunden werden kann.

Exploration, Variante: Wie wir es eben gemacht haben, so betrachten wir auch hier einige einfache Fälle. Vom Dreieck (0) zum Viereck (2) kommen zwei Diagonalen hinzu. Das Fünfeck (5) hat drei Diagonalen mehr als das Viereck und das Sechseck (9) vier mehr als das Fünfeck. Die Anzahl der Diagonalen erhöht sich also schrittweise um $+2, +3, +4, \ldots$

Identifikation eines sinnvollen Arguments: Es handelt sich um eine Variante des Problems, die allgemein dem jungen Gauß (vgl. S. 155) zugeschrieben wird: Wir müssen die fortlaufenden natürlichen Zahlen von 2 bis $n - 2$ addieren.

$$\left(\sum_{i=1}^{n-2} i \right) - 1 = \frac{(n-2) \cdot (n-1)}{2} - 1 = \ldots = \frac{n \cdot (n-3)}{2}$$

und bekommen so die Lösung.   □

Lösungsbeispiele bzw. heuristische Lösungsbeispiele sind eine Form des selbstregulierten Lernens, die sich als wirksam erwiesen hat [189]. Selbstregulation wird hier allerdings eher indirekt vermittelt und über die Unterrichtsmethode implementiert. Aber auch direkte Förderungen können sinnvoll und effektiv sein. So zeigt eine Studie von Perels, Gürtler und Schmitz, dass ein kombiniertes Training von Selbstregulationsstrategien und Problemlösestrategien das Lösen mathematischer Aufgaben fördern kann ([127], siehe auch [128]).

Teil V
Grundmuster des Arbeitens in der Mathematik

*Ich habe kaum jemals einen Mathematiker kennengelernt, der in
der Lage war, vernünftige Schlussfolgerungen zu ziehen.*

Platon (ca. 428 v. Chr.-348 v. Chr.)

*Die Mathematik kennt ganz typische Arbeitsweisen, die in allen Klassenstufen
relevant und für das Verständnis mathematischer bzw. mathematikdidaktischer
Arbeit grundlegend sind. Das oben genannte „vernünftige Schlussfolgern" gehört
beispielsweise dazu, aber auch der Umgang mit Begriffen, Axiomen, Sätzen und
Beweisen oder der Gebrauch algorithmischer Verfahren. In diesem Kapitel werden zu
diesen Tätigkeiten einige theoretische Grundlagen beschrieben und mit passenden
Beispielen illustriert.*

Beweisen

14

Nein, so wie es oben zitiert ist, hat Platon nicht recht: Mathematiker können vernünftige Schlussfolgerungen ziehen[1]. Die Mathematik ist eine beweisende Wissenschaft, sodass Schlussfolgern („Deduktion") eindeutig zum Kerngeschäft der Disziplin gehört. Mathematische Vermutungen mögen spannend und interessant sein, sie gelten kaum etwas, wenn sie nicht bewiesen sind und damit den Status eines Satzes bekommen haben [63]. Fragt man Mathematikerinnen und Mathematiker nach ihrer Arbeit, dann steht für sie das Beweisen in der Regel im Vordergrund.

Beweisen bedeutet, eine mathematische Aussage auf andere Aussagen zurückzuführen, und das können bereits bewiesene Sätze oder auch Axiome sein. Alles klar? Vermutlich eher nicht. Die genannte Beschreibung des Beweisens ist sicher korrekt, aber im Grunde wenig aussagekräftig. Die eigentliche Tätigkeit wird dadurch kaum geklärt. Was also kennzeichnet diesen Prozess? Wo liegen die Probleme?

Beispiel (Ein Beweis aus dem Mathematikunterricht)

Behauptung: $\sqrt{2}$ ist keine rationale Zahl.

Beweis: Angenommen, $\sqrt{2}$ ist rational. Dann gibt es eine Darstellung $\sqrt{2} = \frac{p}{q}$ mit natürlichen Zahlen p und q. Durch Quadrieren bekommt man $2 = \sqrt{2}^2 = \frac{p^2}{q^2}$ und somit $2q^2 = p^2$. Betrachten wir die Primfaktorzerlegungen von p^2 und q^2. Da es sich um Quadratzahlen handelt, enthalten sie alle Primfaktoren in einer geraden Anzahl. Dies gilt insbesondere auch für den Primfaktor 2. Wegen $2q^2 = p^2$ muss aber p^2 den Primfaktor 2 einmal öfter als q^2, also in einer ungeraden Anzahl enthalten. Damit haben wir zwei verschiedene Primfaktorzerlegungen von p^2, was der Eindeutigkeit widerspricht. □

---

[1] Angeblich sind mit Mathematikern an dieser Stelle Astrologen gemeint. Wenn das so sein sollte, könnten wir natürlich zustimmen.

© Der/die Autor(en), exklusiv lizenziert durch Springer Nature Switzerland AG 2021
K. Reiss und C. Hammer, *Grundlagen der Mathematikdidaktik,* Mathematik Kompakt,
https://doi.org/10.1007/978-3-030-65429-0_14

Das Beispiel dürfte den meisten Leserinnen und Lesern bekannt sein, findet es sich doch so oder ähnlich in vielen Schulbüchern für die neunte Jahrgangsstufe bei der Einführung der irrationalen Zahlen. Neuntklässler könnten hier durchaus ihre Schwierigkeiten haben, aber im Grunde handelt es sich um einen relativ einfachen und nachvollziehbaren Beweis, oder nicht? Ja, und genau da liegt das Problem. Beweisen in der Mathematik heißt nicht Nachvollziehen, sondern es ist mit eigener Aktivität verbunden. Es bedeutet auch nicht, so wie im Beispiel, auf Anhieb das publikationswürdige Produkt vor Augen zu haben, sondern vielmehr geht es darum, sich dieses Produkt in einem (manchmal lang andauernden) Prozess zu erarbeiten. Beweisen als Tätigkeit beinhaltet entsprechend mehr, als die Wahrheit einer Aussage zu belegen.

Wie kommt man zu einer beweiswürdigen Aussage?
Natürlich gibt es keine Gebrauchsanweisung dafür, wie mathematische Ideen entstehen. Mathematikhaltige Situationen untersuchen, mit den Elementen einer Situation spielen, Vermutungen aufstellen (und auch wieder verwerfen), Lösungen probieren sind allerdings Heuristiken, die zum Standardrepertoire in der Mathematik gehören. Im Beispiel würde es also zunächst darauf ankommen, die Existenz nicht rationaler Zahlen als Fragestellung zu sehen. Hier bietet es sich als (gut bekannte) Möglichkeit an, rationale Zahlen x mit $x^2 = 2$ bzw. $x^2 = 3$ bzw. $x^2 = 4$ usw. zu suchen. Manchmal klappt es bestens, denn man sieht es auf einen Blick und kennt ohnehin das Ergebnis: Es gibt natürliche Zahlen (die so genannten *Quadratzahlen*), die durch Quadrieren einer natürlichen Zahl entstehen. Manchmal klappt es nicht oder (vorsichtig formuliert) zumindest nicht auf Anhieb. Mit Hilfe des Taschenrechners lassen sich allenfalls Näherungswerte bestimmen.

Man kann nun prüfen, ob es überhaupt abbrechende Dezimalbrüche x mit $x^2 = 2, x^2 = 3$ oder $x^2 = 27$ geben kann. Das ist offensichtlich nicht der Fall, denn die Dezimalstellen lassen sich durch Quadrieren nicht zum „Verschwinden" bringen.

Diese wenigen Überlegungen berühren bereits zwei wesentliche Aspekte: Einerseits sieht man, dass Exploration ein Ausgangspunkt ist, aber nicht immer und schon gar nicht sofort auf den richtigen Weg führt. Explorieren bereitet aber einen Rahmen für die Anforderungen des Problems und ist außerdem geeignet, grundlegende Ideen mathematischen Arbeitens kennenzulernen (wie etwa hier die Beschäftigung mit einem Spezialfall, wenn man denn keinen Zugang zum allgemeinen Problem findet). Andererseits entsteht erst aus dem Explorieren einer mathematischen Situation so etwas wie ein *Beweisbedürfnis*. Dieser Aspekt ist nicht unwichtig, kommt im Unterricht allerdings oft zu kurz. Lukas, Schüler einer 8. Klasse des Gymnasiums, hat es in Bezug auf das Beweisen in der Geometrie so formuliert: „Wenn man die vorgegebene Figur zeichnet, dann sieht man meistens sofort, dass die Behauptung wahr oder falsch ist, doch das zählt leider nicht. Also muss das Ganze bewiesen werden" (vgl. auch [101, 142]).

Wie findet man eine Idee für den Beweis?

Für Anfänger ist das häufig ein Hauptproblem. Es ist schon schwierig genug, die geschliffenen Beweise nachzuvollziehen, die sich an der Tafel im Klassenzimmer oder Hörsaal finden. Zu einer gegebenen Behauptung eigene Beweisideen zu entwickeln, stellt sich dann als kaum lösbare Aufgabe dar. Viel zu wenig wird dabei berücksichtigt, dass auch die schönen und eleganten Beweise in der Regel mit groben Ideen und fehlerhaften Versuchen ihren Anfang genommen haben. Mathematik muss als *Prozess* und Tätigkeit (im Sinne Freudenthals [43]) gesehen werden, die Beschäftigung mit dem *Produkt* und das Nachvollziehen der perfekten Lösung allein kann das eigene Tun nicht ersetzen.

Es kommt also gerade beim Beweisen darauf an, das eigenständige Arbeiten bei den Schülerinnen und Schülern zu unterstützen. Sicherlich wird die eine oder andere Formulierung dann nicht unbedingt den fachlichen Ansprüchen genügen. Aber das gilt mehr oder minder für andere Inhalte und auch andere Fächer gleichermaßen. Lernen bedeutet, auch unfertige Zwischenprodukte zu akzeptieren und wertzuschätzen.

Welche mathematischen Aussagen darf man verwenden?

Wir wollen nicht unbedingt philosophisch werden, aber diese Frage lässt sich im Grunde auch so formulieren: Welche Fundamente nutzt die Schulmathematik? Wo gibt es gesichertes mathematisches Wissen? Selbstverständlich folgt auch die Schulmathematik einem logischen Aufbau (etwa „natürliche Zahlen, ganze Zahlen, Brüche und Dezimalbrüche, reelle Zahlen"), doch sind die Grundlagen zumeist eher naiv bzw. intuitiv gelegt. Die Erweiterungen von den natürlichen Zahlen zu den ganzen Zahlen oder den rationalen Zahlen werden begründet, aber (vernünftigerweise) nicht weiter problematisiert. Die eindeutige bzw. im Fall der Brüche nicht eindeutige Darstellung ist auch eher ein Fall für Exploration als für Systematik, und auch das ist aus didaktischer Sicht sinnvoll. Allerdings ist es auf dieser fragilen Grundlage nicht weiter erstaunlich, wenn Schüler und Schülerinnen Voraussetzungen wie die Eindeutigkeit der Primfaktorzerlegung im oben gegebenen Beispiel hinterfragen.

Wie formuliert man einen Beweis?

Die Mathematik hat eine eigene Sprache und eigene Regeln für den Umgang damit. Im Studium spielt es entsprechend eine große Rolle, dass Beweise sauber und nachvollziehbar, logisch stimmig und vollständig präsentiert werden. Es geht ja nicht nur darum, irgendwie eine Lösung zu formulieren, sondern sie so zu kommunizieren, dass der Wahrheitsgehalt deutlich wird. Das kann über eine gute Formulierung genauso wie über eine angemessene Zeichnung geschehen. Selbst in der Wissenschaft kommt es vor, dass ein Beispiel die Korrektheit einer Aussage belegt[2]. Selbstverständlich muss dieses Beispiel dann den üblichen Kriterien genügen.

---

[2] Es gibt in der Graphentheorie einen wunderschönen Beweis, der nur aus drei Zeichnungen besteht; vgl. Mayer, J. (1972). Décomposition de K_{16} en trois graphes planaires. *Journal of Combinatorial Theory, 13*, 71.

Noch einmal: Beweisen ist eine Tätigkeit. Entsprechend ist auch nicht nur das Produkt von Bedeutung (der schöne, publikationsreife Beweis), sondern vor allem der Prozess, in dem ein (neues) Stück Mathematik geschaffen wird. Beweise zeigen entsprechend nicht nur, dass eine Behauptung wahr ist, sondern sie können weitaus mehr leisten. Ein guter Beweis erklärt insbesondere, *warum* die Behauptung wahr ist und kommuniziert damit mathematisches Wissen. Er passt dieses Wissen auch systematisch in die bestehende Wissensgrundlage aus Axiomen, Begriffen und (bereits bewiesenen) Sätzen ein. Alle diese Funktionen des Beweisens (und noch ein paar mehr) hat Hanna[3] beschrieben [58]. Darunter findet sich dann auch noch als ein ganz wesentliches Element das Entdecken oder Erschaffen von neuem mathematischen Wissen. Es ist genau dieser Aspekt, der in den wichtigen Beweisen der letzten Zeit (etwa des großen Satzes von Fermat oder der Poincaré-Vermutung) betont wurde. In beiden Fällen waren die Beweise äußerst *sophisticated* und haben neue, spannende Forschungsfelder eröffnet.

Beispiel (Ein Beweis, der erklärt)
Bildet man die Summe aufeinander folgender ungerader Zahlen, dann bekommt man immer eine Quadratzahl: $1 + 3 + 5 = 9$, $1 + 3 + 5 + 7 = 16$ und $1 + 3 + 5 + 7 + 9 = 25$. Allgemein gilt $\sum_{i=1}^{n}(2i - 1) = n^2$. Der Beweis durch vollständige Induktion ist schnell formuliert. Für $n = 1$ ist $\sum_{i=1}^{1}(2 \cdot 1 - 1) = 1 = 1^2$, sodass der Induktionsanfang gemacht ist. Nehmen wir an, es gilt $\sum_{i=1}^{k}(2i - 1) = k^2$ für eine natürliche Zahl k. Dann ist $\sum_{i=1}^{k+1}(2i - 1) = k^2 + (2k + 1) = k^2 + 2k + 1 = (k + 1)^2$, und das wollten wir zeigen.

Der Beweis ist korrekt, aber er trägt zunächst kaum zum Verständnis bei, *warum* die Beziehung erfüllt ist. Mit der folgenden kleinen Überlegung gewinnt er allerdings an Überzeugungskraft: Nehmen wir an, wir haben ein Quadrat der Seitenlänge k, in dem $k \times k$ Punkte angeordnet sind. Legt man nun unten und rechts je k weitere Punkte an, dann fehlt nur noch ein Punkt für ein großes Quadrat mit der Seitenlänge $k + 1$ (vgl. Abb. 14.1).

Zugegeben, das Auslegen alleine ist kein akzeptierter Beweis, aber die grundlegende Idee wird einfach und nachvollziehbar geschildert. Der Beweis durch vollständige Induktion verliert dabei etwas von seinem oft nur technisch anmutenden Charakter.   □

---

[3] Gila Hanna, *1934, ist eine kanadische Mathematikdidaktikerin, die sich insbesondere mit dem Beweisen im Mathematikunterricht beschäftigt und hier zentrale philosophische Beiträge geleistet hat.

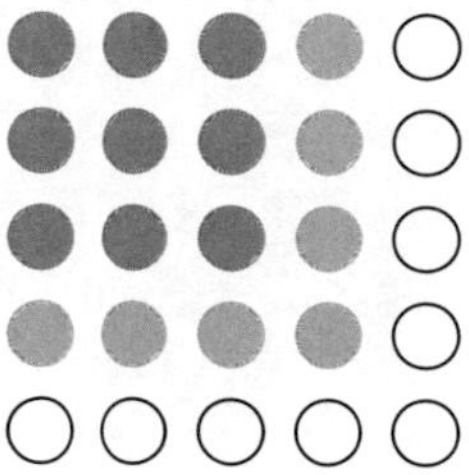

Abb. 14.1 Fortlaufende
Summe der ungeraden Zahlen

Aufgabe (Beweisen)

Die *Satzgruppe des Pythagoras* gehört (noch?) zum Standardrepertoire schulischen Beweisens. Schauen Sie sich in diesem Kontext ein paar Beweise an und überlegen Sie, ob diese Beweise zur Erklärung beitragen (man vgl. z. B. S. 110 f). Begründen Sie Ihre Sichtweise.   □

Beispiel (Beweise, die Wissensbereiche verbinden)

In der wissenschaftlichen Mathematik ist es der Normalfall, dass Beweise gefunden werden, die sich der Methoden und Erkenntnisse unterschiedlicher Bereiche bedienen. Berühmte Beispiele sind die Beweise der Unlösbarkeit des Deli'schen Problems (Verdopplung des Würfels) und der Unmöglichkeit der Winkeldreiteilung auf der Grundlage der algebraischen Galoistheorie[4] sowie der Beweis des großen Fermat'schen Satzes durch Andrew Wiles[5] mit seinen Arbeiten zu elliptischen Kurven. Diese Beispiele zeigen, dass Beweisprobleme, an denen viele Mathematikergenerationen gescheitert sind, durch die Verbindung unterschiedlicher Wissensbereiche lösbar wurden.

Auch in der Schulmathematik finden sich (natürlich viel bescheidener) Gelegenheiten zur Vernetzung unterschiedlicher Gebiete. Schulgeeignete Beispiele sind etwa der Beweis des Kathetensatzes über Seitenverhältnisse in ähnlichen Dreiecken (vgl. S. 111) oder aber die Begründung der binomischen Formeln über Flächenvergleiche (vgl. S. 107). Im Zusammenhang mit der Ableitung der Potenzfunktion $f(x) = x^n$ (mit $D = \mathbb{R}$ und $n \in \mathbb{N}$) kann folgende Herleitung Bereiche der Mittelstufen-Algebra („binomische Formeln") vertiefen und Inhalte des Stochastikunterrichts („Binomialverteilung") vorbereiten. Wir betrachten wie üblich den Limes des Differenzenquotienten:

---

[4]Evariste Galois (1811–1832) war ein französischer Mathematiker. Er darf als eine schillernde Persönlichkeit bezeichnet werden, deren wissenschaftliche Leistungen erst posthum gewürdigt wurden (bzw. gewürdigt werden konnten). Insbesondere widmete er sich der Lösbarkeit von Gleichungen, wobei er Eigenschaften bestimmter Gruppen nutzte. Er starb sehr jung bei einem Duell.
[5]Andrew Wiles, *1953, löste das so einfach zu erklärende und so schwer zu beweisende Problem mehr als 350 Jahre nach seiner Formulierung.

$$f'(x_0) = \lim_{h \to 0} \frac{(x_0 + h)^n - x_0^n}{h}.$$

In einer „Nebenrechnung" befassen wir uns mit dem allgemeinen binomischen Lehrsatz und gehen vom n−fachen Produkt $(x_0 + h)^n$ aus:

$$(x_0 + h)^n = \underbrace{(x_0 + h) \cdot \ldots \cdot (x_0 + h)}_{n-mal}.$$

Wir erhalten diese Potenz, indem wir die Summe der 2^n Produkte berechnen, deren Faktoren je einer der Summanden aus einer der n Klammern ist. Zunächst multiplizieren wir also die ersten Summanden aus den Klammern (und erhalten x_0^n), dann nehmen wir aus $n - 1$ Klammern den ersten und aus einer Klammer den zweiten Summanden.

Im Grunde geht es nun nur noch um das richtige Zählen und das sieht man an einem ganz konkreten Beispiel: Wir berechnen $(x+1)^5 = (x+1)(x+1)(x+1)(x+1)(x+1)$. Bestimmt man die Summanden geordnet nach der höchsten Potenz von x, dann ist der erste Summand sofort klar. Es ist x^5, da es genau fünf Faktoren gibt. Der zweite Summand ist auch einfach einzusehen, denn er besteht aus allen Produkten $x^4 = x \cdot x \cdot x \cdot x \cdot 1$. Davon muss es fünf geben, nämlich genau so viele wie es Faktoren gibt. Bei Summanden der Form $x^3 = x \cdot x \cdot x \cdot 1 \cdot 1$ oder $1 \cdot x \cdot x \cdot 1 \cdot x$ oder ... muss man nun etwas genauer hinsehen. Beginnen wir mit der Lage der 1 in diesem Produkt, dann gibt es fünf Möglichkeiten, sie als ersten Faktor und vier Möglichkeiten, sie als zweiten Faktor auszuwählen. Bei diesen $5 \cdot 4 = 20$ Möglichkeiten wird allerdings alles doppelt gezählt, da man die Reihenfolge nicht unterscheiden kann. Also gibt es zehn solcher Produkte. Diese Zahl muss auch für x^2 zutreffen (Symmetrieargument). Genauso zählen wir für x die gleiche Anzahl von Faktoren wie für x^4. Damit ist $(x + 1)^5 = x^5 + 5x^4 + 10x^3 + 10x^2 + 5x + 1$.

Diese Überlegungen kann man nun verallgemeinern. Zurück also zu

$$(x_0 + h)^n = \underbrace{(x_0 + h) \cdot \ldots \cdot (x_0 + h)}_{n-mal}.$$

Der Summand x_0^n kommt – ganz klar – nur einmal vor. Für die Anzahl der Summanden der Form x_0^{n-1} nehmen wir nun aus $n-1$ Klammern den ersten und aus einer Klammer den zweiten Summanden. Dafür gibt es so viele Möglichkeiten wie es Klammern gibt, also n übereinstimmende Produkte. Für die nächste Kombination $n - 2$ erste (n Möglichkeiten) und 2 zweite ($n - 1$ Möglichkeiten) Summanden gibt es $\frac{n \cdot (n-1)}{2!}$ Möglichkeiten, da die beiden Auswahlen nicht unterscheidbar sind. Also gilt:

$$(x_0 + h)^n = x_0^n + n \cdot x_0^{n-1} \cdot h + \frac{n \cdot (n - 1)}{2!} \cdot x_0^{n-2} \cdot h^2 + \ldots + h^n.$$

Betrachten wir auch noch den dritten Term: Wenn wir drei Mal den Faktor h auswählen, stehen dafür $n(n-1)(n-2)$ Klammern zur Verfügung und können in $1 \cdot 2 \cdot 3 = 3!$ nicht unterscheidbaren Reihenfolgen vorkommen. Der dritte Term lautet also:

$$\frac{n \cdot (n-1) \cdot (n-2)}{3!} \cdot x_0^{n-3} \cdot h^3.$$

Mit gleicher Argumentation sieht man sofort ein, dass für die k-fache Auswahl $n \cdot (n-1) \cdot (n-2) \cdot \ldots \cdot (n-k-1) = \frac{n!}{(n-k)!}$ Klammern in beliebiger Reihenfolge gewählt werden können. Der k-te Koeffizient ist also:

$$\binom{n}{k} := \frac{n!}{(n-k)! \cdot k!}.$$

Damit kann der binomische Lehrsatz kompakt aufgeschrieben werden:

$$(x_0 + h)^n = \sum_{k=0}^{n} \binom{n}{k} \cdot x_0^{n-k} \cdot h^k.$$

Das war nun mehr Mühe, als für die Berechnung der Ableitung nötig gewesen wäre, denn dafür hätten die ersten beiden Summanden genügt, wie wir gleich sehen werden. Dennoch kann sich die Anstrengung lohnen, um algebraische Kenntnisse zu vertiefen und die kombinatorische Problemstellung in dem Kontext kennenzulernen, der für die Namensgebung „Binomialkoeffizienten" verantwortlich ist. Wem der technische Aufwand zu groß ist, der wird die Überlegungen am *Pascal'schen Dreieck* zumindest plausibel machen. Aus fachlicher Sicht fehlt ohnehin noch die vollständige Induktion zum Beweis des binomischen Lehrsatzes. Nun können wir die Ableitung der Potenzfunktion ausrechnen:

$$\lim_{h \to 0} \frac{(x_0 + h)^n - x_0^n}{h} = \lim_{h \to 0} \frac{x_0^n + n \cdot x_0^{n-1} \cdot h + \frac{n \cdot (n-1)}{2!} \cdot x_0^{n-2} \cdot h^2 + \ldots + h^n - x_0^n}{h}$$

$$= \lim_{h \to 0} \frac{n \cdot x_0^{n-1} \cdot h + \frac{n \cdot (n-1)}{2!} \cdot x_0^{n-2} \cdot h^2 + \ldots + h^n}{h}$$

$$= \lim_{h \to 0} \left(n \cdot x_0^{n-1} + \frac{n \cdot (n-1)}{2!} \cdot x_0^{n-2} \cdot h + \ldots + h^{n-1} \right)$$

$$= n \cdot x_0^{n-1}.$$

$\square$

So ganz am Rande sei erwähnt und betont, dass Beweisen nicht nur auf methodischen Kenntnissen beruht, sondern mathematisches Basiswissen dafür eine wichtige Voraussetzung ist. Man kann das zusammenfassend bei Ufer[6] und Reiss noch einmal nachlesen [169].

---

[6]Stefan Ufer, *1975, ist Mathematikdidaktiker, der intensiv zum Beweisen gearbeitet hat und sich genauso intensiv mit Fehlern in der Mathematik beschäftigt.

Argumentieren

15

Auch wenn das Beweisen als Kern mathematischen Arbeitens gesehen werden kann, ist es in der Schule in den letzten Jahren mit der Neugestaltung von Lehrplänen immer mehr zurückgegangen. Durch die Bildungsstandards hat aber das Argumentieren an Bedeutung gewonnen und das wird folgendermaßen gesehen [96, S. 8]:

Mathematisch argumentieren. Dazu gehört

- Fragen stellen, die für die Mathematik charakteristisch sind („Gibt es …", „Wie verändert sich…?", „Ist das immer so …?") und Vermutungen begründet äußern,
- mathematische Argumentationen entwickeln (wie Erläuterungen, Begründungen, Beweise),
- Lösungswege beschreiben und begründen.

In den Bildungsstandards für die Allgemeine Hochschulreife im Fach Mathematik kommen explizit noch die Aufforderungen „Begründen Sie!" und „Widerlegen Sie!" hinzu [99]. Mathematisch argumentieren umfasst somit das Beweisen, nimmt aber vor allem seine wichtigen Teilaspekte auf. Insbesondere bereitet es damit auch auf mathematische Beweise vor. Dabei hängen Exploration, (systematische) Argumentation und der Beweis einer Aussage in der Regel zusammen. Wir wollen das mit den folgenden kleinen Beispielen bzw. Aufgaben oder Arbeitsaufträgen verdeutlichen.

© Der/die Autor(en), exklusiv lizenziert durch Springer Nature Switzerland AG 2021
K. Reiss und C. Hammer, *Grundlagen der Mathematikdidaktik*, Mathematik Kompakt,
https://doi.org/10.1007/978-3-030-65429-0_15

Beispiele (Mathematisch Argumentieren)

- Ist die Summe von drei aufeinander folgenden natürlichen Zahlen immer durch 3 teilbar?

  Wir probieren zunächst: Es sind $1 + 2 + 3 = 6$, $2 + 3 + 4 = 9$ und $3 + 4 + 5 = 12$ alle durch 3 teilbar. Auch $12 + 13 + 14 = 39$ ist durch 3 teilbar. Betrachten wir die Beispiele systematischer, dann sehen wir, dass immer eine der drei Zahlen ohnehin durch 3 teilbar ist. Die beiden anderen lassen bei Division durch 3 die Reste 1 und 2. Addiert man die Zahlen, hat die Summe also den Rest 0 bei Division durch 3.

- Ist die Summe von vier aufeinander folgenden natürlichen Zahlen immer durch 4 teilbar?

  Wir probieren wieder und scheitern sofort: $1+2+3+4 = 10$ ist nicht durch 4 teilbar. Damit ist die Frage beantwortet. Gilt auch, dass diese Summe in keinem Fall durch 4 teilbar ist? Vielleicht. Wir probieren einmal mehr und betrachten $2+3+4+5 = 14$, $3+4+5+6 = 18$, $4+5+6+7 = 22$. Die Vermutung könnte also wahr sein. Es gibt in dieser Summe immer zwei gerade Summanden, von denen nur einer durch 4 teilbar ist. Es gibt außerdem zwei ungerade Summanden, deren Summe in den Beispielen durch 4 teilbar ist. Muss das so sein? Wieder kann man mit den Resten argumentieren, denn bei Division durch 4 tritt bei diesen ungeraden Zahlen einmal der Rest 1 und einmal der Rest 3 auf. Addiert man sie, kommt eine durch 4 teilbare Zahl heraus. Die Summe von vier aufeinander folgenden natürlichen Zahlen kann also nie durch 4 teilbar sein.

- Ist die Summe von fünf aufeinander folgenden natürlichen Zahlen immer durch 5 teilbar?

  Nein, irgendwann macht Probieren keinen Spaß mehr. Nehmen wir doch einfach irgendeine Zahl, mit der wir anfangen und nennen sie n. Wenn man nacheinander eine um 1 bzw. um 2 bzw. um 3 bzw. um 4 größere Zahl addiert, dann hat man in der Summe fünf Mal die Zahl n und es kommt $1 + 2 + 3 + 4 = 10$ hinzu. Das Fünffache einer natürlichen Zahl ist durch 5 teilbar und 10 ist es auch. In diesem Fall klappt also die allgemeine Aussage.

- Wann ist die Summe von n aufeinander folgenden natürlichen Zahlen durch n teilbar?

  Hier hilft nun kaum noch einfaches Argumentieren, aber die grundsätzlichen Ideen sind in den Beispielen geklärt. Was kann man vermuten? Und wie kann man es beweisen? Tipp: Zwischen geraden und ungeraden Zahlen gibt es einen systematischen Unterschied.   □

Argumentieren und Beweisen gehören fraglos zusammen, und das sollte im Mathematikunterricht herausgearbeitet werden. Ein möglicher Weg sind dabei auch die so genannten *präformalen* oder *anschaulich-inhaltlichen* Beweise [16]. Dabei handelt es sich nicht um

Beweise im strengen Sinn, sondern eher um Argumentationsketten, die auf anschaulichen Eigenschaften einer Situation (insbesondere in der Geometrie) beruhen. Blum[1] und Kirsch[2] betrachten hier etwa eine reelle Funktion $f > 0$ und nehmen an, dass sich $\int_a^x f$ als Fläche unter der entsprechenden Kurve deuten lässt. Ist nun $x \le y$ mit $a \le x$ und positiven Funktionswerten, dann bekommt man anschaulich die Beziehung $\int_a^x f \le \int_a^y f$ (und das ganz ohne Probleme).

Argumentieren kann als ein *habit of mind* gesehen werden und somit als eine Gewohnheit, die ganz selbstverständlich zum Mathematikunterricht und zur Mathematik gehört. Mathematische Aussagen müssen begründet werden und die Argumentation, warum eine Aussage richtig ist, gehört uneingeschränkt zur Mathematik. Scheint das übertrieben? Nein, denn die Ergebnisse empirischer Forschung unterstützen diese Sichtweise. In einer Studie mit Schülerinnen und Schülern der 8. Jahrgangsstufe begründeten manche einfache Aussagen, auch wenn nach einer Begründung gar nicht gefragt worden war. Wenn etwa in einem Dreieck mit den Winkeln $\alpha = 50°$ und $\alpha = 60°$ nach γ gefragt war, dann antworteten sie nicht mit einem einfachen „$\gamma = 70°$", sondern mit „$\gamma = 70°$, weil $50° + 60° + 70° = 180°$ ist". Diese Schülerinnen und Schüler zeigten dann auch bei komplexen Beweisaufgaben die besseren Leistungen. Interessant ist dabei insbesondere, dass diese Schüler nicht über die ganze Stichprobe verteilt waren, sondern aus ganz bestimmten Klassen kamen [140]. Offensichtlich können Lehrerinnen und Lehrer also in ihrer Klasse eine gemeinsame Haltung hin zur Notwendigkeit mathematischer Argumentationen aufbauen.

Es sei betont, dass die Bildungsstandards mathematisches Argumentieren in allen Schularten und auf allen Schulstufen als eigenen Kompetenzbereich ausweisen. Die daran geknüpften Anforderungen reichen etwa bei den bereits genannten Standards für die Allgemeine Hochschulreife von Routineargumentationen, rechnerischen Begründungen und Argumentationen auf der Basis von Alltagswissen bis hin zur Bewertung von Argumenten nach Kriterien wie Reichweite und Schlüssigkeit und zu formalen Beweisen [99]. Die besondere Bedeutung dieser Kompetenz für den Mathematikunterricht über die Schulzeit hinweg ist damit wesentlich unterstrichen worden.

---

[1] Werner Blum, *1945, ist ein deutscher Mathematikdidaktiker, der an der Universität Kassel gelehrt hat. Er war und ist an vielen wichtigen Projekten der didaktischen Forschung in Deutschland beteiligt. Sein besonderes Interesse gilt dem mathematischen Modellieren.

[2] Arnold Kirsch, (1922–2013), war Professor an der Universität Kassel. Er gehörte zu den Mathematikdidaktikern, die in den 1960er und 1970er Jahren das Fach in Deutschland wesentlich aufgebaut und geprägt haben.

Mathematische Begriffe 16

Begriffe spielen in der Mathematik eine wichtige Rolle. Dabei gibt es im Wesentlichen zwei Möglichkeiten, sie mit Bedeutung zu verbinden. Es gibt einerseits Grundbegriffe, die mehr oder minder eine anschauliche Grundlage haben: Was ein Punkt, eine Gerade, eine Ebene ist, wird in der Geometrie nicht erklärt.[1] Es gibt andererseits Begriffe, die über Definitionen auf andere Begriffe zurückgeführt werden. So heißen zwei Geraden *parallel,* wenn alle Punkte auf der einen Geraden von der anderen gleichen Abstand haben. Ein *Parallelogramm* ist ein Viereck, bei dem gegenüberliegende Seiten auf parallelen Geraden liegen. Natürlich muss man zuvor auch noch festlegen, was ein Viereck und was unter dem Abstand eines Punktes von einer Geraden zu verstehen ist. Mit Hilfe von Grundbegriffen und neuen Definitionen baut man ein stimmiges mathematisches Gefüge auf.

Mit einer Definition gibt man einem Begriff einen Namen und erklärt, worum es geht. Eine Definition sagt entsprechend etwas über den *Inhalt* eines Begriffs aus und charakterisiert ihn eindeutig. Die Eigenschaft eines Vierecks, dass gegenüberliegende Seiten parallel sind, ist dieser inhaltlichen Ebene zuzuordnen. Daneben ist auch der *Umfang* eines Begriffs wichtig. Welche Objekte können unter einem bestimmten Begriff subsumiert werden? Aus der Definition des Begriffs „Parallelogramm" kann man beispielsweise ableiten, dass auch ein Quadrat bzw. ein Rechteck ein Parallelogramm ist, weil beide Vielecke die genannte Eigenschaft haben.

Das letzte Beispiel zeigt eine der Tücken beim Begriffserwerb. Den zulässigen Umfang weder zu weit noch zu eng auszulegen, ist für manche Schülerinnen und Schüler

---

[1] Was nicht bedeutet, dass man offensichtliche Eigenschaften verwenden darf. Es kommt vielmehr darauf an, dass Beziehungen zwischen den Objekten axiomatisch fundiert sind und diesen Axiomen folgen. David Hilbert soll gesagt haben, dass man statt „Punkte, Geraden und Ebenen" jederzeit auch „Tische, Stühle und Bierseidel" sagen könnte, wenn nur die zugehörigen Axiome erfüllt seien. Vielleicht hat diese Sichtweise dann Albert Einstein zu der Äußerung bewegt, die Mathematik würde ausschließlich von den Beziehungen der Begriffe zueinander handeln und keine Rücksicht auf deren Bezug zur Erfahrung nehmen?

© Der/die Autor(en), exklusiv lizenziert durch Springer Nature Switzerland AG 2021   85
K. Reiss und C. Hammer, *Grundlagen der Mathematikdidaktik,* Mathematik Kompakt,
https://doi.org/10.1007/978-3-030-65429-0_16

problematisch. Es ist eine wichtige Aufgabe des Mathematikunterrichts, dabei unterstützend zu wirken (etwa durch Beispiele, die sich in möglichst vielen irrelevanten Aspekten
unterscheiden; vgl. Abb. 16.1).

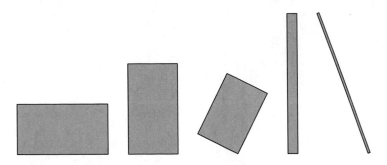

Abb. 16.1 Rechtecke

Auch wenn es im Grunde nur eine Mathematik gibt, so gibt es doch große Unterschiede,
wie mit dem Fach in der Schule bzw. in der Hochschule umgegangen wird. Das gilt selbstverständlich auch für den Umgang mit Begriffen. Die Schulmathematik ist dadurch gekennzeichnet, dass sie Themen in der Regel auf einem intuitiv zugänglichen Niveau aufgreift.
Natürliche Zahlen werden als Kardinalzahlen und Ordinalzahlen eingeführt, bezeichnen
daher Ergebnisse von Zählvorgängen. Bruchzahlen werden als Größen angesehen, der Bruch
$\frac{3}{4}$ also mit einer Pizza veranschaulicht, die in vier Teile geteilt wird, von denen drei noch auf
einem Teller liegen. Nun ist es wohl selbstverständlich, dass man bei der Einführung solcher
Inhalte nicht auf axiomatischer Grundlage arbeiten kann. Ihr Fehlen in der Schulmathematik
ist allerdings als ein wesentlicher Aspekt anzusehen [43].

Keine Frage, diese einsichtig wirkende Grundidee greift nicht immer. Nicht alle Schülerinnen und Schüler sind mit dem eher einfachen Fundament der Schulmathematik zufrieden
und kommen auf Fragen, die man kaum mit einem eher brüchigen Grundwissen erklären
kann [31]. Als eine mögliche Antwort nennt Freudenthal[2] das *lokale Ordnen* [42]. Dabei
werden in einem Bereich der Schulmathematik einzelne Arbeitsfelder auf einer anschaulichen Grundlage genutzt, andere wiederum stärker über klassische Definitionen, Sätze und
Beweise eingeführt. Betrachtet man die aktuellen Lehrpläne, dann sieht man allerdings, dass
sich diese Idee eher weniger durchgesetzt hat (man vergleiche Kap. 15).

[2]Hans Freudenthal (1905–1990) war ein Mathematiker, der mit seinen Vorstellungen von einer
„realistischen mathematischen Erziehung" erheblichen Einfluss auf die Mathematikdidaktik nahm.
1971 gründete er an der Universität Utrecht das „Instituut voor de Ontwikkeling van het Wiskunde
Onderwijs" (IOWO) das später ihm zu Ehren in „Freudenthal-Institut" umbenannt wurde.

Mathematisches Problemlösen

17

Unter einem Problem versteht man in der Mathematik eine Aufgabe, die es zu lösen gilt, bei der eine Lösung allerdings nicht offensichtlich ist. Problemlösen bedeutet also insbesondere die intensive Beschäftigung mit einer Aufgabe, ohne dass von Anfang an klar ist, welche Mechanismen, Algorithmen, Inhalte oder Sätze zum Erfolg führen. Wir versuchen, den Prozess des Problemlösens an einem Beispiel zu illustrieren.

> **Beispiel (Problemlösen)**
>
> Ist $2^{1024} - 1$ ein Primzahl? Sie können die Frage nicht beantworten? Wir haben es also mit einem Problem zu tun? Gut, dann beginnen wir mit einer Exploration des Kontextes: Wir wissen, dass eine Primzahl nur sich selbst und 1 als Teiler hat. Probieren scheidet bei einer so großen Zahl leider aus, es dürfte also nur schwer nachzuweisen sein, dass es sich um eine Primzahl handelt.
>
> Nehmen wir also an, dass die Frage verneint werden kann (wenn es nicht klappt, dann wird neu nachgedacht). Wenn $2^{1024} - 1$ also keine Primzahl ist, dann müsste sie einen so genannten nicht trivialen Teiler haben. Wegen der Größe der Zahl ist es unwahrscheinlich, dass man ihn ohne weiteres berechnen kann. Gibt es also eine andere (einfache) Weise einen Teiler anzugeben? Es gibt in der Regel einen „Hauptverdächtigen" und das ist die Zahl 2. Allerdings ist 2^{1024} gerade und daher $2^{1024} - 1$ sicherlich nicht gerade, also ist 2 kein Teiler. Um die Teilbarkeit durch 3, 5 oder 7 zu prüfen, müsste man mehr über 2^{1024} wissen, der Weg scheint wenig geeignet zu sein.
>
> So bleibt eigentlich nur, nach einer Substruktur zu suchen. Mit anderen Worten: Wir suchen nach einer geeigneten Zerlegung der Zahl. Nun ist die Form $2^{1024} - 1$ eigentlich schon verdächtig, oder? Zahlen heißen in der regulären Darstellung 3, 17 oder 1789. Welchen Sinn hat es, die Zahl 1 von einer riesengroßen anderen Zahl zu subtrahieren? An dieser Stelle kommt man dann (gegebenenfalls natürlich auch nicht)

© Der/die Autor(en), exklusiv lizenziert durch Springer Nature Switzerland AG 2021
K. Reiss und C. Hammer, *Grundlagen der Mathematikdidaktik,* Mathematik Kompakt,
https://doi.org/10.1007/978-3-030-65429-0_17

zur Idee, die dritte binomische Formel anzuwenden. Es ist $a^2 - b^2 = (a+b) \cdot (a-b)$, also $2^{1024} - 1 = (2^{512} + 1) \cdot (2^{512} - 1)$. Es ist nun völlig egal, welchen Wert $2^{512} + 1$ oder $2^{512} - 1$ genau hat, auf jeden Fall sind beide Zahlen nicht triviale Teiler von $2^{1024} - 1$. $\square$

Das Beispiel zeigt nebenbei, dass es nicht vorrangig von einer Aufgabe selbst abhängt, ob sie ein Problem ist. Was für den einen die große Hürde ist, kann für die andere ohne jeden Neuigkeitswert sein. Und wenn man einmal gesehen hat, wie ein Problem zu lösen ist, dann wird man es nie wieder als ein Problem sehen.

Problemlösen spielt im Mathematikunterricht traditionell eine wichtige Rolle und wird auch in den unterschiedlichen Standards herausgestellt (man vgl. [96] bzw. [115]). Für die Bildungsstandards der Kultusministerkonferenz gehört dazu, gegebene Probleme zu bearbeiten und Probleme selbst zu formulieren und zu lösen. Heuristische Hilfsmittel, Strategien und Prinzipien müssen dabei angemessen ausgewählt und angewendet werden. Insbesondere umfasst das Problemlösen das Generieren von Lösungsideen, das Reflektieren von Lösungswegen und die Überprüfung von Ergebnissen auf Plausibilität.

Ganz neu sind diese Aspekte des Problemlösens nicht. Sie finden sich insbesondere (und wesentlich differenzierter) bei Pólya[1], der den Prozess des Problemlösens beschrieben und so aufbereitet hat, dass er als „Gebrauchsanweisung" angesehen werden kann [131]. Er unterscheidet vier Phasen, nämlich

1. das Verstehen der Aufgabe,
2. die Entwicklung eines Plans für die Lösung,
3. die Ausführung des Plans und
4. die Rückschau.

In der ersten Phase geht es vor allem darum, grundlegende Informationen zu sammeln. Es ist zu erkennen, was gesucht ist, welche Voraussetzungen vorliegen und welche Bedingungen zu beachten sind. Auch das Anfertigen einer Skizze gehört in diese Phase. In der zweiten Phase wird versucht, das Problem in einen Kontext zu bringen. Insbesondere wird betrachtet, welche mathematischen Inhalte eine Rolle spielen könnten. Genauso wird hier geprüft, ob man es mit ähnlichen Problemen schon einmal zu tun hatte und aus dieser Erfahrung etwa durch die Kenntnis geeigneter Methoden schöpfen kann. Es gibt eine Fülle von Heuristiken, die hier hilfreich sein können wie etwa das genaue Prüfen von Voraussetzungen,

---

[1] George Pólya (1887–1985) war ein ungarischer Mathematiker, der sich hauptsächlich mit der Wahrscheinlichkeitstheorie und Kombinatorik, aber auch mit der Zahlentheorie beschäftigt hat. Sein Beitrag zum Problemlösen wurde nicht nur in der Mathematikdidaktik viel beachtet, das entsprechende Buch gilt als Standardwerk zum Thema.

das Umformulieren einer Aufgabe oder auch das Zurückgehen auf ein einfacheres Problem. Hat man den Plan gemacht, so wird er in der dritten Phase ausgeführt. Schließlich dient die vierte Phase der Kontrolle, eventuell aber auch der Erweiterung der Lösung auf ähnliche Probleme.

Beispiel (Taxigeometrie)

Die folgenden Überlegungen gehen auf eine Idee von Minkowski[2] zurück. Sie werden, wenn Sie es genauer nachlesen möchten, in [47] ausführlich erläutert.

Wir wollen die Welt aus der Sicht eines Taxifahrers betrachten, für den die Entfernung zwischen Start und Ziel nicht durch den euklidischen Abstand („Luftlinie") gegeben ist, da er sich an die Geometrie des Straßennetzes halten muss. Nehmen wir an, dass die Straßen rechtwinklig angeordnet sind und ein Netz von Einheitsquadraten bilden (die Variante „New York" oder auch „Mannheim"). Punkte sollen in dieser Geometrie ausschließlich Gitterpunkte sein. Mit diesen Voraussetzungen haben wir die Grundlage einer einfachen nicht-euklidischen Geometrie gelegt, die überraschende Folgerungen erlaubt und der Realität eines Taxifahrers sehr nahe kommt. Wir wollen über zwei Probleme nachdenken:

1. Wie ist der Abstand zweier Punkte definiert, die nicht in einer Straße liegen?
2. Wie sieht ein Kreis in der Taxigeometrie aus und welchen Wert hat in diesem Fall die Kreiszahl π?

Die erste Frage hilft uns dabei, das Problem zu verstehen (Phase 1) und einen Plan für die Behandlung der zweiten zu entwickeln. Zwei beliebige Gitterpunkte $A(x_A; y_A)$ und $B(x_B; y_B)$ haben den Taxiabstand $d_T(A, B) = |x_B - x_A| + |y_B - y_A|$, während der euklidische Abstand mit dem Satz des Pythagoras zu ermitteln ist: $d_E(A, B) = \sqrt{(x_B - x_A)^2 + (y_B - y_A)^2}$. Nun wenden wir uns der Frage zu, welche Form ein Kreis als Menge aller Punkte mit festem Abstand r vom Mittelpunkt M in der Taxigeometrie hat. Zur Entwicklung eines Plans bietet sich hier als heuristisches Hilfsmittel eine informative Skizze an, in der wir verschiedene Punkte mit der gewünschten Eigenschaft suchen. Der Einfachheit halber legen wir den Mittelpunkt in den Ursprung und betrachten zunächst nur den ersten Quadranten (Abb. 17.1).

Damit wird die überraschende Lösung klar: Wir erhalten die Menge aller Punkte auf dem Taxi-Viertelkreis als Punkte auf der Geraden mit der Gleichung $x + y = r$, die man zu $y = -x + r$ umformen kann. Wegen der Symmetrie ergibt sich als „Kreis" die

<hr>

[2]Hermann Minkowski (1864–1909) war ein deutscher Mathematiker. Er hat mit seinen Arbeiten zur Geometrie des Raum-Zeit-Kontinuums wesentliche Grundlagen für die Relativitätstheorie Einsteins gelegt.

Abb. 17.1 Zum Problem:
Kreis in der Taxigeometrie

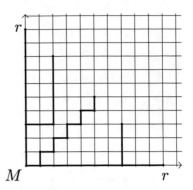

Menge der Gitterpunkte auf einem Quadrat mit Diagonalenlänge $2r$. Die Frage nach dem Wert von π (Quotient aus Umfang und Durchmesser) in dieser Geometrie sei den Leserinnen und Lesern überlassen. Und Vorsicht: das Ergebnis ist nicht transzendent, sondern sogar rational. □

Es ist kein Zufall, wenn bei der Lösung eines Problems viele neue Fragen auftauchen. Hier sollen noch ein paar Anregungen für eigene Überlegungen gegeben werden:

Aufgabe (Taxigeometrie)

- Wie könnte man in der Taxigeometrie einen Flächeninhalt definieren?
- Kürzeste Taxirouten sind offenbar anders als Strecken in der euklidischen Geometrie durch zwei Punkte nicht eindeutig bestimmt. Wie viele Möglichkeiten gibt es?[3]
- Welche interessanten Fragen könnte man bei einem Stadtplan vom Typ „Moskau" (Kreis-ringe mit radialen Verbindungsstraßen) stellen?

Vielleicht haben Sie noch eigene Ideen?   □

Schulgeeignete Beispiele findet man ansonsten in Schulbüchern, aber auch in den zahlrei-chen Ausschreibungen von Mathematikwettbewerben. Weiter vorne haben wir dazu ver-schiedene Quellen angegeben. Auch [20] enthält zahlreiche Beispiele für unterschiedliche Klassenstufen und auf der Basis unterschiedlicher Lernvoraussetzungen.

---

[3] Die Lösung führt erneut zu Binomialkoeffizienten (vgl. S. 79), da es um die Frage geht, wie viele Möglichkeiten es gibt, aus allen möglichen Wegstücken diejenigen auszuwählen, die in eine Richtung gehen.

Mathematisches Modellieren – Anwendungen in der Praxis 18

Im Juli 2019 war in der Presse zu lesen, dass die Bevölkerung der Erde auf 7,7 Mrd. Menschen angewachsen war. Gleichzeitig wurde prognostiziert, dass bis zum Jahr 2100 weitere 3,2 Mrd. Menschen hinzukommen würden und damit in etwa so viele, wie 1950 insgesamt auf dem Planeten gelebt hatten. Woher kommen eigentlich solche Zahlen? Wie zuverlässig sind sie? Zweifellos hängt die Antwort auf die zweite Frage eng mit der Antwort auf die erste zusammen, und dabei geht es im Grunde um ein geeignetes Modell für die Schätzung. Sie basiert einerseits auf einem möglichst genauen Ausgangswert (nein, zu keinem Zeitpunkt kann man die Weltbevölkerung wirklich zählen!) und andererseits auf einer möglichst realistischen Funktion für die weitere Entwicklung (exponentiell oder polynomial oder vielleicht doch eher linear oder irgendwie ganz anders?). Man braucht insbesondere in abgestimmter Art und Weise sowohl Weltwissen als auch mathematisches Wissen und muss beides in einem sinnvollen *Modell* zusammenfügen.

Mathematisches Modellieren ist der *terminus technicus,* der an dieser Stelle greift. Konkret liegt eine Situation aus dem realen Leben vor, die mit einem Problem oder einer Aufgabe verbunden ist. Diese Situation (Problem, Aufgabe) wird mit Hilfe der Mathematik so beschrieben, dass sie mit mathematischen Mitteln (und in der Welt der Mathematik) erfolgreich bearbeitet werden kann. Übersetzt man die mathematische Lösung zurück in die reale Welt, so bekommt man schließlich die reale Lösung. Modellieren ist entsprechend eng mit dem Lösen komplexer Probleme verbunden. Auch mathematisches Modellieren ist ein wichtiger Inhalt des Mathematikunterrichts und in den Bildungsstandards fest verankert (siehe [96, 98, 99]).

© Der/die Autor(en), exklusiv lizenziert durch Springer Nature Switzerland AG 2021
K. Reiss und C. Hammer, *Grundlagen der Mathematikdidaktik,* Mathematik Kompakt,
https://doi.org/10.1007/978-3-030-65429-0_18

Beispiel (Umfrage)

Gegen Ende des Semesters wird in jeder Vorlesung eine Umfrage durchgeführt, bei der 27 Fragen im multiple-choice-Verfahren und zwei Fragen mit einem freien Text beantwortet werden sollen. Wie lange dauert die gesamte Umfrage?

Bei der Bearbeitung geht es zunächst darum, die Situation zu verstehen und zu klären, welche Aspekte relevant sind. Dabei könnte man über die Art und Weise nachdenken, wie die Fragebögen ausgeteilt und eingesammelt werden (einzeln – in Stapeln) und zwar in Abhängigkeit von der Anzahl der Teilnehmer. Dafür und für die Beantwortung selbst müssen ebenso Zeiten geschätzt werden, wie für unvorhergesehene Ereignisse (Rückfragen der Teilnehmer, einige Blätter fallen zu Boden, …). Im mathematischen Modell (hier eine schlichte Summenbildung) wird dann ein Ergebnis berechnet, dessen Konsequenzen mit der Realsituation verglichen werden. Falls das Resultat offensichtlich nicht stimmen kann, muss das Modell (die Annahmen im Realmodell oder die mathematische Bearbeitung) angepasst werden.   □

Das Beispiel zeigt die einzelnen Schritte zwischen (realem) Problem und (realer) Lösung im so genannten *Modellierungskreislauf*. In diesem Kreislauf sind die einzelnen Schritte vom Problem über seine Modellierung bis hin zur Lösung abgebildet. Dabei ist im unteren Teil die reale Welt und im oberen die Welt der Mathematik zu finden (vgl. z. B. [17]).

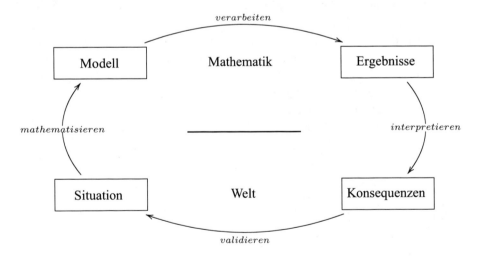

Gegeben ist also zunächst die reale Situation, die in ein mathematisches Modell transferiert werden muss. Diesen Prozess nennt man *Mathematisieren*, er vermittelt zwischen den beiden Welten. Das entstandene Modell ist Ausgangspunkt für das *Verarbeiten*. Das kann zum Beispiel das Bestimmen der Lösung durch Rechnen sein. Dieser Schritt ist eindeutig der

Mathematik zugeordnet und erzeugt ein Ergebnis in der Welt der Mathematik. Sein Ergebnis wird dann in der realen Welt *interpretiert* und führt somit zu einer Konsequenz in der realen Welt. Schließlich muss das Ergebnis *validiert* werden und das geschieht in Abstimmung mit der ursprünglichen Situation. Wenn alles passt, dann ist man fertig, wenn nicht, dann beginnt die Arbeit von vorne (und deswegen ist es auch ein *Kreislauf*).

Modellierungsaufgaben unterscheiden sich fundamental von so genannten *eingekleideten Aufgaben* (etwa einfachen Textaufgaben), bei denen eine bestimmte mathematische Aktivität im Vordergrund steht und der Anwendungskontext eine neben- oder auch untergeordnete Rolle spielt. Wir werden darauf und auf Modellierungsaufgaben in Teil VIII genauer eingehen. Insbesondere wird dort auch der Begriff der *Fermi-Aufgabe* eingeführt, der als ein wichtiger Aufgabentyp im Rahmen der mathematischen Modellierung angesehen werden kann (konkret auf S. 161). Besonders ergiebig sind Realsituationen, die im Unterricht anderer Fächer auftauchen und mit Hilfe der mathematischen Behandlung neue Erkenntnisse über den jeweiligen Sachverhalt ermöglichen. Einige Beispiele dafür wurden in Teil I gegeben.

Beispiel (Modellierungsaufgaben)
Der Alltag bietet zahlreiche Möglichkeiten, sinnvolle Modellierungsaufgaben zu formulieren. Hier sind weitere Beispiele.

- Wie viel Papiermüll ist zu entsorgen, der durch das Abonnement einer Tageszeitung entsteht?
- Die Weltbevölkerung wurde 2019 auf 7,7 Mrd. geschätzt. Sie wächst derzeit um etwa 150 Menschen pro Minute. Wie viele Menschen werden voraussichtlich 2050 leben?
- Eine Lehrkraft möchte zur Darstellung des Prinzips der Volumenmessung einen Schuhkarton mit Gummibärchen füllen. Wie viel kostet das?

Die Aufgaben unterscheiden sich hinsichtlich des Anspruchsniveaus auf Seiten des Realmodells einerseits und auf Seiten des mathematischen Modells andererseits. Sie haben auch eine jeweils unterschiedliche Nähe zu den gängigen Lehrplänen.

Algorithmen – die technische Seite der Mathematik

Mit dem Begriff *Algorithmus*[1] bezeichnet man eine Vorschrift zur Lösung einer Aufgabe. In einer endlichen Anzahl von Schritten (so wird es zumindest in der Regel festgelegt) kommt man mit einem Algorithmus in festgelegter Art und Weise zu einem Ergebnis. Bekannt ist etwa der *euklidische Algorithmus* zur Berechnung des größten gemeinsamen Teilers zweier ganzer Zahlen, der die vollständige Division mit Rest nutzt [142].

> **Beispiel (Euklidischer Algorithmus)**
> Wir suchen den größten gemeinsamen Teiler von 660 und 312, ganz genau also die Zahl $d = \text{ggT}(660, 312)$. Wegen der Transitivität der Teilbarkeitsrelation muss d als Teiler von 660 und 312 auch ein Teiler von $660 - 312 = 348$ und mit dem gleichen Argument auch von $660 - 2 \cdot 312 = 36$ sein. Also gilt $\text{ggT}(660, 312) = \text{ggT}(312, 36)$. Wir betrachten nun dieses Zahlenpaar und subtrahieren 36 so oft wie möglich von 312. Es ist $312 = 8 \cdot 36 + 24$, was bedeutet (siehe oben), dass $\text{ggT}(312, 36) = \text{ggT}(36, 24)$ ist. Nun kann man den größten gemeinsamen Teiler eigentlich schon mit bloßem Auge erkennen, aber wir machen dennoch algorithmisch weiter. Es ist $36 = 1 \cdot 24 + 12$ und somit $\text{ggT}(36, 24) = \text{ggT}(24, 12)$. Mit der Gleichung $24 = 2 \cdot 12$ kommen wir zum Abschluss und haben das Ergebnis $\text{ggT}(660, 312) = 12$. □

Algorithmen spielen im deutschen Mathematikunterricht traditionell eine große Rolle und das ließ sich empirisch durch die erste PISA-Studie im Jahr 2000 belegen [12, S. 178]. Die deutschen Schülerinnen und Schüler zeigten ihre besten Leistungen dort, wo es um

---

[1] Der arabische Mathematiker Muhammed al-Chwarizmi (ca. 783–850) gilt als Namensgeber für den Begriff *Algorithmus*. Er verfasste das Lehrbuch „Über das Rechnen mit indischen Ziffern", und führte dabei die Zahl Null ein, die er aus dem indischen Zahlsystem übernahm.

© Der/die Autor(en), exklusiv lizenziert durch Springer Nature Switzerland AG 2021
K. Reiss und C. Hammer, *Grundlagen der Mathematikdidaktik,* Mathematik Kompakt,
https://doi.org/10.1007/978-3-030-65429-0_19

das einfache Anwenden von Regeln und um mehr oder minder schlichtes Rechnen ging. Weniger erfolgreich waren sie bei Aufgaben, die komplexes Modellieren verlangten.

Nun wäre es sicherlich ein Schritt in die falsche Richtung, den Sinn und Zweck des algorithmischen Arbeitens in der Mathematik anzuzweifeln. Nicht nur der oben bereits angeführte euklidische Algorithmus ist ein gutes Beispiel, auch die Regeln für die Addition von Brüchen („Hauptnenner bestimmen, Brüche entsprechend erweitern, Zahler addieren und Hauptnenner beibehalten"), die so genannte Mitternachtsformel zum Lösen einer quadratischen Gleichung $ax^2 + bx + c = 0$ („die Lösungen $x_{1,2} = \frac{-b \pm \sqrt{b^2 - 4ac}}{2a}$ berechnen") oder aber die Identifizierung des Tiefpunkts des Graphen einer Funktion („x bestimmen, sodass $f'(x) = 0$ ist und $f''(x) > 0$ prüfen") sparen in der jeweils genannten Kurzform (Denk-)Arbeit. Allerdings müssen Algorithmen im Unterricht gut vorbereitet werden, damit die Schülerinnen und Schüler verstehen, wie sie zustande kommen.

Beispiel (Pizzaessen und Bruchrechnen)

Die folgende Aufgabe findet sich in einer Arbeit von Winter[2]. Sie kann als Einführung der Addition von zwei Brüchen dienen (zumindest, wenn man ein klein wenig mutig ist).

„Daniel hat heute zweimal Pizza gegessen, zuerst hat er sich 1 Pizza mit seinem Bruder geteilt und danach 1 Pizza mit seinen beiden Freunden. Wie viel Pizza hat Daniel insgesamt verzehrt?"

Was also ist $\frac{1}{2} + \frac{1}{3}$? Man kann sich dem Problem zeichnerisch nähern und sehen, dass sich die Summe nur um $\frac{1}{6}$ von 1 unterscheidet und so zum Ergebnis $\frac{5}{6}$ ganz ohne Rechnen kommen. Man kann sich anhand einer Zeichnung überlegen, dass $\frac{1}{2} + \frac{1}{3} < 1$ und offensichtlich auch $\frac{1}{2} + \frac{1}{3} > \frac{2}{3}$ sowie $\frac{1}{2} + \frac{1}{3} > \frac{3}{4}$ gilt und so zunächst ein Gefühl für die Größenordnung des Ergebnisses entwickeln. Man könnte natürlich wissen, dass jeder Bruch auf unendlich viele Arten und Weisen zu schreiben ist und so auf geeignete Darstellungen für beide Brüche kommen: $\frac{1}{2} + \frac{1}{3} = \frac{3}{6} + \frac{2}{6} = \frac{5}{6}$ (man vgl. [66, S. 54 f.]). Diese letzte Idee kann dann verallgemeinert werden. Zur Behandlung der Bruchaddition im Rechteckmodell, bei dem sich die Gleichnamigkeit von allein ergibt, schaue man sich noch einmal die Darstellung auf S. 30 an.   □

Bei der Behandlung von Algorithmen im Unterricht ist der Prozess ihrer Entstehung von zentraler Bedeutung. Dabei ist die Herleitung durch die Lehrerin oder den Lehrer vermutlich nicht die Methode der Wahl. Vielmehr kommt es darauf an, dass selbstständiges Üben genutzt wird, um den Problemkontext zu erschließen. Vielfältige eigene Arbeiten der Schülerinnen und Schüler müssen einer Regelbildung und damit der Definition des Algorithmus vorangehen.

---

[2] Quelle: http://www.matha.rwth-aachen.de/de/lehre/ss09/sfd/Bruchrechnen.pdf (letzter Aufruf: 06.03.2020).

Beispiel (Zufallszahlen)

Vermutlich haben Sie schon einmal die Ziehung der Lottozahlen im Fernsehen gesehen. Aus einer Trommel mit 49 mit den entsprechenden Zahlen beschrifteten Kugeln werden zunächst sechs zufällig gezogen. Es handelt sich um ein klassisches analoges Zufallsexperiment. Doch in vielen Fällen haben Zufallsexperimente inzwischen eine digitale Basis. Grundlage sind Algorithmen, die über einen geeigneten Anfangswert möglichst unterschiedliche Ziffernkombinationen erzeugen, die dann für Simulationen genutzt werden können [142]. Man spricht von Pseudozufallszahlen. So kann man sie bekommen: Ausgehend von einem Anfangswert x_1 und festen Zahlen a, c und m kann man eine Folge von Zahlen $x_2 = a \cdot x_1 + c \pmod{m}$, $x_3 = a \cdot x_2 + c \pmod{m}$, $x_4 = a \cdot x_3 + c \pmod{m}$ und allgemein $x_{n+1} = a \cdot x_n + c \pmod{m}$ für alle natürlichen Zahlen n bestimmen. Probieren Sie aus, wie zufällig dieser Algorithmus für unterschiedliche Anfangswerte ist. Nehmen Sie etwa $a = 2$, $c = 0$ und $m = 1000$ oder $a = 3$, $c = 1$ und $m = 1000$. □

Algorithmen haben in der Sekundarstufe II durch die Bildungsstandards für die Allgemeine Hochschulreife eine gewisse Aufwertung erfahren. Hier wird die Leitidee „Algorithmen und Zahl" formuliert, zu der „das Verstehen und das Anwenden mathematischer Verfahren, die prinzipiell automatisierbar und damit einer Rechnernutzung zugänglich sind" gehört [99, S. 18]. Explizit erwähnt werden dabei algorithmische Verfahren zur Lösung linearer Gleichungssysteme, die nicht nur angewendet, sondern auch erläutert werden sollen. Es geht also – wie oben bereits beschrieben – zunächst um das Verständnis der Verfahren und erst auf dieser Grundlage um das Erkennen ihrer Nützlichkeit.

Teil VI
Didaktische Prinzipien

> *Die Mathematik ist mehr ein Tun als eine Lehre.*
>
> *Luitzen Egbertus Jan Brouwer (1881–1966)*

Der Begriff in der Überschrift mag ein bisschen angestaubt wirken, doch was dahintersteckt, kann für die Praxis sehr hilfreich sein. Mathematik vermitteln bedeutet ja gerade nicht, in beliebiger Art und Weise irgendeinen Stoff zu unterrichten, sondern eine sinnvolle Auswahl zu treffen und sie adressatengerecht, in einer abgestimmten Reihenfolge und in angemessen großen Einheiten zu präsentieren. Dabei spielt der fachliche Inhalt die tragende Rolle, dennoch bedingt allein der Inhalt noch nicht die Unterrichtsgestaltung. Vielmehr müssen Verständnis und Vorwissen der Schülerinnen und Schüler, aber auch der je eigene, persönliche Blick einer Lehrerin oder eines Lehrers zum Tragen kommen. Hier unterstützen so genannte didaktische Prinzipien. Sie sind als Leitlinien für die Gestaltung des Mathematikunterrichts anzusehen und können helfen, das komplexe Geschehen im Klassenzimmer zu strukturieren und überschaubar zu machen. Einige der wesentlichen Prinzipien sollen in diesem Kapitel betrachtet und illustriert werden.

Didaktische Prinzipien sind zunächst einmal ganz grundsätzliche Ideen darüber, wie Mathematik vermittelt werden kann. Unterrichtet man im Einklang mit einem didaktischen Prinzip, dann hat man damit ein gewisses Gerüst, das Entscheidungen beispielsweise über die Auswahl geeigneter Aufgaben, die Reihenfolge von Inhalten oder den Zeitpunkt der Einordnung ins Curriculum erleichtern kann. Sie sind von konkreten Inhalten mehr oder minder unabhängig, vom Fach selbst aber nicht. Ihre Anzahl ist allerdings kaum überschaubar. Die Mathematikdidaktik kennt viele unterschiedliche Prinzipien der Darbietung mathematischer Inhalte im Unterricht. Sie beruhen auf theoretischen Überlegungen, die zum Teil mit dem Fach und zum Teil mit der kindlichen Entwicklung zu tun haben. Leider sind sie nur selten empirisch abgesichert und daher eher als erfahrungsbasiertes Wissen um guten Unterricht zu betrachten.

Man darf didaktische Prinzipien keinesfalls als Rezepte oder gar Dogmen für den Unterricht ansehen. Sie sind auch nicht in Wertesysteme eingebunden, die sich möglichst noch hierarchisch anordnen lassen. Manchmal widerspricht auch ein Prinzip einem anderen, das ähnlich plausibel klingt: Ein kleinschrittiges Vorgehen („Prinzip der gestuften Schwierigkeiten") kann manchmal genauso seine Berechtigung haben wie an anderer Stelle das eher kommentarlose Einbringen einer herausfordernden Aufgabe in den Unterricht („Prinzip des entdeckenden Lernens"). Allerdings stellt sich die Frage, ob *ausschließlich* kleinschrittig gestalteter Unterricht genügend Lernmöglichkeiten bieten kann. Jedenfalls ist es ein gravierender Irrtum zu glauben, dass kleinschrittiger Unterricht generell schwächeren Schülerinnen und Schülern besonders zugute kommt. Stern und Neubauer schreiben dazu: „Die Lernumgebungen für weniger intelligente Schüler müssen prinzipiell nicht anders gestaltet sein als für intelligentere Schüler, ... Worin sie sich jedoch unterscheiden, ist die Lerngeschwindigkeit." ([166]).

Didaktische Prinzipien haben vor allem den Sinn, Unterricht theoretisch zu reflektieren, begründete Entscheidungen zu treffen und ihn der Klassensituation entsprechend optimal zu gestalten. Und natürlich ist es eine Binsenwahrheit, dass das individuelle Lernen auch noch so guten Theorien nicht immer folgt, es aber dennoch die Messlatte für den Erfolg von Unterricht sein muss.

Das Spiralprinzip 20

Im Kern dieses Prinzips steht, dass mathematische Inhalte in verschiedenen Klassenstufen auf sehr unterschiedlichem Niveau erarbeitet werden können. Konkret werden manche Inhalte zwischen einer propädeutischen Behandlung in der Grundschule und einer Systematisierung und Mathematisierung zu einem späteren Zeitpunkt in der Schulzeit immer wieder mit Bezug zu Vorwissen und Entwicklung der Schülerinnen und Schüler thematisiert.

Betrachten wir als Beispiel den Begriff der Kongruenz. Ebene Figuren heißen kongruent, wenn sie durch eine Achsenspiegelung oder die Hintereinanderausführung mehrerer Achsenspiegelungen, also durch eine Kongruenzabbildung aufeinander abgebildet werden können. Durch die Hintereinanderausführung von Achsenspiegelungen entstehen die drei möglichen Typen, nämlich die Drehung mit dem Sonderfall der Punktspiegelung als Drehung um 180°, die Parallelverschiebung bzw. Translation und die Schubspiegelung. In der Schule kann man dieses Thema schon früh behandeln. Dabei wird man Kongruenz (natürlich ohne den Begriff zu nennen) zunächst nur als ein aus dem Alltag bekanntes Phänomen ansprechen und dazu achsensymmetrische Figuren durch Falten und Zeichnen herstellen, drehsymmetrische Figuren basteln, Figuren auf Symmetrie untersuchen oder Bandornamente fortsetzen. Es kommt so zu handlungsorientierten Vorerfahrungen mit Achsensymmetrie, Drehsymmetrie, Punktspiegelung und Translation. Im Laufe der Schuljahre wird der Begriff der Kongruenz dann immer wieder aufgenommen, was konkret von Schulform zu Schulform und Bundesland zu Bundesland etwas variiert. In jedem Fall werden die Abbildungen dabei systematischer betrachtet und auch der Begriff der Kongruenz wird eingeführt. Unterschiedliche Kongruenzabbildungen spielen im Geometrieunterricht der Sekundarstufe eine Rolle und sind beispielsweise die Basis für erste kleine Sätze und ihre Beweise. Schließlich werden bei Symmetriebetrachtungen im Rahmen einer Kurvendiskussion Funktionen anhand ihrer Gleichungen untersucht, sodass nun auch die Algebraisierung hinzu kommt.

Genau um dieses wiederholte Betrachten eines Unterrichtsinhalts auf unterschiedlichen Niveaustufen geht es beim Spiralprinzip. Es besagt im Wesentlichen, dass mathematisches Wissen zu mehreren Zeitpunkten im Laufe der Schulzeit jeweils altersangemessen, dabei

K. Reiss und C. Hammer, *Grundlagen der Mathematikdidaktik,* Mathematik Kompakt, https://doi.org/10.1007/978-3-030-65429-0_20

aber korrekt und somit wirklich vorbereitend auf den folgenden Unterricht präsentiert werden sollte. Das grundlegende Konzept geht auf Jerome S. Bruner (vgl. Kap. 8) zurück, der es folgendermaßen formulierte: „We begin with the hypothesis that any subject can be taught effectively in some intellectually honest form to any child at any stage of development" ([24] ist die deutsche Ausgabe des Buches; im englischen Original stammt dieses Zitat aus dem Jahr 1960). Das Spiralprinzip soll anregen, zentrale Ideen eines Fachs auf dem jeweiligen Wissens- und Denkniveau von Kindern oder Jugendlichen korrekt zu thematisieren, und dabei so zu verfahren, dass Ungenauigkeiten oder Verzerrungen möglichst nicht zugelassen werden. Die *intellektuelle Ehrlichkeit*[1] ist dabei als ein wesentliches Charakteristikum anzusehen. Als ein Leitgedanke für die Gestaltung von Unterricht kann das Spiralprinzip helfen, die Analyse und Ausbildung von Begriffen und Methoden durch ein propädeutisches Erfassen und den intuitiven Gebrauch in speziellen Situationen vorzubereiten. Wichtige Grundlagen eines Fachs werden so im Rahmen einer Lernbiographie früh behandelt und können später immer wieder aufgegriffen und ausgebaut werden.

Wenn man sich auf das Spiralprinzip einlässt und es zeitgemäß interpretiert, dann hat das (mindestens) drei wesentliche Konsequenzen für die Lehrperson. Sie muss

- den Überblick haben, welche Inhalte auf welchem Niveau in den jeweils vorangegangenen oder nachfolgenden Schuljahren behandelt wurden oder werden,
- auf Fragen von Kindern altersgerecht eingehen können („durch 0 darf man nicht dividieren" ist *keine* gute Antwort; man vergleiche das folgende Beispiel),
- über ein solides schulbezogenes Fachwissen verfügen.

Vermutlich ist es gerade das Spiralprinzip, das sich besonders gut mit neurowissenschaftlich fundierten Theorien des Lernen verbinden lässt. Es propagiert das wiederholte Anbieten von Lerninhalten mit jeweils altersspezifischen Ergänzungen, sodass neues Wissen mit vorhandenen Wissensstrukturen verbunden wird.

> **Beispiel (Division durch Null)**
> Warum darf man durch 0 nicht dividieren?
> 1. Bei einem Grundschulkind liegen Antworten nahe, die sich auf die Grundvorstellungen zur Division beziehen, nämlich „Aufteilen" und „Verteilen". So kann man die Aufgaben „12 : 3" bzw. „12 : 4" in Situationen einbetten und geeignete Fragen formulieren: Es sollen 12 Perlen in Säckchen zu je drei aufgeteilt oder gerecht auf vier Kinder verteilt werden. Im ersten Fall lautet die Frage: „Wie viele Säckchen

---

[1] Vor diesem Hintergrund ist der vielfach verwendete Begriff „didaktische Reduktion" zumindest missverständlich. „Reduktion" kann leicht als bloße Simplifizierung verstanden werden.

kann man füllen?" und im zweiten Fall lautet sie: „Wie viele Perlen bekommt jedes Kind?" Offensichtlich gibt es zur Aufteilung bzw. Verteilung auf 0 Säckchen oder Kinder keine sinnvollen (Rechen-)Geschichten.

2. In einer höheren Altersstufe kann auf die Bedeutung der Division als Umkehroperation zur Multiplikation verwiesen werden. Ebenso wie ein Produkt als fortgesetzte Addition gleicher Summanden interpretiert werden kann, ist die Division eine fortgesetzte Subtraktion gleicher Subtrahenden. Dabei geht es z. B. für natürliche Zahlen um die Frage, wie oft der Divisor vom Dividenden subtrahiert werden kann.

$$17 \underbrace{-3-3-3-3-3}_{5-\text{mal}} = 2 \quad \Rightarrow \quad 17 : 3 = 5 \text{ Rest } 2$$

Für den Divisor 0 ist das offensichtlich eine unsinnige Problemstellung.

3. Schließlich kann man auch rechnerisch und formal argumentieren. Wir wählen ein $a \in \mathbb{R}$ und nehmen an, dass $a : 0 = b$ für ein $b \in \mathbb{R}$ ist. Die Umkehrung („Probe") ergibt dann $a = b \cdot 0 = 0$. Also gibt es nur für $a = 0$ eine Lösung. Mit dieser Argumentation kann das zunächst nur für natürliche Zahlen betrachtete Problem allgemein gelöst werden.

□

Aufgabe (Spiralprinzip) Untersuchen Sie am Beispiel der Behandlung von Vierecken, ob und wie das Spiralprinzip in einem Lehrplan Ihres Bundeslandes umgesetzt wird. □

Das Prinzip des kumulativen Lernens

Noch einmal: Die Betonung liegt beim Spiralprinzip auf der *intellektuellen Ehrlichkeit,* mit der mathematische Inhalte zu jedem Zeitpunkt behandelt werden sollten. Nur unter dieser Voraussetzung ist nämlich gewährleistet, dass fachliches Wissen auch angemessen und korrekt erweitert und angewendet werden kann. Sie ist allerdings nicht auf das Spiralprinzip beschränkt, sondern lässt sich vielfach als bedeutsam für guten Mathematikunterricht identifizieren. Ganz wesentlich gilt diese Voraussetzung auch für das *kumulative Lernen.* Es geht dabei um einen Wissens- und Kompetenzaufbau, der im Laufe der Schulzeit ein immer tiefer gehendes Verständnis von mathematischen Inhalten und Methoden erzeugt, wobei vorhandenes Wissen und bereits erworbene Kompetenzen berücksichtigt werden. Sicherlich erinnert diese Sichtweise deutlich an das Spiralprinzip. Beim kumulativen Lernen spielen darüber hinaus Vernetzungen zu anderen Inhalten eine wichtige Rolle. Sie sollen nicht nur den Lehrkräften bewusst sein, sondern auch für die Schülerinnen und Schüler explizit deutlich werden und so vom Individuum sinnvoll in seinen bisherigen Wissensstand eingeordnet werden können.

Eine Vernetzung ist prinzipiell auf zwei Arten möglich, man kann sie nämlich einerseits *vertikal* und andererseits *horizontal* anlegen. Beim vertikalen Vernetzen geht es darum, mathematische Inhalte und Verfahren im Laufe der Schuljahre weiter zu entwickeln und miteinander zu verknüpfen. Dies bedeutet eine Erweiterung der bereits vorgestellten Grundidee des Spiralprinzips, da Vernetzung nicht nur inhaltsbezogen, sondern auch durch Wahl der Methoden und Anschauungsmittel hergestellt werden kann. Beim horizontalen Vernetzen bringt man hingegen mathematisches Wissen mit anderen mathematischen Inhalten, mit Inhalten anderer Fächer oder mit Alltagsbezügen in Verbindung.

Das Beispiel der Einführung des Kongruenzbegriffs passt auch auf die vertikale Vernetzung, sodass die Verbindung zum Spiralprinzip noch einmal offensichtlich wird. Ein Unterrichtsinhalt wird im Laufe der Schulzeit auf immer anspruchsvollerem Niveau erworben, wobei die Bezüge zu vorangegangenen Schuljahren explizit werden und Ausgangspunkt der jeweils neuen Betrachtungen sind. Vertikale Vernetzung kann allerdings auch bedeuten, dass im Rahmen einer einzelnen Unterrichtseinheit (oder Unterrichtsstunde) mathematische Inhalte auf unterschiedlichen Niveaus betrachtet werden. Wenn beispielsweise bei der Einführung der Addition von Bruchzahlen zunächst einfache gleichnamige Brüche, dann Brüche mit einem einfach zu bestimmenden Hauptnenner und schließlich allgemeine Brüche addiert werden, so können vertikale Bezüge genutzt werden, die in konsekutiven Lerneinheiten aufeinander aufbauen.

Beispiel (Bruchaddition)

Die Rechnung $\frac{1}{4} + \frac{1}{4} = \frac{2}{4}$ oder auch die Rechnung $\frac{2}{7} + \frac{3}{7} = \frac{5}{7}$ kann man auf die Addition von Größen zurückführen, denn 1+1=2 und 2+3=5 unabhängig davon, ob es sich um Meter, Kilometer, Liter oder eben Halbe oder Siebtel handelt. Die Rechnung $\frac{1}{2} + \frac{1}{4} = \frac{3}{4}$ ist daraus leicht ableitbar, gerade wenn man mit dem Größenkonzept beim Bruchrechnen arbeitet und sich überlegt, dass eine halbe Pizza und zwei viertel Pizza dasselbe ist. Natürlich muss eine Aufgabe wie $\frac{2}{7} + \frac{3}{7}$ dann auch nach dieser Methode gelöst werden – genauso wie jede andere Aufgabe auch, bei der beide Summanden den gleichen Nenner haben. Die Rechnung $\frac{1}{3} + \frac{1}{5} = \frac{8}{15}$ wird lösbar, wenn man das Prinzip der einfacheren Aufgaben verallgemeinert.   □

Vertikale Vernetzung kann auch durch eine wiederkehrende Wahl der Anschauungsmittel in unterschiedlichen Themenbereichen umgesetzt werden. Auch hier darf man durchaus schulartübergreifende Bezüge betrachten. Der individuelle Aufbau von mathematischem Verständnis sollte ja gerade nicht durch den Übergang von einer in die andere Schule unterbrochen oder gestört werden.

Beispiel (Multiplikation)

In der Grundschule wird das Einmaleins häufig am Hunderterfeld visualisiert. Das Ergebnis einer Multiplikationsaufgabe entspricht genau der Anzahl der sichtbaren Punkte, wenn man einen entsprechenden Teil abdeckt. In Abb. 21.1 kann man beispielsweise das Ergebnis der Aufgabe $7 \cdot 6$ ablesen. Durch ein „Malkreuz" ergeben sich entsprechend vier Aufgaben, deren Ergebnissumme 100 ist (und das ist dann gleich die Kontrollmöglichkeit!).

Dabei ist dies eine Kernidee: „Wie kann ich die Anzahl der sichtbaren Punkte finden, ohne alle einzeln zählen zu müssen?" Bekanntlich hilft hier der Gedanke, dass die Anzahl der Punkte in einer Reihe mit der Anzahl der Reihen multipliziert werden muss. In der Sekundarstufe kommt diese Überlegung wieder zum Tragen, wenn die Anzahl der Einheitsquadrate bestimmt wird, die in ein gegebenes Rechteck passen. Durch diese Verknüpfung der Multiplikation mit dem Flächeninhalt eines Rechtecks ergeben sich weitere Kontexte, in denen die genannte Kernidee wirksam werden

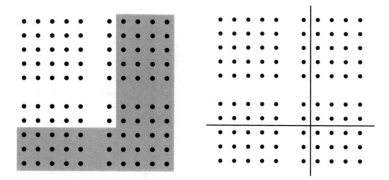

Abb. 21.1 Hunderterfeld und Malkreuz

kann. So kann die Regel für die Multiplikation zweier Brüche im Rechteckmodell (z. B. durch Falten; siehe Abb. 21.2) verdeutlicht werden, wenn der so genannte „Von-Ansatz" geklärt ist. Die dunkelgrauen Felder in Abb. 21.2 bekommt man so: Sie liegen einerseits in einem senkrechten Streifen, der $\frac{1}{4}$ des ganzen Rechtecks ausmacht. Sie liegen andererseits in zwei waagrechten Streifen, die $\frac{2}{3}$ des ganzen Rechtecks bilden. Entsprechend machen sie also $\frac{1}{4}$ *von* $\frac{2}{3}$ des Ganzen aus. Mit dieser Darstellung wird insbesondere die gegenüber der Multiplikation natürlicher Zahlen überraschende Tatsache deutlich, dass das Ergebnis einer Multiplikation im Bereich der rationalen Zahlen kleiner als die beiden Faktoren sein kann.

Schließlich führen diese Überlegungen auch zu Darstellungen des Distributivgesetzes der Multiplikation und der binomischen Formeln. Abb. 21.3 zeigt insbesondere, wie man durch Umlegen zweier Trapeze auf die so genannte „dritte binomische Formel" kommen kann.   □

Abb. 21.2 Bruchmultiplikation
im Rechteckmodell

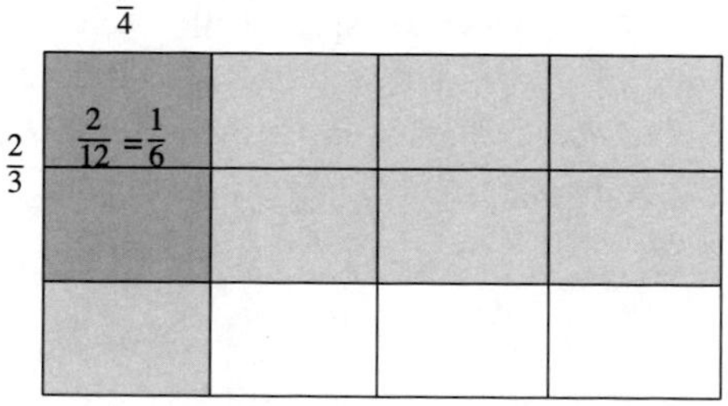

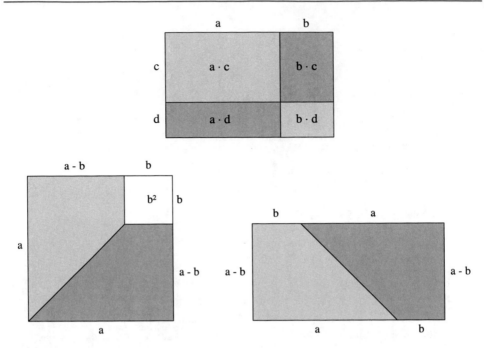

Abb. 21.3 Darstellen von Formeln

Die vertikale Vernetzung mittels der im Beispiel beschriebenen „Malkreuzidee" kann in einigen weiteren Kontexten hergestellt werden (z. B. Normalverfahren der schriftlichen Multiplikation, Multiplikation ganzer Zahlen) und wird vor allem dann wirksam, wenn die Lehrkraft den Bogen bewusst spannt und den „roten Faden" explizit macht.

Eine horizontale Vernetzung von Inhalten bezieht sich in der üblichen Lesart stark auf fächerübergreifende Bezüge beispielsweise zwischen Mathematik und Physik, Mathematik und Kunst oder Mathematik und Sport. Sie kann aber auch durch die Anwendung von Mathematik in realen Sachzusammenhängen oder aber (last but not least) durch Verbindungen zwischen unterschiedlichen mathematischen Gebieten realisiert werden (vgl. dazu auch Teil I).

Die folgenden Beispiele sollen zeigen, wie vielfältig horizontale Vernetzungen in den Unterricht integriert werden können. Sie sind etwas umfangreicher ausgefallen, was seinen Grund darin hat, dass insbesondere eine horizontale Vernetzung durch nationale Bildungsstandards und neuere Lehrpläne als wichtiges Element des Mathematikunterrichts angesehen wird.

Beispiele (Arbeiten in unterschiedlichen thematischen Kontexten)

1. Im Leistungssport werden Wurfweiten schon lange nicht mehr mit dem Maß-
    band ermittelt, wie es etwa beim Schulsportfest üblich ist. Mit dem so genannten
    Tachymeter werden zwei Seiten s und t über die Laufzeit von Lichtsignalen und der
    Zwischenwinkel φ in dem Dreieck gemessen, das vom Mittelpunkt M des Wurf-
    kreises, dem Landepunkt P des Wurfobjekts und dem Standort des Tachymeters
    gebildet wird (Abb. 21.4).

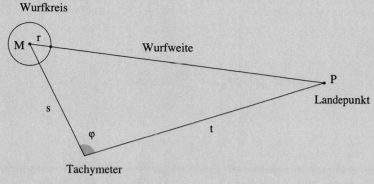

Abb. 21.4 Weitenmessung im Leistungssport

Die Wurfweite kann man mit dem Kosinussatz bestimmen. Man rechnet:

$$\text{Wurfweite} = \overline{MP} - r = \sqrt{s^2 + t^2 - 2st\cos\varphi} - r.$$

2. Bei der Behandlung der linearen Funktion in der Mittelstufe geht es um die Bedeu-
    tung der Parameter (Steigung und y-Achsenabschnitt) für den Funktionsgraphen.
    Die heuristische Strategie „Richtung umkehren" (vgl. auch S. 117) führt hier zu
    interessanten Vernetzungen mit anderen Bereichen der Schulmathematik:
    Gegeben sei eine beliebige Gerade auf dem Zeichenblatt. Finde dazu ein Koordi-
    natensystem (mit gleich skalierten Achsen[1]), sodass die Gerade mit der Gleichung
    $y = 2x - 1$ dargestellt wird [72, S. 66].
    Hier gibt es verschiedene Lösungsmöglichkeiten. Abb. 21.5 zeigt (wie im Dau-
    menkino) eine Lösung, die auf einer Drehung beruht. Wir wählen auf der gegebe-
    nen Geraden den Punkt P und zeichnen irgendein rechtwinkliges Dreieck (mit P als
    Eckpunkt), dessen Kathetenverhältnis gleich der Steigung der Geraden ist. Dreht
    man dieses Dreieck um P so, dass seine Hypotenuse auf der Geraden liegt, erhalten
    wir ein Steigungsdreieck und damit die Richtungen der Koordinatenachsen.

---

[1] Diese Einschränkung ist sinnvoll, denn ohne sie gibt es eine sehr einfache Lösung.

Bei der zweiten Möglichkeit werden Kenntnisse über ähnliche Dreiecke benötigt. In Abb. 21.6 sind die Dreiecke $\triangle ABC$ und $\triangle BCH$ ähnlich, da sie rechtwinklig sind und $\sphericalangle BAC = \sphericalangle HCB$ gilt. $\triangle ABC$ wurde wieder so gezeichnet, dass das Kathetenverhältnis der vorgegebenen Steigung entspricht (man beachte aber den Unterschied zu Abb. 21.5 hinsichtlich der Lage des rechten Winkels). Dann ist das Dreieck $\triangle BCH$ ein Steigungsdreieck.

Weitere Lösungen sind durch Anwendung des Satzes von Pythagoras und des Thaleskreises möglich. Die Überlegungen dazu seien den Leserinnen und Lesern überlassen. Das Beispiel zeigt, wie geometrische Sachverhalte genutzt werden können, um eine algebraische Problemstellung zu klären (horizontale Vernetzung). Das Zeichnen des Graphen zur linearen Funktion in einem gegebenen Koordinatensystem kann unverstanden rezeptartig geschehen. Die „Richtungsumkehr" trägt zum Aufbau eines grundlegenden Verständnisses bei.

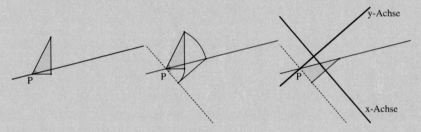

Abb. 21.5 Vom Graphen zum Koordinatensystem – 1. Variante

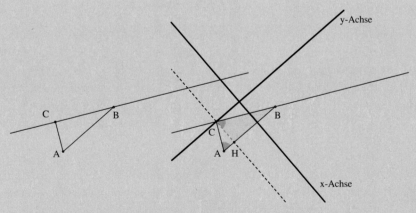

Abb. 21.6 Vom Graphen zum Koordinatensystem – 2. Variante

3. Die Sätze der Satzgruppe des Pythagoras machen Aussagen über Beziehungen von Seiten, Seitenabschnitten der Hypotenuse bzw. der Höhe über der Hypotenuse in einem rechtwinkligen Dreieck. Seien a und b die Katheten und c die Hypotenuse eines rechtwinkligen Dreiecks, dann gilt (bekanntermaßen) $a^2 + b^2 = c^2$. Auf einfache Weise kann man dies etwa mit einem Ergänzungsbeweis zeigen (Abb. 21.7).

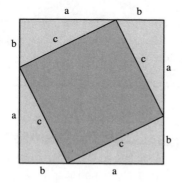 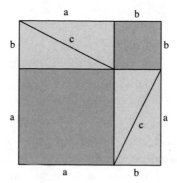

Abb. 21.7 Ergänzungsbeweis zum Satz des Pythagoras

Zur Sache (Pythagoras)

Das Quadrat mit der Seitenlänge c lässt sich mit vier kongruenten rechtwinkligen Dreiecken, in denen c Hypotenuse ist, zu einem Quadrat mit der Seitenlänge $a + b$ ergänzen. Mit diesen vier kongruenten Dreiecken können aber auch die beiden Kathetenquadrate zu einem Quadrat mit der Seitenlänge $a + b$ ergänzt werden. Das Hypotenusenquadrat und die beiden Kathetenquadrate sind also ergänzungsgleich, woraus die Behauptung folgt.[2]◄

Ein geometrischer Sachverhalt wird hier mit geometrischen Mitteln bewiesen. So kennt man es, so würde man es erwarten, so sollte man es im Unterricht machen. Allerdings spricht viel dafür, mehr als einen Beweis zu präsentieren und am besten einen zusätzlichen Beweis, der mit gänzlich anderen Mitteln arbeitet. Kurz und gut: Gerade im Zusammenhang mit der Satzgruppe des Pythagoras gibt es vielfältige Möglichkeiten der horizontalen Vernetzung innerhalb der Mathematik.

Am Beispiel des Kathetensatzes soll gezeigt werden, wie ein Flächensatz unter Anwendung von Ähnlichkeitsgeometrie und Algebra bewiesen werden kann. Der Satz besagt

---

[2] Es ist leicht einzusehen, dass die Winkel an den „Nahtstellen" gestreckte Winkel sind.

Abb. 21.8 Bezeichnungen am
rechtwinkligen Dreieck

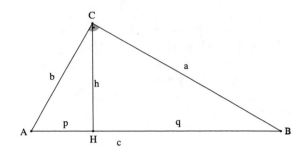

bekanntlich, dass das Quadrat über einer Kathete gleich dem Produkt aus der Hypotenuse und dem zugehörigen Hypotenusenabschnitt (gegeben durch die entsprechende Ecke und den Höhenfußpunkt der Höhe über der Hypotenuse) ist (Abb. 21.8).

Zur Sache

Mit den Bezeichnungen in der Abbildung ist also $a^2 = q \cdot c$ und $b^2 = p \cdot c$. Für den Beweis (und das ist einer von sehr vielen möglichen Beweisen) kann man ausnutzen, dass die Dreiecke $\triangle ABC$ und $\triangle BCH$ ähnlich sind, denn sie stimmen in allen drei Winkeln überein. Also sind auch entsprechende Seitenverhältnisse gleich und es ist $\frac{a}{q} = \frac{c}{a}$. Damit folgt $a^2 = q \cdot c$ und somit die Behauptung.

Dieser Beweis ist leider wenig anschaulich. Er mag wegen seines algebraischen Zugangs auch schwieriger als der Ergänzungsbeweis erscheinen, hat aber den Vorteil, dass Algebra und Geometrie vernetzt werden, wofür gerade die Ähnlichkeit ein ideales Feld ist. Zudem stehen bei diesem Beweis die Streckenlängen im Mittelpunkt, die im Gegensatz zu Flächeninhalten bei nahezu allen Anwendungsaufgaben berechnet werden sollen. Schließlich unterscheidet sich der Ähnlichkeitsbeweis von fast allen anderen bekannten Argumentationen in der Rolle, die das Dreieck spielt. Hier steht es im Mittelpunkt, während es z. B. beim oben skizzierten Beweis über Ergänzungsgleichheit eine Statistenrolle hat. ◄

Aufgabe (Satz des Pythagoras)   Überlegen Sie, welche Themen des Mathematikunterrichts eine Vernetzung mit dem Satz des Pythagoras ermöglichen bzw. erfordern.   □

Aufgaben, die eine (nicht nur) horizontale Vernetzung erfordern, findet man beispielsweise auch in den Bildungsstandards der Kultusministerkonferenz für den mittleren Schulabschluss [96] oder bei den Beispielaufgaben zu internationalen Vergleichsstudien [88]. Sie zeigen, wie bereits erwähnt, dass der Fähigkeit zum horizontalen Vernetzen national und international eine große Bedeutung beigemessen wird.

Es sei angemerkt, dass kumulatives Lernen sich nicht unbedingt an die Grenzen von Schulformen halten muss. Entsprechend ist es wichtig, dass der Mathematikunterricht für alle Altersstufen ein möglichst kohärentes Bild des Faches erzeugt. Gasteiger[3] formuliert ihre Forderungen zwar für den vorschulischen Bereich, sie sind aber problemlos auf die gesamte Spanne des Mathematiklernens zu verallgemeinern [48]. Sie fordert eine sachgerechte Thematisierung fachlicher Inhalte, die ein kontinuierliches Lernen unterstützen und die Anschlussfähigkeit mathematischen Wissens gewährleisten. Darüber hinaus regt sie den Diskurs über die unterschiedlichen Institutionen hinweg an, sodass eventuelle Brüche offenbar werden können. Bei diesen Überlegungen steht das Kind bzw. die Schülerin oder der Schüler im Vordergrund und nicht das schulische System. Wichtig ist das Lernen, das Lehren muss sich an dieser Stelle anpassen.

---

[3] Hedwig Gasteiger, *1971, hat mehrjährige Berufserfahrung als Lehrerin, war am Staatsinstitut für Schulqualität und Bildungsforschung in München (ISB) und ist nun als Professorin für Mathematikdidaktik an der Universität Osnabrück tätig. Ihren Forschungsschwerpunkt hat sie im Bereich der Grundschule und des frühkindlichen Lernens.

Das operative Prinzip

22

Das operative Prinzip folgt, wie in Kap. III schon angedeutet, ganz wesentlich den Theorien von Jean Piaget und Hans Aebli. Es kombiniert zentrale Aspekte dieser Theorien, indem es auf das Lernen durch eigenes Handeln abhebt und die wichtige Rolle des Verinnerlichung von Handlungen betont. Damit ist eine spezifische Form des systematischen und produktiven Übens verbunden, das die Systematik einer mathematischen Aufgabenstellung in den Vordergrund stellt und geeignet ist, Bezüge zwischen mathematischen Sachverhalten herzustellen. Es soll Schülerinnen und Schülern insbesondere dabei helfen, sich nicht nur auf auswendig gelerntes Wissen zu stützen, sondern Sachverhalte zu erschließen (ggf. auch erneut, wenn zum Beispiel ein Inhalt bereits im Unterricht behandelt wurde).

Man muss die drei Aspekte (Handeln, Verinnerlichen, operatives Üben) zwar nicht als Stufenfolge und auch nicht als unabdingbare Elemente einer gelungenen Lernsequenz betrachten, viele Unterrichtsbeispiele zeigen allerdings, dass sie in ihrer Gesamtheit wesentlich zum Verständnis von Lerninhalten beitragen können. Insbesondere gilt auch hier, dass sie grundsätzlich in allen Jahrgangsstufen ihre Berechtigung haben.

Das Handeln erschließt sich als Begriff zunächst ganz unmittelbar. Auf dieser Ebene kommt es darauf an, Sachverhalte handelnd zu begreifen und dabei mit geeigneten realen Modellen zu arbeiten. Diese Modelle können als dreidimensionale Objekte, aber auch in Form einer Zeichnung vorliegen. Wichtig ist, dass sie helfen, von konkreten Manipulationen zu Denkhandlungen zu kommen, die dann zum zweiten Aspekt führen. Der Weg von der konkret-anschaulichen über die zeichnerische zur abstrakt-symbolischen Sichtweise wird als Verinnerlichung bezeichnet [188].

K. Reiss und C. Hammer, *Grundlagen der Mathematikdidaktik,* Mathematik Kompakt, https://doi.org/10.1007/978-3-030-65429-0_22

Beispiel (Größenkonzept)

Das Bruchrechnen ist für viele Schülerinnen und Schüler ein schwieriger Inhalt. Er wird in der Regel mithilfe des so genannten Größenkonzepts eingeführt (siehe auch S. 30; für die Details sei auf das ausführliche und sehr empfehlenswerte Buch von Padberg[1] und Wartha[2] verwiesen [125]). Auf der Handlungsebene geht es darum, etwa anhand einer Pizza und ihrer (gleichen) Teile einen ersten Zugang zu den wichtigen Begriffen und Operationen zu finden. Hier spielen auch die Erfahrungen der Kinder mit dem Material eine wichtige Rolle. In einem weiteren Schritt werden die konkreten Handlungen etwa durch Zeichnungen ersetzt oder ergänzt, die eine Visualisierung der Handlung bzw. ihres Ergebnisses anbieten. Schließlich kommt es darauf an, mit Brüchen auf einer abstrakten Ebene zu arbeiten, wobei die konkrete oder vorgestellte Handlung ggf. unterstützend wirken kann und ein verständnisvolles Lernen erleichtert.   □

Das operative Üben betrifft die Art und Weise, wie mit den neu gelernten Begriffen umgegangen wird. Dabei spielen Relationen die tragende Rolle. Operativ üben bedeutet gerade nicht, Aufgaben in beliebiger Zusammenstellung und Reihenfolge zu präsentieren, sondern der Sequenz eine Struktur zu geben, die Lernenden das Entdecken eigenständiger Bezüge ermöglicht.

Es gibt verschiedene Möglichkeiten, Aufgaben zum operativen Üben zu konstruieren. Salopp und einprägsam könnte man sie als „Was wäre wenn – Aufgaben" bezeichnen.

Beispiele (Operatives Üben)

1. Wie ändert sich der Flächeninhalt eines Rechtecks, wenn eine Seitenlänge verdreifacht und die andere halbiert wird?[3]
2. Man betrachte den Funktionsgraphen in Abb. 22.1: Wie muss man die Achsen beschriften, sodass die Parabel mit der Funktionsgleichung $y = x^2 - 12x + 20$ dargestellt wird?

---

[1]Friedhelm Padberg, *1940, ist ein deutscher Mathematikdidaktiker, der zahlreiche Publikationen vor allem zum Arithmetik- und Algebraunterricht vorgelegt hat. In vielen dieser Bücher verbindet er die Mathematik und die Mathematikdidaktik im Sinne einer ganzheitlichen Ausbildung zukünftiger Lehrerinnen und Lehrer.

[2]Sebastian Wartha, *1977, ist Professor für Mathematikdidaktik an der Pädagogischen Hochschule Karlsruhe. Er arbeitet zu Lernschwierigkeiten in der Mathematik, besonders auch im Bruchrechnen.

[3]Die Idee kann auch gewinnbringend auf Zähler und Nenner eines Bruchs übertragen werden.

Abb. 22.1 Parabel

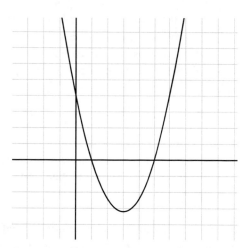

3. Gegeben sind die Geraden

$$g : \vec{x} = \begin{pmatrix} 1 \\ -3 \end{pmatrix} + \lambda \cdot \begin{pmatrix} 4 \\ v_2 \end{pmatrix}$$

und

$$h : \vec{x} = \begin{pmatrix} 5 \\ 2 \end{pmatrix} + \mu \cdot \begin{pmatrix} -1 \\ 3 \end{pmatrix}$$

Wie muss die zweite Komponente v_2 des Richtungsvektors der Geraden g gewählt werden, damit sich g und h nicht schneiden?

$\square$

Allen drei Beispielen ist gemeinsam, dass sie weniger rechnerische Aktivitäten als vielmehr exploratives Arbeiten unterstützen. Es kommt nicht primär darauf an, Formeln zu verwenden, sondern Zusammenhänge zu sehen und etwa die spezifische Rolle von Variablen zu verstehen.

Zur Sache

Die Beispiele sind zwar nicht kompliziert, aber ein paar Hinweise zur Lösung können kaum schaden.

1. Weil $3 \cdot \frac{1}{2} = \frac{3}{2}$ ist, ergibt sich hier der 1, 5-fache Flächeninhalt. Das Ergebnis liegt ebenso auf der Hand wie die weiteren Möglichkeiten, das Aufgabenformat zu variieren (z. B. durch additive Veränderung der Abmessungen oder durch Untersuchung des Einflusses einer zentrischen Streckung auf den Flächeninhalt).

2. Die Berechnung der Schnittpunkte mit den Achsen ($x_1 = 2$, $x_2 = 10$, $y_0 = 20$) ist weniger ein Problem, als das, eine Lösungsidee zu finden. Die Aufgabe führt ein wenig aus den gewohnten Bahnen, was sicherlich gut für den Unterricht ist.

3. Die beiden Richtungsvektoren sind parallel, wenn gilt:

$$\begin{pmatrix} 4 \\ v_2 \end{pmatrix} = v \cdot \begin{pmatrix} -1 \\ 3 \end{pmatrix}$$

Daraus folgt $v = -4$ und damit $v_2 = -12$. Interessant ist es hier, die unterschiedlichen Möglichkeiten für die Lage von Geraden durchzuspielen und auf dieser Grundlage weitere Lösungen zu diskutieren. ◄

Es kann auch hilfreich sein, Schülerinnen und Schüler ausgehend von einer „Initialaufgabe" selbst sinnvolle Variationen finden und untersuchen zu lassen. Schupp[4] schlägt dafür zahlreiche Strategien vor, die Orientierung bieten können [158]. Bei den oben gegebenen Beispielen wurden z. B. die (sich selbst erklärenden) Grundmuster „in Beziehung setzen", „Richtung wechseln" und „Ziel ändern" genutzt.

Beispiel (Aufgabenvariation)
Ausgehend von einer Kurvendiskussion im Analysisunterricht sind Aufgabenvariationen denkbar, die den Einfluss von Parametern auf den Funktionsgraphen oder Vermutungen hinsichtlich der Symmetrie bzgl. einer beliebigen Achse betreffen: Man diskutiere die reelle Funktion mit der Gleichung $f(x) = x^4 - 4x^3 + 4x^2$ und finde sinnvolle neue Fragen im Kontext einer solchen Polynomfunktion. Natürlich kann man jede Menge Fragen stellen und so sind etwa diese beiden denkbar:

1. Wie muss die Gleichung variiert werden, damit die Funktion weniger bzw. mehr Nullstellen hat?
2. Ist der Graph symmetrisch zur Geraden mit der Gleichung $x = 1$?

Die Frage nach der Anzahl der Nullstellen kann auf unterschiedlichen Niveaus behandelt werden, je nachdem, wie viele Parameter man freigibt. In Abb. 22.2 werden der ursprüngliche Funktionsgraph und ausgewählte Verschiebungen in y-Richtung gezeigt, dadurch erhält man 0, 2, 3 oder 4 Nullstellen.

---

[4]Hans Schupp, (1935–2021), war ein deutscher Mathematikdidaktiker. Er hat wesentliche Beiträge zur Didaktik der Stochastik und zum Computereinsatz im Unterricht gegeben. Er war Gründungs- und Ehrenmitglied der Gesellschaft für Didaktik der Mathematik (GDM).

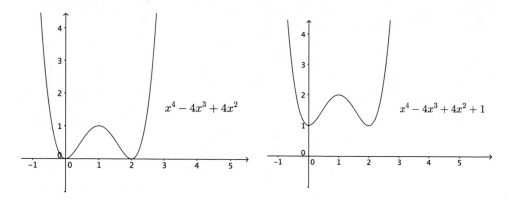

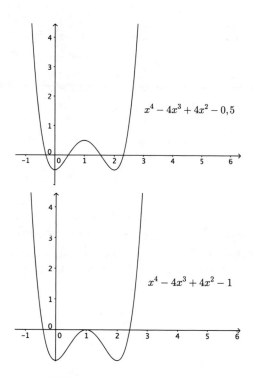

Abb. 22.2 Kurvendiskussion – Variation

Abb. 22.3 Weitere Variation

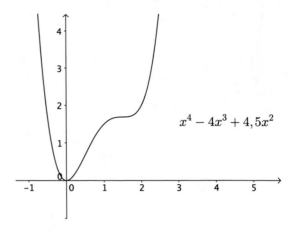

$$x^4 - 4x^3 + 4{,}5x^2$$

> Bezieht man die Koeffizienten des quadratischen und kubischen Terms mit ein, so ist auch genau eine Nullstelle möglich, die Symmetrie geht jedoch dabei verloren, wie Abb. 22.3 zeigt.
>
> Durch Koordinatentransformation kann die vermutete Symmetrie bestätigt werden, weil bei der Variablen nur gerade Exponenten auftreten:
>
> $$y_t = (x_t - 1)^4 - 4(x_t - 1)^3 + 4(x_t - 1)^2 = \cdots = x_t^4 - 2x_t^2 + 1.$$
>
> $\square$

Arbeiten in Anlehnung an das operative Prinzip steht damit für das Durchdringen eines Problemkontextes in unterschiedlichen Richtungen. Im Wesentlichen möchte man den Aufbau eines Wissensnetzes unterstützen. Wenn man einzelne Fakten vergisst, dann hilft dieses Netz bei der Rekonstruktion und lässt insbesondere eine Annäherung von unterschiedlichen Seiten zu.

Das genetische Prinzip

Die Grundidee des genetischen Prinzips ist, dass sich in der Behandlung von mathematischen Inhalten im Unterricht auch ihre Genese widerspiegeln sollte. Dabei kann das Wort „Genese" in zweifacher Hinsicht verstanden werden, nämlich einerseits im Sinne einer historischen Genese, die Entwicklungen in der Wissenschaft in den Vordergrund stellt, und andererseits im Sinne einer psychologischen Genese, die eher individuelle Entwicklungen berücksichtigt. Beide Aspekte werden im Rahmen des genetischen Prinzips miteinander verbunden, das damit die Spezifika des Lerngegenstands genauso wie die kognitiven Strukturen der Schülerinnen und Schüler beachtet und zwischen ihnen vermittelt.

Im Hinblick auf die historische Genese kann es selbstverständlich nicht darum gehen, alle Irrtümer und Fehlvorstellungen aus 6000 (oder mehr) Jahren Mathematikgeschichte nachzuvollziehen. So darf ohne Frage bereits im ersten Schuljahr die Zahl Null eingeführt werden, auch wenn sie in der Geschichte des Fachs (zumindest in Mitteleuropa) sehr lange keine Rolle gespielt hat. Genauso muss man beispielsweise das Rechnen mit Brüchen oder ganzen Zahlen nicht mehr als unbedingt notwendig problematisieren. Hier ist vielmehr gemeint, dass Mathematik nicht als ein Fertigprodukt verstanden werden darf, das von seiner Entwicklung losgelöst betrachtet wird. Wenn man diese Entwicklung beachtet, dann können Vernetzungen entstehen, die das fachliche Verständnis fördern. Sinnvolles Lernen braucht allerdings auch bei Einbeziehung der Genese eines Lerngegenstands geeignete Problemstellungen, an denen die Schülerinnen und Schüler exemplarisch eigene Erfahrungen machen und Fakten oder Zusammenhänge entdecken können.

Das genetische Prinzip ist eng mit konstruktivistisch geprägten Theorien des Lehrens und Lernens verbunden. Dabei wird Lernen als ein aktiver Prozess angesehen, bei dem Wissen individuell und in Auseinandersetzung mit anderen Individuen konstruiert wird. Wissen ist damit keine einfache Abbildung der Realität, sondern eine Konstruktion, die entsprechend nicht auf einem direkten Transfer zwischen Lehrenden und Lernenden beruhen kann [135]. In der Konsequenz wird damit ein Primat des Lernens vor dem Lehren begründet.

© Der/die Autor(en), exklusiv lizenziert durch Springer Nature Switzerland AG 2021
K. Reiss und C. Hammer, *Grundlagen der Mathematikdidaktik,* Mathematik Kompakt,
https://doi.org/10.1007/978-3-030-65429-0_23

Einfach ausgedrückt: Man kann noch soviele Lerngelegenheiten bieten, sie müssen von den Schülerinnen und Schülern aktiv angenommen und umgesetzt werden (vgl. auch Teil II).

Über das genetische Prinzip sollte man nicht reden bzw. schreiben, ohne die Namen Martin Wagenschein[1] und Hans Freudenthal (vgl. S. 87) zu erwähnen. Beiden ist die enge Anbindung an ihre jeweiligen Fächer gemeinsam, beiden ist gemeinsam, dass sie sich für ein Lernen auf der Grundlage einer wissenschaftlichen Genese des Inhalts ausgesprochen haben. Wagenschein betonte dabei neben der Beachtung der Genese eines Inhalts auch die Notwendigkeit, Wissen im Dialog mit den Lernenden zu vermitteln und exemplarisch vorzugehen, also (wirklich) zentrale Aspekte anhand geeigneter Beispiele aufzuzeigen ([173]; man vgl. auch [82]). Freudenthal steht für einen Ansatz, der „Mathematik als Tätigkeit" betont [43]. Um Mathematik zu lernen, müssen ganz wesentlich Probleme gesehen und gelöst werden. Diese können aus einem realen Kontext oder dem engeren Bereich der Mathematik genommen werden, wenn nur das *Mathematisieren* einer Fragestellung damit verbunden ist. Hans Freudenthal gilt als Begründer der *realistic mathematics education,* die eigene Erfahrungen der Schülerinnen und Schüler und konkrete Handlungen in einem realistischen Kontext als zentrale Aspekte des Lernens von Mathematik ansieht. Diese Auffassung vom Lehren und Lernen von Mathematik hat wesentlich die PISA-Studien (vgl. S. 127) und die damit verbundenen Aufgabenstellungen beeinflusst.

Beispiel (Triangulation)

Carl Friedrich Gauß[2] führte in der ersten Hälfte des 19. Jahrhunderts eine Vermessung des Königreichs Hannover mittels Triangulation durch. Dabei werden eine Seite (zum Beispiel die Seite c) und die anliegenden Winkel (in der üblichen Bezeichnung α und β) eines Dreiecks gemessen, mithilfe des Sinussatzes werden die fehlenden Seiten berechnet. Es ist

$$\frac{a}{\sin \alpha} = \frac{c}{\sin \gamma},$$

wenn α und a bzw. γ und die gemessene Seite c einander gegenüberliegen (Abb. 23.1). Daraus ergibt sich mit den gemessenen Winkeln α und β:

$$a = \frac{\sin \alpha}{\sin \gamma} \cdot c = \frac{\sin \alpha}{\sin(180° - (\alpha + \beta))} \cdot c = \frac{\sin \alpha}{\sin(\alpha + \beta)} \cdot c$$

---

[1] Martin Wagenschein (1896–1988) war promovierter Physiker und engagierte sich vor allem in der Naturwissenschaftsdidaktik. Er arbeitete viele Jahre als Lehrer mit den Fächern Mathematik, Physik und Geographie.

[2] Johann Carl Friedrich Gauß (1777–1855) war Mathematiker, Physiker und Astronom, der sich umfassend mit Themen aus unterschiedlichen wissenschaftlichen Gebieten befasste und seine Spuren in vielen Bereichen hinterlassen hat. Sein Bild und einige Erinnerungen an ihn (z. B. das Dreiecksnetz von der Vermessung des Königreichs Hannover) zierten übrigens den 10 DM-Schein.

Abb. 23.1 Bezeichnungen im
Dreieck

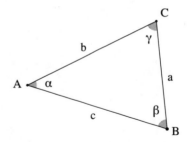

Analog lässt sich die noch fehlende Dreiecksseite berechnen. So legte Gauß ein Netz
aus vielen Dreiecken über das Land, woraus genaue Karten entwickelt werden konnten. Dieses Vorgehen kann im Unterricht handelnd umgesetzt werden, indem Schülerinnen und Schüler selbst Vermessungen durchführen und daraus Pläne z. B. des
Schulgeländes herstellen.   □

Das genetische Prinzip eröffnet eine Fülle von Möglichkeiten für den Mathematikunterricht
und seine Vorbereitung. Seine Stärke, nämlich die gleichzeitige Beachtung der mathematischen Inhalte und der Disposition von Schülerinnen und Schülern, machen es insbesondere
zu einer wertvollen theoretischen Grundlage für die Reflexion des Unterrichtsgeschehens.

Teil VII
Bildungsstandards und Kompetenzen

Non vitae, sed scholae discimus.

Seneca (ca. 1–65 n. Chr.)

In der Schule kommt es vor allem darauf an, dass Schülerinnen und Schüler sinnvolle Inhalte lernen. Auch ein noch so wohl gemeinter Unterricht ist nutzlos, wenn er nicht zu Lernfortschritten führt. Eigentlich ist das eine Binsenwahrheit, dennoch hat es eine Weile gedauert, bis sie Folgen für das Schulsystem hatte. Seit 2003 gibt es Bildungsstandards im Fach Mathematik für den „Mittleren Schulabschluss" und seit 2012 auch für die „Allgemeine Hochschulreife", die bundesweit festlegen, was im Mathematikunterricht gelernt werden soll. Die Betonung des Lernens unterscheidet sie von Lehrplänen, die sich – wie der Name sagt – traditionell eher auf das Lehren konzentrierten. Das Kapitel beschreibt diese Bildungsstandards und Hintergründe ihrer Entstehung. Es sagt, was Kompetenzen sind und warum dieser Begriff für das Lernen und Lehren zentral ist.

Lernen wir tatsächlich nicht für das Leben, sondern für die Schule, wie es das Zitat oben feststellt? Ganz von der Hand zu weisen ist die Auffassung auch viele Jahrhunderte nach Seneca nicht. Selbstverständlich spielen Prüfungen, Klassenarbeiten und Schulaufgaben und damit auch die gezielte Vorbereitung auf solche Situationen eine wesentliche Rolle in der Schule. *Teaching to the test* ist allerdings kein Ziel des Mathematikunterrichts, denn fraglos soll er Schülerinnen und Schülern vor allem Grundlagen mitgeben, die sie in ihrem Alltag, in den weiterführenden Schulen oder dem Studium und in ihrem späteren Berufsleben gebrauchen werden. Wichtig sind also nicht kurzfristige Lernergebnisse, sondern der langfristig angelegte Aufbau von mathematischen Kompetenzen. Genau damit beschäftigen sich die folgenden Abschnitte.

PISA und die Folgen

24

PISA – das ist das „Program for International Student Assessment". Alle drei Jahre werden dabei die Kompetenzen von 15-jährigen Jugendlichen in vielen Ländern der Welt in Bezug auf Lesen, Mathematik und Naturwissenschaften verglichen. Als im Jahr 2000 der erste PISA-Test geschrieben wurde (in Deutschland unter der Federführung von Jürgen Baumert[1]; vgl. [12]), waren zwar für Fachleute die Ergebnisse kaum überraschend, aber es war sicherlich nicht absehbar, welche Folgen sich für das Bildungssystem ergeben würden. In dieser internationalen Studie zeigten Schülerinnen und Schüler in Deutschland entgegen der öffentlichen Erwartung allenfalls mittelmäßige Leistungen und landeten in der Mathematik, im Lesen und in der naturwissenschaftlichen Grundbildung unterhalb des Durchschnitts der OECD[2]. Die „PISA-Sieger" waren – insbesondere in der Mathematik – Japan, Korea, Neuseeland und Finnland. Der Abstand zwischen der Weltspitze und den Ländern im unteren Mittelfeld wurde so interpretiert, dass sich diese Gruppen um den Lernstoff von weit mehr als einem Schuljahr unterschieden [12].

Die Stärken der deutschen Teilnehmerinnen und Teilnehmer lagen in der Mathematik vor allem im Umgang mit Formeln und Kalkülen. Weniger erfolgreich waren sie dabei, Mathematik in Anwendungssituationen zu nutzen, egal ob diese Anwendungen außerhalb oder innerhalb des Fachs lagen. Was das konkret heißt, sollen die folgenden Beispiele veranschaulichen, die diesen drei Bereichen zuzuordnen sind. Sie passen inhaltlich in die neunte Jahrgangsstufe und damit ungefähr in die Altersgruppe der 15-Jährigen.

---

[1] Jürgen Baumert, *1941, war bis zu seiner Emeritierung Direktor des Max-Planck-Instituts für Bildungsforschung in Berlin. Seine Arbeiten befassen sich u. a. mit internationalen Schulleistungsvergleichen und der Entwicklung von Bildungssystemen. Er war maßgeblich beteiligt an der COACTIV-Studie, die das Professionswissen von Mathematiklehrkräften zum Thema hat.

[2] OECD steht für *Organisation for Economic Co-operation and Development*. Diese Organisation für wirtschaftliche Zusammenarbeit und Entwicklung initiierte PISA und stellte im Jahr 2000 im Wesentlichen die teilnehmenden Staaten, nämlich 28 von 32. An der Erhebung 2018 nahmen alle 37 OECD-Staaten sowie 42 Partnerstaaten teil.

© Der/die Autor(en), exklusiv lizenziert durch Springer Nature Switzerland AG 2021
K. Reiss und C. Hammer, *Grundlagen der Mathematikdidaktik*, Mathematik Kompakt,
https://doi.org/10.1007/978-3-030-65429-0_24

Beispiel (Aspekte von Mathematikaufgaben)

1. *Formeln und Kalküle*

Bestimme rechnerisch alle Lösungen der Gleichung $x^2 - 5x + 6 = 0$.
Aufgaben dieser Art kennt man aus dem Unterricht und verbindet sie mit der so
genannten *Mitternachtsformel*. Die Lösungen werden durch Einsetzen in

$$x_{1,2} = \frac{-b \pm \sqrt{b^2 - 4ac}}{2a}$$

bestimmt und man bekommt (auch ohne inhaltliches Verständnis) im konkreten
Fall $x_1 = 2$ und $x_2 = 3$. Wenn man die Rolle der reellen Zahlen a, b und c
kennt und mit den Sonderfällen für die Wurzel umgehen kann, dann steht dem
korrekten Ergebnis auch bei anderen quadratischen Gleichungen nichts mehr im
Weg. Sicherlich wird die Formel in einem guten Unterricht begründet und mit
Hilfe der quadratischen Ergänzung gefunden. Doch dieses Verständnis wird kaum
mehr abgeprüft, wenn die Formel erst etabliert ist. Das Lösen einer quadratischen
Gleichung kann man entsprechend lernen wie ein einfaches Kochrezept (aber man
muss es nicht so lernen). Formeln sind selbstverständlich genauso wenig wie das
Arbeiten mit Algorithmen per se schlecht, denn sie können kognitive Ressourcen
sparen und damit entlastend wirken. Möchte man allerdings im Unterricht das
fachliche Verständnis aufbauen, dann muss man überlegt mit ihnen umgehen.
Ganz nebenbei: Bei einer so schlichten Gleichung bietet es sich an, den Satz von
Vieta anzuwenden. Er besagt, dass für die Lösungen x_1 und x_2 der quadratischen
Gleichung $x^2 + px + q = 0$ gilt, dass $x_1 + x_2 = -p$ und $x_1 \cdot x_2 = q$ ist. Man
sucht also (sinnvollerweise ganze) Zahlen x_1 und x_2, deren Produkt $x_1 \cdot x_2 = 6$
und deren Summe $x_1 + x_2 = 5$ ist. Ganz offensichtlich trifft das auf $x_1 = 2$ und
$x_2 = 3$ zu. Es ist $x^2 - 5x + 6x = (x - 2)(x - 3)$ und dieses Produkt wird 0 für
$x = 2$ oder $x = 3$.   □

Zur Sache (Quadratische Ergänzung)

So geht es: Gegeben sei die quadratische Gleichung $ax^2 + bx + c = 0$ mit
$a, b, c \in \mathbb{R}$ und $a \neq 0$. Man darf $a > 0$ annehmen, denn anderenfalls würde die
Multiplikation mit (-1) dazu führen und ansonsten im Prinzip nichts ändern (wie
gut, dass $(-1) \cdot 0 = 0$ ist). Nun ist

$$(x + \frac{b}{2a})^2 - \frac{b^2}{4a^2} + \frac{c}{a} = (x + \frac{b}{2a})^2 - \frac{b^2 - 4ac}{4a^2} = 0.$$

Damit ist $(x + \frac{b}{2a})^2 = \frac{b^2 - 4ac}{4a^2}$ und somit $|x + \frac{b}{2a}| = \sqrt{\frac{b^2 - 4ac}{4a^2}} = \frac{1}{2a}\sqrt{b^2 - 4ac}$.
Also ist entweder $x = -\frac{b}{2a} + \frac{1}{2a}\sqrt{b^2 - 4ac}$ oder es ist $x = -\frac{b}{2a} - \frac{1}{2a}\sqrt{b^2 - 4ac}$.
Falls $\sqrt{b^2 - 4ac} \geq 0$ ist, ist x eine reelle Zahl; falls $\sqrt{b^2 - 4ac} = 0$ ist, gibt

es eine eindeutige Lösung in $\mathbb{R}$ und eine „doppelte Nullstelle" des zugehörigen Polynoms.

2. *Anwendung innerhalb der Mathematik*

   Kann man die Gleichung $x^2 - 2x - 3 = 0$ graphisch lösen?

   Ja, das kann man und sogar auf unterschiedliche Weise. Im Vordergrund steht dabei jeweils der Gedanke, Gleichungen und Funktionen zu verbinden. Dann sind die Lösungen entweder die Nullstellen der Funktion $f(x) = x^2 - 2x - 3$ (man vergleiche Abb. 24.1) oder aber, wenn man an die Umformung $x^2 = 2x + 3$ der Gleichung denkt, die Schnittpunkte der Funktionen $f(x) = x^2$ und $g(x) = 2x + 3$ (vgl. Abb. 24.2). Insbesondere im zweiten Fall wird Wissen und Verständnis gefordert, das bereits in früheren Jahrgangsstufen erworben wurde.

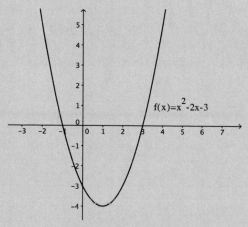

Abb. 24.1 Variante 1

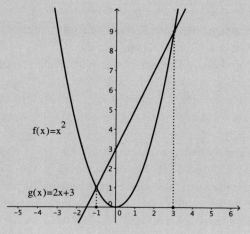

Abb. 24.2 Variante 2

3. *Anwendung in einer Textaufgabe*
Mit einer Schnur der Länge 24 m soll ein rechteckiges Flächenstück begrenzt werden. Welchen Flächeninhalt kann es maximal haben?

Auch wenn diese Aufgabe nicht unbedingt in einem authentischen Kontext angesiedelt ist, soll sie an dieser Stelle ausreichen, um den grundlegenden Gedanken der Anwendung in einer Textaufgabe zu illustrieren.

Die Lösung fordert mehr als mathematisches Wissen, nämlich zunächst die korrekte Interpretation einer Sachsituation und dann die Umsetzung in ein mathematisches Modell. Benennt man die Seiten des Rechtecks mit x und y, dann ist $2x + 2y = 24$ und $x \cdot y$ soll möglichst groß werden. Der Weg ist bekannt: Man löst die Gleichung $2x + 2y = 24$ nach einer Variablen auf, erhält beispielsweise $y = -x + 12$ und setzt diesen Wert in den Term $x \cdot y$ ein. Damit muss $-x^2 + 12x$ maximal werden, was in der Konsequenz (und insbesondere in der neunten Jahrgangsstufe, mit der wir es hier zu tun haben) heißt, den Scheitelpunkt der Parabel mit der Gleichung $f(x) = -x^2 + 12x$ zu bestimmen. Auch hier geht es also offensichtlich darum, Wissen und Verständnis zu zeigen, doch nicht nur für die mathematischen Berechnungen, sondern auch für die Sachsituation (und das gilt zumindest dann, wenn man es zum ersten Mal mit dieser Aufgabe zu tun hat). □

Es war eine Konsequenz aus PISA 2000, dass intensiv darüber diskutiert wurde, wie Anwendungen im Mathematikunterricht einen höheren Stellenwert bekommen könnten. Nicht träges Wissen im Sinne von Renkl (vgl. [145]), an das man sich allenfalls über einen kurzen Zeitraum hinweg erinnert, soll im Unterricht erworben werden. Vielmehr muss es ein Ziel sein, vielfältig einsetzbare und nützliche Kenntnisse zu vermitteln, die auch langfristig und in unterschiedlichen Kontexten zur Verfügung stehen.

Pisa 2000 stieß allerdings bei den Kultusministerien der Bundesländer, in der Bildungsforschung, bei Lehrkräften und in der Öffentlichkeit nicht nur deswegen auf große Resonanz, weil die Jugendlichen an deutschen Schulen absolut und im internationalen Vergleich zu wenig in der Lage waren, sinnentnehmend zu lesen oder Probleme mit Hilfe mathematischer und naturwissenschaftlicher Methoden zu lösen. Für Unruhe sorgte eine Zusatzstudie, an der Schülerinnen und Schüler der neunten Jahrgangsstufe aus allen Bundesländern teilnahmen. Es zeigten sich deutliche Unterschiede in den Bereichen Lesen, Mathematik und Naturwissenschaften zwischen den verschiedenen Bundesländern. Baden-Württemberg, Bayern und Sachsen gehörten zu den erfolgreichen Ländern, die Stadtstaaten Berlin, Bremen und Hamburg fanden sich im unteren Drittel der Leistungsskala wieder. Die Ergebnisse überraschten insbesondere wegen der großen Differenz zwischen den oberen und den unteren

Plätzen, die für Unterricht im Umfang von mehr als einem Schuljahr stand. Darüber hinaus wurde deutlich, dass die Förderung benachteiligter Jugendlicher verbesserungswürdig war. Leistung und soziale Herkunft waren in Deutschland eng miteinander verbunden. Insbesondere zeigten Jugendliche aus Arbeiterfamilien signifikant schlechtere Leistungen als ihre Klassenkameraden aus Akademikerfamilien und hatten – bei gleicher Leistung – geringere Chancen, ein Gymnasium zu besuchen.

Es ist kaum verwunderlich, dass die Kultusministerien diesen Zustand als nicht akzeptabel ansahen. Gute Ausbildungsbedingungen in der ganzen Bundesrepublik Deutschland und unabhängig vom Wohnort eines Kindes oder Jugendlichen sollten eine Selbstverständlichkeit sein. In der Folge wurden deshalb bundeseinheitliche Bildungsstandards (nicht nur) für das Fach Mathematik und (nicht nur) für den mittleren Schulabschluss nach der 10. Klasse formuliert. Sie legen fest, welche mathematischen Kompetenzen im Laufe der ersten zehn Schuljahre bzw. im Hinblick auf das Abitur erworben werden sollen (vgl. [96, 99]).

Die Bemühungen scheinen Wirkung gezeigt zu haben. Bei PISA 2012 war Mathematik nach 2003 erneut der Schwerpunkt und es gab deutlich bessere Ergebnisse. Die Schülerinnen und Schüler in Deutschland lagen in ihrem Punktwert signifikant über dem Durchschnitt der OECD-Staaten [152]. Leider war auch 2012 genau wie in den folgenden Studien in den Jahren 2015 und 2018 der Zusammenhang zwischen sozio-ökonomischem Status der Eltern und Leistungen der Schülerinnen und Schüler immer noch hoch, vor allem auch deutlich höher als im Durchschnitt der OECD-Staaten (vgl. [113, 114, 177]).

Was ist mathematische Kompetenz?

Im vorigen Abschnitt war viel von Wissen, aber nur einmal und ganz vorsichtig am Ende des Abschnitts von Kompetenzen die Rede. Dabei handelt es sich um einen Schlüsselbegriff, der gerade in Bezug auf die Bildungsstandards eine wesentliche Intention ausdrückt. Konkret sind Kompetenzen nach Weinert die kognitiven Fähigkeiten und Fertigkeiten zur Lösung bestimmter Probleme, aber auch der damit verbundene Wille und die motivationale Bereitschaft, die zur Lösung von Problemen erforderlich sind [176]. Kompetenzen umfassen insbesondere Wissen, Fähigkeiten oder Fertigkeiten. Der Begriff schließt aber darüber hinaus ein, dass diese Komponenten auch in einem geeigneten Kontext angewendet werden können.

Man verbindet Kompetenzen mit einer längerfristigen Disposition zur Lösung von Problemen. Es geht also gerade nicht darum, die nächste Prüfungssituation irgendwie zu meistern, sondern Inhalte und Methoden auch zu einem späteren Zeitpunkt abrufen und nutzen zu können. Wenn man es von den Intentionen des Mathematikunterrichts aus betrachtet, dann klingt diese Forderung selbstverständlich. Ein genauerer Blick auf die Ergebnisse vieler Schulleistungsstudien zeigt aber, dass die Ziele in der Realität nicht immer erreicht werden. Schulisch erworbenes Wissen ist leider zu einem erheblichen Teil nicht überdauernd. Warum sonst sollten Schülerinnen und Schüler höherer Klassenstufen Probleme mit der Bruchrechnung, dem Prozentrechnen oder dem Umformen von Termen haben?

Sucht man nach den Gründen, dann gibt es verschiedene Ebenen, auf denen sie liegen können. So ist Wissen fraglos ein Produkt individuellen Lernens, und schlechte Leistungen können entsprechend eine Konsequenz aus mangelnder Anstrengung sein (diese *Mikro-Ebene* wird vor allem in Teil III und IV angesprochen). Selbstverständlich kann auch der konkrete Unterricht bewirken, dass Schülerinnen und Schüler weniger wissen und leisten als man von ihnen erwarten würde (in Teil II geht es um diese *Makro-Ebene*). Schließlich kann es aber auch Ursachen geben, die im Schulsystem angelegt sind. Wir wollen uns hier auf diese *Meso-Ebene* konzentrieren (und sie beeinflusst fraglos dann auch die beiden anderen Ebenen).

K. Reiss und C. Hammer, *Grundlagen der Mathematikdidaktik,* Mathematik Kompakt, https://doi.org/10.1007/978-3-030-65429-0_25

Es gibt einen Aspekt, der hier ganz besonders diskutiert wird und der mit dem Schlagwort *Inputsteuerung* belegt werden kann. Konkret ist damit gemeint, dass der traditionelle (Mathematik-) Unterricht als eher lehrplanzentriert gelten kann. Inhalte werden behandelt, sie werden zeitnah geprüft, sind aber nicht selten zu einem späteren Zeitpunkt nicht mehr verfügbar. An dieser Stelle setzen nun *Bildungsstandards* an. Die Vorstellung dahinter ist, dass es nicht darauf ankommt, ob Inhalte irgendwann im Mathematikunterricht behandelt wurden, sondern ob sie von den Schülerinnen und Schülern im Sinne konstruktiven Lernens *erworben* wurden [95], somit langfristig zur Verfügung stehen und aktiv angewendet werden können. Bildungsstandards sind entsprechend als Instrument einer *Outputsteuerung* gedacht, bei der nicht der rasche Erfolg (und das rasche Vergessen) im Vordergrund steht, sondern kumulativ erworbene Kompetenzen, die am Ende eines Ausbildungsabschnitts verfügbar sind und auch belegt werden sollten.

Aufgabe (Konstruktivismus)
Informieren Sie sich in der Literatur (z. B. in [49]) über den konstruktivistischen Lernbegriff.   □

In Anlehnung an Ideen, die sich in der so genannten *Klieme-Expertise* finden, formuliert die Kultusministerkonferenz (KMK) es so (vgl. [96] bzw. [86]): „Bildungsstandards greifen die Grundprinzipien des jeweiligen Unterrichtsfaches auf, beschreiben die fachbezogenen Kompetenzen einschließlich zugrunde liegender Wissensbestände, die Schülerinnen und Schüler bis zu einem bestimmten Zeitpunkt ihres Bildungsganges erreicht haben sollen, zielen auf systematisches und vernetztes Lernen und folgen so dem Prinzip des kumulativen Kompetenzerwerbs, beschreiben erwartete Leistungen im Rahmen von Anforderungsbereichen, beziehen sich auf den Kernbereich des jeweiligen Faches und geben den Schulen Gestaltungsräume für ihre pädagogische Arbeit, weisen ein mittleres Anforderungsniveau aus und werden durch Aufgabenbeispiele veranschaulicht." Damit ist zum einen klar, dass Kompetenzen fachbezogen sind (also beispielsweise nicht im Sinne von „Schlüsselkompetenzen" betrachtet werden) und ihre Überprüfbarkeit gewährleistet sein muss.

Entsprechend dieser Auffassung haben die Bundesländer *Bildungsstandards* für das Fach Mathematik verabredet, die präzisieren, welche Kompetenzen zu einem bestimmten Zeitpunkt und auf einem bestimmten Niveau erworben sein sollen. Es gibt sie für den so genannten mittleren Schulabschluss nach der zehnten Klasse, die Primarstufe am Ende der vierten Klasse, den Hauptschulabschluss in der neunten Klasse und die allgemeine Hochschulreife, also das Abitur ([96–99]).

Auch die Bildungsstandards geben wesentliche Inhalte des Mathematikunterrichts vor („Input"), nehmen aber die Ergebnisse von Unterricht („Output") stärker in den Blick als herkömmliche Lehrpläne[1]. Insbesondere sind sie dem kumulativen Wissensaufbau verpflichtet und orientieren sich entsprechend an zentralen Themenbereichen der Mathematik. Dabei wird zwischen *inhaltlichen Leitideen* und *allgemeinen mathematischen Kompetenzen* unterschieden.

Inhaltliche Leitideen des Mathematikunterrichts

Die Bildungsstandards der Kultusministerkonferenz für den mittleren Schulabschluss bezeichnen die Arbeitsbereiche *Zahl* (und die damit verbundenen Rechenoperationen, Kalküle und Algorithmen), *Messen* (und somit Größen), *Raum und Form* (das ist mehr oder minder Geometrie), *Funktionaler Zusammenhang* (darunter fallen etwa Funktionen und Gleichungen) sowie *Daten und Zufall* (mit Grundbegriffen aus Stochastik und Statistik) als inhaltliche Leitideen des Mathematikunterrichts [96]. Diese Leitideen werden in den Bildungsstandards vorgestellt und in ihren Grundzügen skizziert. Im Gegensatz zu einem Lehrplan werden sie aber nicht bestimmten Schuljahren zugeordnet. Vielmehr sollen sich die mathematischen Kompetenzen von Schülerinnen und Schülern über die Zeit hinweg an diesen spezifischen Inhalten ausbilden, sie werden dazu wiederholt aufgegriffen, gegebenenfalls erweitert oder aber in einen neuen Kontext eingebunden. Ganz grob sehen die Inhalte für die Klassen 5 bis 10 so aus (und in [96] kann man das viel genauer nachlesen):

- *Zahl*: Betrachtung von natürlichen Zahlen, Bruchzahlen, ganzen Zahlen und rationalen Zahlen; Diskussion von Sinn und Zweck; Kenntnisse von Darstellungen; Beschreibung der unterschiedlichen Grundideen zu Zahlbereichserweiterungen; Rechenoperationen

---

[1]Inzwischen haben sich in den meisten Bundesländern die Lehrpläne gewandelt. Auch sie sind nun kompetenzorientiert formuliert und lehnen sich an die Bildungsstandards an.

© Der/die Autor(en), exklusiv lizenziert durch Springer Nature Switzerland AG 2021
K. Reiss und C. Hammer, *Grundlagen der Mathematikdidaktik,* Mathematik Kompakt,
https://doi.org/10.1007/978-3-030-65429-0_26

und Möglichkeiten ihrer Übertragung in die verschiedenen Zahlbereiche, Algorithmen und Kalküle; Anwendungen.

- *Messen*: Grundprinzipien des Messens; exemplarische Betrachtung von Größenbereichen (z. B. Längen, Flächen, Volumina); Betrachtung von spezifischen Schwierigkeiten (geradlinig begrenzte Flächen und Körper; Kreis bzw. Kugel, Zylinder usw.).
- *Raum und Form*: Geometrische Grundformen und Abbildungen; verbindende Grundideen (z. B. Kongruenzgeometrie, Abbildungsgeometrie); relevante Sätze und exemplarische Beweise; geometrische Konstruktionen.
- *Funktionaler Zusammenhang*: Proportionalität und lineare Abbildungen; quadratische Funktionen und Potenzfunktionen; trigonometrische Funktionen; Beziehungen zwischen Gleichungen und Funktionen.
- *Daten und Zufall*: Statistik und der Umgang mit Daten; Datenanalyse; Grundprinzipien der Stochastik.

Das inhaltsbezogene Fundament der Bildungsstandards liest sich ganz ähnlich wie die entsprechenden Lehrpläne. Letztendlich kann das auch nicht überraschen. Die fünf inhaltlichen Leitideen stehen für relevante Begriffe und Verfahren, die eine unverzichtbare Grundlage des Arbeitens in der Mathematik darstellen. Sie bilden nicht alles ab, was normalerweise in den Lehrplänen steht (z. B. werden reelle und damit irrationale Zahlen in Bezug auf den Schulabschluss nach Klasse 10 nicht explizit erwähnt), machen aber durchaus deutlich, was zu einer soliden mathematischen Grundbildung aus inhaltlicher Sicht gehört.

Die Überschriften der inhaltlichen Leitideen wurden bei den Bildungsstandards für die allgemeine Hochschulreife fast identisch formuliert. Einzig die Leitidee *Zahl* wurde zu *Algorithmus und Zahl* erweitert. Zu den grundlegenden Zielen des Unterrichts gehört es dabei, dass die Schülerinnen und Schüler über eine geeignete Vorstellung von reellen Zahlen verfügen sowie Grenzwerte etwa bei der Bestimmung von Ableitung und Integral nutzen. Auch das Lösen von linearen Gleichungssystemen sowie der Umgang mit Matrizen werden thematisiert. Das *Messen* erfährt eine Erweiterung insbesondere um infinitesimale, numerische und analytisch-geometrische Methoden. So wird die Länge einer Strecke und das Maß eines Winkels auch mit Hilfe des Skalarprodukts berechnet. Hinzu kommt, dass Änderungsraten bestimmt und gedeutet werden. Auch der Umgang mit stochastischen Kenngrößen ist Teil dieser Leitidee, soweit diese Größen als Ergebnisse von Messprozessen angesehen werden können. Das gilt etwa für Lage- und Streumaße einer Stichprobe. Bei der Leitidee *Raum und Form* werden die Themen der Sekundarstufe I durch die Beschäftigung mit Analytischer Geometrie, also mit Aspekten räumlicher Geometrie erweitert. Die Leitidee *Funktionaler Zusammenhang* nimmt Begriffe und Verfahren der elementaren Analysis hinzu und vertieft bzw. erweitert den Funktionsbegriff. Schließlich geht es bei *Daten und Zufall* um die Ausweitung stochastischer Vorstellungen etwa durch die Beschäftigung mit statistischen Verfahren oder die Thematisierung stochastischer Verteilungen. In [99] findet man die vollständige Aufzählung der Inhalte zu dieser und zu den anderen Leitideen. Sie sind alle den für die Oberstufe wichtigen Themengebieten Analysis, Analytische Geometrie und Stochastik zuzuordnen.

Allgemeine mathematische Kompetenzen

(Mathematische) Fakten kennen ist nicht gleichbedeutend damit, dass man sie auch nutzen kann. Anders ausgedrückt: Zur Kompetenz gehört neben dem Wissen die Fähigkeit zu seiner Anwendung in geeigneten Situationen [176]. Entsprechend findet sich in den Bildungsstandards der KMK als Ziel des Mathematikunterrichts auch die Vermittlung so genannter prozessbezogener allgemeiner mathematischer Kompetenzen. Darunter werden im Wesentlichen Arbeitsweisen verstanden. Konkret geht es darum (und natürlich ist hier genauso wie oben die Darstellung in [96] ausführlicher):

- *Mathematisch argumentieren:* Beweise sind das Kerngeschäft der Mathematik (man vgl. [63] oder [139] bzw. S. 73 sowie S. 81), aber hier geht es auch um Begründungen, Erläuterungen oder um das Stellen von Fragen, die für das Fach charakteristisch sind wie etwa die nach Veränderungen, Allgemeingültigkeit, Existenz.
- *Probleme mathematisch lösen:* Dazu gehört es, Probleme zu bearbeiten, geeignete Hilfsmittel zu finden, die Plausibilität einer Lösung zu prüfen (vgl. S. 87).
- *Mathematisch modellieren:* Ein (reales) Problem muss in ein mathematisches Modell übersetzt werden, in diesem Modell wird gearbeitet, die Lösung muss im (realen) ursprünglichen Bereich überprüft werden (vgl. S. 91).
- *Mathematische Darstellungen verwenden:* Hier geht es um unterschiedliche Darstellungen mathematischer Objekte, aber auch um die Vermittlung zwischen ihnen und den sinnvollen Wechsel.
- *Mit symbolischen, formalen und technischen Elementen der Mathematik umgehen:* Die Sprache der Mathematik kann formale Elemente wie Variablen, Terme, Gleichungen, Funktionen, Diagramme und Tabellen umfassen. Die angemessene Arbeit damit gehört zu dieser Kompetenz genauso wie etwa der Umgang mit einem Taschenrechner oder mit Software.
- *Kommunizieren:* Anderen erzählen, worum es bei einem mathematischen Problem (und seiner Lösung) geht, und ihre mathematischen Ideen verstehen ist ein wesentlicher Aspekt. Dazu gehört auch eine angemessene Verwendung der Fachsprache.

Die Bedeutung dieser Prozessstandards für den täglichen Unterricht ist relativ hoch einzuschätzen. Erst in der Kombination aus inhaltlichen und allgemeinen Kompetenzen entsteht ein Bild von Mathematik, das sich weder im Rechnen oder Bereitstellen von Rechenverfahren noch in einer einfachen Orientierung an Aufgaben oder Anwendungen erschöpft.

Auch hier sei auf die Bildungsstandards für die allgemeine Hochschulreife verwiesen, bei denen diese Kompetenzen ebenfalls ganz ähnlich formuliert sind. Dass aus dem *Kommunizieren* der Sekundarstufe I ein *Mathematisch Kommunizieren* wurde, ist sicherlich eher als Anpassung an die anderen Teilkompetenzen zu sehen, in denen jeweils explizit von

Mathematik die Rede ist. Auch darüber hinaus sind die Unterschiede zur Fassung für den mittleren Schulabschluss eher gering, variiert wird das Niveau, weniger die Kompetenz selbst (vgl. [99]).

Kompetenzorientierte Aufgaben und Differenzierung

Die in den Bildungsstandards beschriebenen Aspekte der mathematischen Kompetenz bilden einen hilfreichen Referenzrahmen zur Beurteilung des didaktischen Potenzials einer Aufgabe. Macht man sich die mathematischen Leitideen *Zahl, Messen, Raum und Form, Funktionaler Zusammenhang* sowie *Daten und Zufall* bewusst und versucht, die allgemeinen Kompetenzen (also *Argumentieren, Problemlösen, Modellieren, das Verwenden von Darstellungen und Hilfsmitteln, Kommunizieren*) explizit zu machen, so bekommt man einen klareren Blick auf das Spezifische in einer Aufgabe. Die Einteilung erleichtert außerdem die gezielte Konstruktion neuer bzw. die Variation vorhandener Aufgaben (siehe auch Teil VIII).

Beispiel (Dezimalbrüche)

Wenn man einen gewöhnlichem Bruch in einen Dezimalbruch (oder umgekehrt) verwandeln möchte, dann denkt man meist zuerst an die technische Ebene. So kann eine Aufgabe dieser Art aussehen:

1. „Wandle $\frac{2}{7}$ in einen Dezimalbruch um."

Interpretiert man die Fragestellung im Sinne der Bildungsstandards, dann sieht man schnell die konkrete Einordnung. Es ist die allgemeine Kompetenz „Mathematische Darstellungen verwenden" im Bereich der Leitidee „Zahl" und des Anforderungsbereichs „Reproduzieren" (vgl. S. 139), die hier angesprochen ist. Die prinzipielle Aufgabenstellung kann aber auch einen anderen Fokus haben. Soll der Schwerpunkt auf der allgemeinen Kompetenz „Probleme mathematisch lösen" liegen, so könnte die Frage folgendermaßen lauten:

2. „Wie viele Stellen kann die Periode des Dezimalbruchs haben, wenn der Nenner 7 ist?"

Der ebenfalls zu den allgemeinen Kompetenzen gehörende Kommunikationsaspekt lässt sich durch eine einfache Ergänzung ansprechen:

3. „Erkläre deiner Nachbarin die Lösung."

Nur weil es sich hier um einen gewöhnlichen Bruch handelt, ist „Zahl" nicht zwangsläufig die wesentliche Inhaltskomponente. Im Rahmen der Leitidee „Daten und Zufall" kann man sich beispielsweise mit der folgenden Fragestellung befassen:

4. „Der Nenner eines Stammbruchs wird durch den Wurf mit einem normalen Würfel bestimmt. Gib die Wahrscheinlichkeit für das Ereignis: *„Bei Umwandlung bekommt man einen endlichen Dezimalbruch."* an.   □

Zur Sache (Dezimalbrüche)

1. $\frac{2}{7} = 0,\overline{285714}$ erhält man durch schriftliche Division, wobei hier alle bei der Division durch 7 möglichen Reste auftreten, was z. B. bei $\frac{2}{3} = 0,\overline{6}$ und somit der Division von 2 durch 3 nicht der Fall ist.

2. Es ist klar, dass die möglichen Reste kleiner als 7 sind. Geht die Division durch 7 nicht auf, kommen nur die sechs Zahlen von 1 bis 6 als Reste in Frage. Es gibt also maximal sechs Stellen in der Periode, denn dann muss ein Rest wieder auftauchen, der schon vorgekommen ist.

3. Endliche Dezimalbrüche erhält man mit den Stammbruchnennern 1, 2, 4 und 5. Die gefragte Wahrscheinlichkeit ist also $\frac{4}{6}$. Aus dieser Idee lassen sich auch anspruchsvollere Aufgaben entwickeln, zum Beispiel durch Verwendung mehrerer Würfel. ◄

Gute Bildungsstandards sollten mehr als nur die fachliche Ebene beachten. Sie sollten gewissen Qualitätsanforderungen genügen (man vgl. [86, S. 18 ff.]), zu denen insbesondere die *Differenzierung* gehört. Damit ist gemeint, dass einer Aufgabe eine *Kompetenzstufe* zugeordnet wird, aus der die konkrete Schwierigkeit deutlich wird. Das ist leichter gesagt als getan (obwohl viele Lehrerinnen und Lehrer fast jeden Tag mit Leistungsüberprüfungen befasst sind und dieses Geschäft eigentlich gut kennen). In Bezug auf die Bildungsstandards kommt es nun darauf an, einerseits realistische Anforderungen zu beschreiben, die am Ende einer Klassenstufe (und *nicht* am Ende einer Unterrichtseinheit) erreicht sein sollen und zwischen mittelmäßigen, guten, hervorragenden, schwachen oder ungenügenden Leistungen zu unterscheiden. Die Basis einer solchen Beschreibung können dabei nicht mehr theoretische, normative Überlegungen sein („Die Kenntnis des Skalarprodukts ist unabdingbar für das Bestehen des Abiturs!"), sondern sie müssen empirisch fundiert sein („Wie viele Abiturientinnen und Abiturienten verfügen sicher über den Begriff des Skalarprodukts?").

Empirisch gesicherte Kompetenzmodelle für die Mathematik sind noch immer ein zentrales Forschungsthema. Es gibt Beispiele zu einzelnen Themen des Unterrichts, etwa zum

Beweisen in der gymnasialen Mittelstufe [140] oder in Bezug auf Abituraufgaben [103], es gibt aber auch übergreifende Modelle etwa für die Grundschulmathematik [143] oder die Sekundarstufe I [19]. Für den Unterricht ist nun interessant, was konkret die Schwierigkeit einer Aufgabe beeinflusst. Auch diese *schwierigkeitsinduzierenden Faktoren* sind ein aktuelles Forschungsthema, sodass die Frage keineswegs als geklärt gelten kann. Wir wollen im Folgenden an einigen Aufgabenbeispielen aufzeigen, was hier in Frage kommt und worauf man achten sollte. Wir wollen dabei zum einen die sprachliche Komplexität und zum anderen die Formalisierung in den Blick nehmen.

Beispiel (Komplexität).

Hinsichtlich der „sprachlogischen Komplexität" werden z. B. in [28] drei Stufen identifiziert, die mit der syntaktischen Struktur und Beziehung zwischen Sprachreihenfolge und der Reihenfolge von Bearbeitungsschritten zu tun haben. So ist die Aufgabe

1. „Merke dir eine Zahl und subtrahiere von ihr 15 …"

von geringerer Komplexität als

2. „Merke dir eine Zahl und subtrahiere sie von 15 …".

Der Unterschied besteht ausschließlich in der Reihenfolge. Nimmt man nun komplexere Satzstrukturen hinzu, erhöht das entsprechend die Aufgabenschwierigkeit:

3. „Merke dir eine Zahl, multipliziere sie mit 4 und subtrahiere das Ergebnis von 15."

Neben der syntaktischen Struktur wird die Schwierigkeit auch von der „kognitiven Komplexität" beeinflusst. Das gilt etwa für Aufgaben, bei denen nicht alle wesentlichen Informationen im Text stehen, sondern z. B. mit dem Wissensbestand verknüpft werden müssen:

4. „Ist folgende Behauptung richtig? Eine Raute kann kein Rechteck sein."

Diesen Satz muss man schon zwei Mal lesen, um sich seiner Sache sicher zu sein. Auch hier könnte man zusätzlich die Reihenfolge ändern, was wohl eher der Denkrichtung entspricht und daher weniger komplex ist. Das Vorstellungsbild über ein Rechteck ist eben vertrauter, als das über eine Raute:

5. „Ist folgende Behauptung richtig? Ein Rechteck kann keine Raute sein."

Schließlich kann man Aufgaben analysieren, die aus mehreren Sätzen bestehen und vor allem mehrere Denkschritte erfordern. Hierbei spielt natürlich eine entscheidende Rolle, ob diese Schritte naheliegen, oder erst ausgewählt werden müssen (vgl. [18, S. 85]):

6. „Betrachte ein Sehnenviereck und bewege einen Eckpunkt auf dem Umkreis, während die anderen drei unverändert bleiben. Wie viele rechte Winkel können (neu) entstehen?"

Hier muss erst die Situation geklärt, dann der Satz von Thales ins Spiel gebracht und zuletzt noch überlegt werden, ob alle Fälle berücksichtigt sind.   □

Zur Sache (Sehnenviereck)

Hat das Sehnenviereck einen rechten Winkel, dann ist wegen des Satzes von Thales eine Diagonale auch Durchmesser des Kreises. Damit ist klar, dass das Viereck mindestens zwei rechte Winkel hat. Durch die beschriebene Bewegung eines Eckpunkts auf dem Kreis kann eine (bzw. auch die andere) Diagonale ein Durchmesser werden. Es entstehen zwei rechte Winkel. ◀

In den deutschen Bildungsstandards für den mittleren Schulabschluss (und genauso für die allgemeine Hochschulreife, vgl. S. 143.) wird übrigens in Bezug auf die Schwierigkeit ein pragmatischer Standpunkt eingenommen. Unterschieden werden hier drei *Anforderungsbereiche*. Im ersten Anforderungsbereich geht es um das Reproduzieren, im zweiten um das Herstellen von Zusammenhängen und im dritten um das Verallgemeinern und Reflektieren. Dabei wird davon ausgegangen, dass „Anspruch und kognitive Komplexität" im Allgemeinen von Bereich zu Bereich zunehmen [96, S. 13]. Das ist plausibel, doch empirische Evidenz gibt es dafür (noch) nicht. Konkret sieht die Beschreibung in [96] so aus:

- *Anforderungsbereich I:* Reproduzieren. Dieser Anforderungsbereich umfasst die Wiedergabe und direkte Anwendung von grundlegenden Begriffen, Sätzen und Verfahren in einem abgegrenzten Gebiet und einem wiederholenden Zusammenhang.
- *Anforderungsbereich II:* Zusammenhänge herstellen. Dieser Anforderungsbereich umfasst das Bearbeiten bekannter Sachverhalte, indem Kenntnisse, Fertigkeiten und Fähigkeiten verknüpft werden, die in der Auseinandersetzung mit Mathematik auf verschiedenen Gebieten erworben wurden.

- *Anforderungsbereich III:* Verallgemeinern und Reflektieren. Dieser Anforderungsbereich umfasst das Bearbeiten komplexer Gegebenheiten u. a. mit dem Ziel, zu eigenen Problemformulierungen, Lösungen, Begründungen, Folgerungen, Interpretationen oder Wertungen zu gelangen.

Auch in dieser Sichtweise ist es so, dass man innerhalb einer Aufgabenstellung die verschiedenen Anforderungen integrieren kann. Das folgende Beispiel soll das konkret zeigen.

Beispiel (Anforderungsbereiche).
Wir betrachten Rechtecke mit Seiten, deren Längen Vielfache einer Einheit sind. Insbesondere geht es um solche Rechtecke, deren Länge die Breite um eine Einheit übertrifft (vgl. Abb. 26.1).

Nun geht es um die Frage, wie viele Quadrate (mit Einheitsseitenlängen) man in ein solches Rechteck zeichnen kann. Am Beispiel des 3×4 – Rechtecks wird in Abb. 26.2 gezeigt, wie man erkennen kann, dass es 20 Möglichkeiten gibt. Es sind nämlich $3 \cdot 4 = 12$ kleine, $2 \cdot 3 = 6$ mittlere und $1 \cdot 2 = 2$ große Rechtecke. Dazu könnte man überlegen, an wie vielen Stellen eine bestimmte Quadratecke (z. B. die Ecke links oben) liegen kann.

In einem ersten Zugang kann man die Anzahl der Quadrate abzählen und dabei das Verfahren wiederholen, das auch beim Malkreuz in der Grundschule und bei der Bestimmung des Flächeninhalts eines Rechtecks (vgl. S. 106) verwendet wird (AB I). Dann wird die Struktur $1 \cdot 2 + 2 \cdot 3 + 3 \cdot 4 = 2 + 6 + 12 = 20$ erkannt, was einen Zusammenhang zwischen dem geometrischen und einem arithmetischen Aspekt aufzeigt (AB II). Schließlich lässt sich die Problemstellung zur Frage verallgemeinern (AB III), wie viele Quadrate in ein $n \times (n + 1)$ – Rechteck passen. □

Abb. 26.1 Besondere Rechtecke

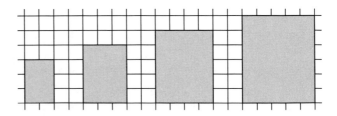

Abb. 26.2 Anzahl der
Quadrate im 3 × 4 – Rechteck

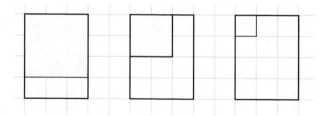

Zur Sache (Anzahl der Quadrate)

Mit den Beispielen wurde bereits deutlich, dass das $n \times (n+1)$ – Problem durch die Zahl

$$1 \cdot 2 + 2 \cdot 3 + \cdots + (n-1) \cdot n + n \cdot (n+1)$$

gelöst wird. Den jeweils zweiten Faktor eines Summanden in dieser Summe bekommt man aus dem ersten Faktor durch Addition von 1:

$$1 \cdot (1+1) + 2 \cdot (2+1) + \ldots + (n-1) \cdot [(n-1)+1] + n \cdot (n+1) \,.$$

Wir formen diese Summe mithilfe des Distributivgesetzes um und fassen dann zusammen:

$$1^2 + 1 + 2^2 + 2 + \ldots + (n-1)^2 + (n-1) + n^2 + n = \sum_{i=1}^{n} i^2 + \sum_{i=1}^{n} i$$

$$= \frac{n(n+1)(2n+1)}{6} + \frac{n(n+1)}{2} = \ldots = \frac{n(n+1)(n+2)}{3} \,.$$

Die beiden Summenformeln werden in Kap. 27 ausführlich behandelt. ◄

Wie bereits erwähnt, auch in den Bildungsstandards für die allgemeine Hochschulreife spielen Anforderungsbereiche eine wichtige Rolle. Konkret definiert werden sie im Zusammenhang mit Prüfungsaufgaben. Das ist der Wortlaut, der dort verwendet wird [99, S. 27]:

- Anforderungsbereich I umfasst das Wiedergeben von Sachverhalten und Kenntnissen im gelernten Zusammenhang, die Verständnissicherung sowie das Anwenden und Beschreiben geübter Arbeitstechniken und Verfahren.
- Anforderungsbereich II umfasst das selbstständige Auswählen, Anordnen, Verarbeiten, Erklären und Darstellen bekannter Sachverhalte unter vorgegebenen Gesichtspunkten in einem durch Übung bekannten Zusammenhang und das selbstständige Übertragen und Anwenden des Gelernten auf vergleichbare neue Zusammenhänge und Sachverhalte.
- Anforderungsbereich III umfasst das Verarbeiten komplexer Sachverhalte mit dem Ziel, zu selbstständigen Lösungen, Gestaltungen oder Deutungen, Folgerungen, Verallgemeinerungen, Begründungen und Wertungen zu gelangen. Dabei wählen die Schülerinnen

und Schüler selbstständig geeignete Arbeitstechniken und Verfahren zur Bewältigung der Aufgabe, wenden sie auf eine neue Problemstellung an und reflektieren das eigene Vorgehen.

Anforderungsbereiche und Kompetenzstufen sind keinesfalls das Gleiche, das wurde weiter vorne im Kapitel schon einmal kurz angesprochen. Es versteht sich von selbst, dass es nicht möglich ist, Aufgaben aus der theoretischen Perspektive heraus eindeutig einer Kompetenzstufe zuzuordnen. Im Hinblick auf das Testen muss man sich auf empirische Ergebnisse verlassen, die dann eine Einordnung (im Vergleich mit anderen Aufgaben) ermöglichen. Das bedeutet nicht, dass es Aufgaben gibt, die für alle Schülerinnen und Schüler und zu jedem Zeitpunkt gleichermaßen schwierig sind. Für die Unterrichtspraxis kann eine Aufgabe mit sehr unterschiedlichen Anforderungen verbunden sein, wenn sie an unterschiedlichen Stellen im Unterrichtsgang eingesetzt wird.

Ganz besonders vorsichtig sollte man entsprechend auch bei der Verknüpfung zwischen Anforderungsbereichen und Schwierigkeitsgrad vorgehen. Die folgende eher technische Aufgabe soll die Problematik verdeutlichen.

Beispiel (Ableitungsregeln)

Wir gehen von der folgenden Aufgabe aus. Berechne die Ableitung zu folgender reellen Funktion:

$$f(x) = x^3 \cdot \frac{A}{e^{kx} - 1} \, .$$

Diese Aufgabe ist zweifellos schwer, kann aber nicht in Anforderungsbereich III eingeordnet werden, bei dem etwa die Selbstständigkeit einer Leistung oder das Reflektieren der Lösung wichtige Elemente sind. Es müssen lediglich die Differenziationsregeln angewendet werden, zugegebenermaßen in einem anspruchsvollen Fall[2]. Anforderungsbereich III würde angesprochen, wenn nach den Nullstellen der Ableitung gefragt würde und somit das Problemlösen angesprochen wäre. Aber diese Aufgabenstellung führt zu einer transzendenten Gleichung und kann auf Schulniveau nur mit Näherungsverfahren oder einem Computer-Algebra-System (CAS) behandelt werden.

---

[2]Wir legen Wert auf die Feststellung, dass diese Funktion nicht zu dem Zweck konstruiert wurde, eine möglichst komplizierte Aufgabe zu erzeugen: Es handelt sich um das Planck'sche Strahlungsgesetz, dessen Ableitung zum Wien'schen Verschiebungsgesetz führt.

Für eine Differenzierung kann ansonsten auch die in [19] beschriebene Kategorisierung von Aufgaben im Ländervergleich genutzt werden. Die Autoren beschreiben sowohl Kompetenzen zu den einzelnen Leitideen der Bildungsstandards als auch ein so genanntes Globalmodell der mathematischen Kompetenz. Sie weisen außerdem Optimalstandards, Regelstandards und Minimalstandards aus und illustrieren sie mit Beispielen. Zu den minimalen Anforderungen für den mittleren Schulabschluss gehören beispielsweise die Grundaufgaben des Prozentrechnens oder die Durchführung einfacher geometrischer Konstruktionen. Der Regelstandard gilt als erfüllt, wenn etwa einschrittige Operationen mit Variablen, Termen, Gleichungen und Funktionen ausgeführt oder einfache Argumentationen korrekt gegeben werden. Die Beschreibungen haben eine empirische Basis durch Lösungen entsprechender Aufgaben von Schülerinnen und Schülern in Deutschland.

Teil VIII
Aufgaben im Mathematikunterricht

*Gott ist ein Kind, und als er zu spielen begann, trieb er
Mathematik. Sie ist die göttlichste Spielerei unter den Menschen.*

Vinzenz Erath (1906–1976)

*Aufgaben spielen eine wesentliche Rolle in der Unterrichtspraxis. Man könnte sogar
überspitzt formulieren, dass der übliche Mathematikunterricht nichts anderes als die
Bearbeitung einer Folge von Aufgaben ist. Sie dienen sowohl der Veranschaulichung
abstrakter Zusammenhänge als auch dem reproduzierenden Üben und sind Grundlage
für Diagnose und Leistungsbewertung. Im Unterricht kommt es nun sehr darauf an,
welche Aufgaben mit welchem Ziel eingesetzt werden. Wir werden in diesem Kapitel die
Schwerpunkte auf das Potenzial von Aufgaben für die individuelle Kompetenzentwicklung,
Möglichkeiten der Differenzierung mit Aufgaben und die Rolle der Implementierung von
Aufgaben im Unterricht legen. Ein zentraler Aspekt wird der Bezug zu den allgemeinen
Kompetenzen im Sinne der Bildungsstandards sein. Im Gegensatz zu einer reinen
„Aufgabendidaktik" wird hier der Standpunkt vertreten, dass es nicht primär um die
Frage geht, welche Aufgaben zum Thema passen, sondern vielmehr darum, mit welchen
Aufgaben angestrebte Kompetenzen erreicht werden können.*

Der Mathematikunterricht ist ganz wesentlich mit dem Lösen von Aufgaben verbunden.
Das können die so genannten Rechenpäckchen sein, mit denen die Grundrechenarten
geübt werden, das können Problemaufgaben in der Geometrie sein, die zumindest
ansatzweise als Beweise zu werten sind, das können Sach- bzw. Modellierungsaufgaben
sein, die Anwendungen erfahrbar machen. Die Liste ist selbstverständlich nicht
erschöpfend, sie zeigt aber, dass Aufgaben ganz vielfältige Rollen im Unterricht
spielen können. Aus einer didaktischen Perspektive heraus ist es wesentlich, sich diese
Funktionen bewusst zu machen und so den Gehalt von Aufgaben sinnvoll auszuschöpfen.
Mathematisches Arbeiten bedeutet in jedem Fall, eigene Aktivität zu zeigen, was in der
Schule schlicht heißen kann, geeignete Aufgaben zu lösen.

Das Potenzial von Aufgaben

Bei einer *Aufgabe* im Mathematikunterricht handelt es sich im Wesentlichen um die Aufforderung, sich mit einem problemhaltigen (und selbstverständlich mathematikhaltigen) Thema zu beschäftigen. Das Thema ist zumeist eng begrenzt und so in einem überschaubaren Zeitrahmen erfolgreich zu bearbeiten. Aufgaben dieser Art sind ein Kern des Unterrichts, weil sie ein großes Potenzial für die vielfältigen Arbeitsbereiche der Mathematik haben. Zunächst kann man Aufgaben einsetzen, um das Üben von Inhalten zu initiieren. Man kann sie aber auch verwenden, um mathematische Begriffe einzuführen, Zusammenhänge zu erarbeiten, Problemlösestrategien zu erwerben, oder Inhalte zu erweitern bzw. zu vertiefen. Für den mathematischen Kompetenzerwerb sind Aufgaben unverzichtbar. Das gilt insbesondere für Aufgaben, die geeignet sind, nicht nur die Entwicklung inhaltlicher, sondern auch die Entwicklung prozessbezogener mathematischer Kompetenzen im Sinne der Bildungsstandards (vgl. Teil VII; [96]) bei den Schülerinnen und Schülern zu unterstützen.

Es steht außer Frage, dass es im Mathematikunterricht (wie in jedem Fachunterricht) ab und an ganz einfache Übungssituationen gibt (siehe S. 163). Wenn man etwa die Regeln für die Multiplikation von Brüchen erarbeitet hat, dann kann man entsprechende Aufgaben rechnen lassen: $\frac{1}{3} \cdot \frac{2}{5}$, $\frac{2}{7} \cdot \frac{3}{8}$, $\frac{1}{6} \cdot \frac{1}{5}$. In der Mathematikdidaktik ist allerdings umstritten, ob solche eher beliebig zusammengestellten Aufgabenreihen ihren Zweck ausreichend erfüllen. Man weiß die Lösung oder man weiß sie nicht, ein Erkenntnisgewinn wird von diesen Sequenzen eher nicht ausgehen. An eine *gute* Mathematikaufgabe wird man die Forderung stellen, dass mit der Lösung ein Mehr an Wissen und Kompetenz verbunden ist. Was aber kennzeichnet eine solche gute Aufgabe?

Aufgabe (Bruchdivision)

Betrachten Sie die folgende Aufgabensequenz: $\frac{4}{5} : 4$, $\frac{4}{5} : 2$, $\frac{4}{5} : 1$, $\frac{4}{5} : \frac{1}{2}$, $\frac{4}{5} : \frac{1}{4}$. Welcher Erkenntnisgewinn könnte mit einer Bearbeitung verbunden sein? □

© Der/die Autor(en), exklusiv lizenziert durch Springer Nature Switzerland AG 2021
K. Reiss und C. Hammer, *Grundlagen der Mathematikdidaktik*, Mathematik Kompakt,
https://doi.org/10.1007/978-3-030-65429-0_27

Es gibt zwar keine Liste, auf der man die Kriterien für eine gute Aufgabe einfach abhaken kann, aber die Bildungsstandards geben durchaus eine erste Leitlinie für die Beurteilung. Sie betonen weniger den Wissenszuwachs, sondern sehen den Kompetenzerwerb als ein Ziel von Schule an. Man kann daraus ableiten, dass gute Aufgaben sich an diesen Kompetenzen orientieren. Sie sollten also ganz wesentlich geeignet sein, sowohl inhaltliche als auch allgemeine mathematische Kompetenzen zu fördern. Es geht insbesondere nicht nur um den Aufbau von Faktenwissen, sondern auch um den Erwerb von Handlungswissen darüber, wie mit Fakten umgegangen werden kann. Dies führt zu einem zweiten Kriterium für eine gute Aufgabe, nämlich zu ihrer Einbettung in einen geeigneten und möglichst authentischen Anwendungskontext. Der Term $\frac{1}{4} \cdot \frac{1}{2}$ könnte – etwas langweilig – eine Aufforderung zum Rechnen sein. In einem geeigneten Zusammenhang kann er aber auch als Bruchteil einer Größe oder als eine zentrische Streckung interpretiert werden und genauso bei einer Kurvendiskussion in der Analysis auftreten. Es ist sicherlich unmittelbar einsichtig, dass eine gute Aufgabe auch eine gewisse Herausforderung darstellen muss, denn nur so findet sinnvolles Lernen statt (z. B. [38]). Zu einer guten Aufgabe gehört somit ein angemessener Schwierigkeitsgrad. Nun kann offensichtlich die Schwierigkeit einer Aufgabe individuell sehr unterschiedlich gesehen werden. Formulieren wir es also allgemeiner: Zu einer guten Aufgabenserie gehört eine wohlüberlegte Staffelung der Schwierigkeiten, die eine interindividuelle Differenzierung innerhalb der Klasse, aber auch eine intraindividuelle Differenzierung im Hinblick auf einzelne Schülerinnen oder Schüler erlaubt. Beispiele dazu haben wir übrigens schon ausführlich im Teil VII betrachtet und noch mehr Beispiele findet man in [18].

Differenzierung

Nicht alle Schülerinnen und Schüler einer Klasse haben die gleichen Voraussetzungen, Möglichkeiten und Interessen. Der fördernde Umgang mit dieser Heterogenität stellt eine wesentliche Herausforderung für erfolgreichen Unterricht dar. Dabei geht es hier nicht um Differenzierung durch äußere Maßnahmen, sondern um die so genannte „innere Differenzierung", bei der sich das Lernangebot an *alle* Schülerinnen und Schüler richtet.

Das Potenzial einer Aufgabenstellung sollte daher auch unter dem Aspekt betrachtet werden, welche Differenzierungsmöglichkeiten sie enthält. Im Idealfall bietet eine Folge von Aufgaben jeder Schülerin und jedem Schüler eine anspruchsvolle Herausforderung. Insbesondere sollte schwächeren Lernenden ein Einstieg ermöglicht werden, und leistungsstarke Lernende sollten sich mit entsprechend gehaltvollen Problemen auseinandersetzen. Ganz elegant wird es, wenn eine einzelne Problemstellung beiden Kriterien genügt, sodass dann manchmal von „natürlicher" Differenzierung gesprochen wird [94]. Die folgenden Beispiele zeigen, wie es gehen kann. Wir starten mit einer Aufgabe, die bereits Grundschulkinder bearbeiten können, nehmen dann ein Standardproblem der Sekundarstufe in den Blick und schließen eine etwas spezielle Aufgabenstellung an, die propädeutisch Ideen der Analysis aufgreift. Alle drei Beispiele haben eine niedrige Einstiegshürde und ermöglichen ein mathematisch gehaltvolles Weiterarbeiten (vgl. S. 169).

Beispiele (Differenzierung)

1. Das erste Beispiel kann als einfache Additionsübung im Zahlenraum bis 50 gesehen werden, bietet aber darüber hinaus schöne Entdeckungsmöglichkeiten (Abb. 27.1).

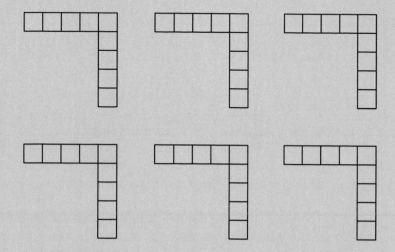

Abb. 27.1 Gleiche Summen

i. Schreibe die Zahlen von 1 bis 9 so in die Kästchen, dass die Summe der beiden Reihen jeweils den selben Wert hat. Du hast Vorlagen für mehrere Versuche.
ii. Findest du noch andere Möglichkeiten?
iii. Hast du *alle* Möglichkeiten gefunden? Kannst du begründen, warum es alle sind?

Der spontane Gedanke, die Zahlen geschickt der Größe nach zu verteilen, führt sofort zu einer Lösung – die „Eckzahl" ist 9, wenn man bei 1 begonnen hat. Durch Umordnen erhält man „andere Möglichkeiten", aber gibt es auch *wesentlich* andere? Hier hilft die Überlegung, welche Zahlen als Eckzahlen in Frage kommen und damit kann auch die dritte Frage beantwortet werden.

2. Mit Streichhölzern lassen sich interessante Aufgaben darstellen. Es werden regelmäßige Muster gelegt, wobei man jeweils der Frage nachgeht, wie viele Streichhölzer dafür nötig sind siehe z. B. Abb. 27.2.

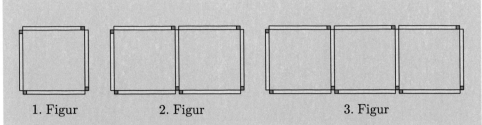

1. Figur   2. Figur   3. Figur

Abb. 27.2 Muster mit Streichhölzern

i. Vervollständige folgende Tabelle:

Nummer der Figur	1	2	3	4	5
Anzahl der Hölzchen	4	7			

ii. Wie viele Quadrate kann man mit 49 Streichhölzern legen?

iii. Stelle einen Term für die Anzahl der benötigten Streichhölzer auf, wenn n die Anzahl der Quadrate angibt.

iv. Lege mit Streichhölzern eine Figurenkette mit einer anderen Form und formuliere einen dazu passenden Term.

Auch hier gibt es einen einfachen Einstieg, indem man die Hölzchen schlicht zählt. Die dritte Figur ist in Abb. 27.2 noch dargestellt und die weiteren kann man legen, zeichnen oder sich vorstellen. Mit solchen Beispielen wird deutlich, wozu Terme gut sind: Man muss nur einmal überlegen und hat damit alle Fälle geklärt. Die Variablen haben eine konkrete Bedeutung (hier die Nummer der Figur bzw. die Anzahl der Quadrate), was den Einstieg in die Algebra erleichtert.

3. Pyramide

Mit dem dritten Beispiel soll aufgezeigt werden, wie man – exemplarisch für die Pyramide – Verständnis für den Volumenbegriff unterstützen und Ideen der Analysis vorbereiten kann. Um den formalen Aufwand gering zu halten, wird ein Sonderfall betrachtet. Die grundlegenden Ideen sind jedoch anschlussfähig und lassen sich verallgemeinern.

Gegeben ist eine senkrechte (manchmal auch als „gerade" bezeichnete) quadratische Pyramide. Die Seitenlänge des Quadrats der Grundfläche ist $s = 5$ cm, die Höhe ist $h = 5$ cm. Wie viele Einheitswürfel mit 1 cm^3 passen in die Pyramide?

Bei dieser Aufgabe geht es um die Anzahl der Einheitswürfel, die man lückenlos in der Pyramide unterbringen kann und damit um das Prinzip des Messens. Es gibt hier eine einfache, handlungsorientierte Einstiegsmöglichkeit: Man kann eine Pyramide mit den angegebenen Maßen basteln. Dabei genügt der Mantel, wozu man die Länge der Seitenkante kennen muss. Dies ist eine Anwendung des Satzes von Pythagoras. Die Lehrerin oder der Lehrer kann auch einen Näherungswert vorgeben und damit die Komplexität reduzieren.

Man schichtet die Einheitswürfel aufeinander, prüft, ob sie mit dem Mantel genau abgedeckt werden können und zählt sie anschließend. In die Pyramide passen $4^2 + 3^2 + 2^2 + 1^2 = 30$ Einheitswürfel (vgl. Abb. 27.3).

Es können sich verschiedene interessante Fragen anschließen, die immer höhere Anforderungen stellen und mit jeweils etwas mehr mathematischer Theorie lösbar sind.

i. Mit diesem Vorgehen bekommt man eine Abschätzung „nach unten", also eine Maßzahl, die sicherlich unterhalb des wahren Volumens liegt. Gibt es auch eine sinnvolle Abschätzung „nach oben"?

In Analogie zur Integralrechnung lässt sich zur bereits berechneten „Untersumme" die entsprechende „Obersumme" $5^2 + 4^2 + 3^2 + 2^2 + 1^2 = 55$ (vgl. Abb. 27.4) ermitteln. Der Mittelwert $\frac{30+55}{2} = 42,5$ weicht nur um $2\,\%$ vom Formelwert ab.

Abb. 27.3 Pyramidenvolumen (Untersumme)

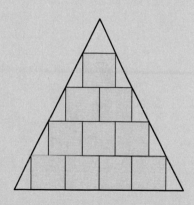

Abb. 27.4 Pyramidenvolumen (Obersumme)

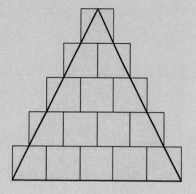

An dieser Stelle könnte nun die Behandlung des Beispiels enden. Wir haben die Idee der Volumenmessung umgesetzt, nämlich die Frage nach der Anzahl der Einheitswürfel geklärt, die in die Pyramide passen. Das Beispiel kann aber noch wesentlich weiter genutzt werden, wobei die Schülerinnen und Schüler dann sogar auf Konzepte der Oberstufenmathematik kommen können:

ii. Was passiert, wenn man das Raster verfeinert, also kleinere Würfel zum Ausfüllen verwendet? Hier kommt die Grundidee der Infinitesimalrechnung propädeutisch zum Zug: Es sind bessere Werte zu erwarten, wenn man kleinere Einheitswürfel verwendet. Für Würfel mit 1 mm Kantenlänge (also $\frac{1}{1000}$ cm^3) ergibt sich als Untersumme $49^2 + 48^2 + ... + 1^2 = 40.425$. Der Mittelwert zwischen Unter- und Obersumme (42.925) beträgt 41.675 und weicht nur 0,02 % vom Formelergebnis ab.

iii. Kann man mit dieser Idee die Formel für das Pyramidenvolumen bestimmen? Obwohl das nicht ganz einfach ist und im regulären Unterricht vielleicht keinen Platz finden wird, soll hier die Herleitung der Volumenformel skizziert werden, damit die Anschlussfähigkeit der Idee deutlich wird: Um eine infinitesimale Verfeinerung der Würfelabmessungen zu ermöglichen, teilen wir die Länge h der Pyramidenhöhe in n gleich große Teile und wählen einen solchen Teil als Länge der Würfelkante k, also $k = \frac{h}{n}$. Dann passen $(n-1)^2$ Würfel auf die Grundfläche der Pyramide und es gibt darüber $n-1$ quadratische Schichten mit immer weniger Würfeln. Insgesamt ergibt sich also – von oben nach unten gezählt – mit der Summenformel für die aufeinander folgenden Quadratzahlen (einen präformalen Beweis dazu gibt es in „Zur Sache"):

$$\sum_{i=1}^{n-1} i^2 = \frac{(n-1) \cdot n \cdot (2n-1)}{6}$$

Jeder Würfel hat das Volumen $k^3 = (\frac{h}{n})^3$, alle zusammen also:

$$V_{\text{alle Würfel}} = \left(\frac{h}{n}\right)^3 \cdot \frac{(n-1) \cdot n \cdot (2n-1)}{6}$$

$$= \frac{2n^3 - 3n^2 + n}{6n^3} \cdot h^3 = \frac{1}{3} \cdot h^3 + \left(\frac{-1}{2n} + \frac{1}{6n^2}\right) \cdot h^3$$

$$V_{\text{Pyramide}} = \lim_{n \to \infty} V_{\text{alle Würfel}} = \frac{1}{3} \cdot h^3 = \frac{1}{3} \cdot G \cdot h$$

Streng genommen müsste man diese Rechnung auch für die Obersumme durchführen, aber das sparen wir uns, der Unterschied besteht ja nur in der Obergrenze der Summation. Um den allgemeinen Fall (beliebige Form und beliebige Abmessungen der Pyramide) zu behandeln, muss man sich von den Würfeln lösen und Prismen „Scheibchen" in die Pyramide einpassen, deren Abmessungen mit dem Strahlensatz untereinander in Zusammenhang gebracht werden können. Es sei noch einmal betont, dass die Bestimmung des Volumens mit der Grundidee des Messens das Verständnis für den Volumenbegriff sicherlich gut unterstützt und dabei hilft, bloßes Formelkalkül zu vermeiden.

Die vielfältigen Differenzierungsmöglichkeiten vom handlungsorientierten Einstieg bis zur Verallgemeinerung stellen unterschiedliche Anforderungen an die Schülerinnen und Schüler. Gemeinsam ist ihnen, dass Exploration möglich ist und zur Lösung führt. ☐

Zur Sache (Summenformeln)

Summenformeln sind beliebte Übungsobjekte im Studium und vor allem dann, wenn es um ihren Beweis geht. Warum sich eine bestimmte Vereinfachung einer Summe anbietet, wird häufig nicht thematisiert. Aber Formeln fallen in der Regel nicht vom Himmel. So gibt es insbesondere für die folgenden zwei Fälle einfache Begründungen, die wir als Vorüberlegungen benötigen:

1. Welche Summe ergibt sich, wenn man (beginnend mit 1) die ersten n aufeinander folgenden natürlichen Zahlen addiert („Problem des kleinen Gauß")?
2. Welche Summe ergibt sich, wenn man (wiederum beginnend mit 1) die ersten n aufeinander folgenden ungeraden Zahlen addiert?

Es gilt: $\sum_{i=1}^{n} i = \frac{n \cdot (n+1)}{2}$. Dies kann man anhand folgender Bilder schnell einsehen. Die gesuchte Summe $1 + 2 + 3 + 4$ ist die Anzahl der Punkte in Abb. 27.5, die man durch Verdopplung (Abb. 27.6) leicht ermitteln kann. Es ergibt sich $\frac{4 \cdot 5}{2}$.

Die zweite Frage wurde bereits auf Seite S. 76 beantwortet (und ist dort ebenso schön bildlich dargestellt). Es gilt: $\sum_{i=1}^{n} (2i - 1) = n^2$ ◄

Abb. 27.5 Fortlaufende Summe der natürlichen Zahlen

Abb. 27.6 Verdopplung

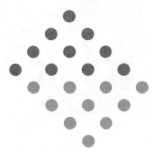

Auf Beweise durch vollständige Induktion, die im universitären Kontext aus guten Gründen eine wichtige Rolle spielen, wird hier und im folgenden Fall verzichtet und das, obwohl sie relativ einfach wären. Sie spielen im Mathematikunterricht kaum (mehr) eine Rolle. Deshalb sind anschauliche Begründungen zur Förderung der Kompetenz „Mathematisch Argumentieren“ (vgl. Teil VII) so bedeutsam. Allerdings müssen gute Veranschaulichungen die mathematischen Grundideen transportieren, was nicht immer trivial ist.

Zur Sache (Präformaler Beweis der Summenformel)

Wir möchten nun die Formel für die fortlaufende Summe der Quadratzahlen entwickeln. In Abb. 27.7 sind die ersten fünf Quadratzahlen als Summe ungerader Zahlen dargestellt, was wegen der zweiten Vorüberlegung möglich ist. In diesem „Dreieck“ befinden sich wegen der ersten Vorüberlegung $1 + 2 + 3 + 4 + 5 = \frac{5 \cdot 6}{2} = 15$ Zahlen.

Abb. 27.7 Quadratzahlen als Summe ungerader Zahlen

				9
			7	7
		5	5	5
	3	3	3	3
1	1	1	1	1
1^2	2^2	3^2	4^2	5^2

Wir schreiben das „Dreieck“ drei Mal in verschiedenen Anordnungen auf und addieren die drei Zahlen, die sich an einer bestimmten Position in jeweils einem der Dreiecke befinden (Abb. 27.8):

				9				
			7		7			
		5		5		5		
	3		3		3		3	
1		1		1		1		1

				1				
			3		1			
		5		3		1		
	7		5		3		1	
9		7		5		3		1

				1				
			1		3			
		1		3		5		
	1		3		5		7	
1		3		5		7		9

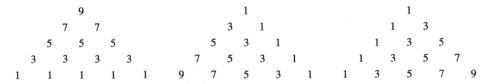

Abb. 27.8 Das Zahlendreieck in drei verschiedenen Anordnungen

Es ist erstaunlich, dass sich für diese 15 Summen immer der gleiche Wert ergibt. Es ist also z. B. $9 + 1 + 1 = 7 + 3 + 1 = 5 + 5 + 1 = \ldots = 1 + 1 + 9 = 11$ (Abb. 27.9).

Abb. 27.9 Die dreifache
Summe

$$
\begin{array}{ccccc}
 & & 11 & & \\
 & 11 & & 11 & \\
 & 11 & 11 & 11 & \\
11 & 11 & 11 & 11 & \\
11 & 11 & 11 & 11 & 11 \\
\end{array}
$$

Im hier gewählten Beispiel gilt also wegen der drei Dreiecksanordnungen und der 15 übereinstimmenden Summen: $3 \cdot (1^2 + 2^2 + 3^2 + 4^2 + 5^2) = 11 \cdot 15 = 165$. Die gesuchte Summe ist also $\frac{165}{3} = 55$.

Nun wollen wir uns vom konkreten Zahlenbeispiel lösen und wissen schon, dass bei n Summanden in der gesuchten Summe der Quadratzahlen $\frac{n \cdot (n+1)}{2}$ Zahlen in den Dreiecksanordnungen stehen. Es fehlen also noch die Zahlen, die sich im „Summendreieck" befinden. Hier hilft folgende Überlegung: Die in Abb. 27.8 in der Mitte und rechts gezeigten Dreiecke sind symmetrisch, deshalb bekommt man in der i-ten Zeile der Summe dieser beiden Dreiecke an jeder Position $2 \cdot i$. Im Ausgangsdreieck steht in der i-ten Zeile jeweils $2(n - i) + 1$. Damit ergibt sich an jeder Stelle der Summe aller drei Dreiecke $2 \cdot i + 2(n - i) + 1 = 2n + 1$. Das kann man nun so zusammenfassen:

$$
3 \cdot \sum_{i=1}^{n} i^2 = \underbrace{\frac{n \cdot (n+1)}{2}}_{\text{Anzahl der Positionen in den Dreiecken}} \cdot \underbrace{(2n+1)}_{\text{Summe an jeder Position}} \quad \Rightarrow \quad \sum_{i=1}^{n} i^2 = \frac{n \cdot (n+1) \cdot (2n+1)}{6}.
$$

Wir bekommen also die Formel, die man so in vielen Mathematikbüchern findet, wenn es um das Üben des Beweisens durch vollständige Induktion geht. Natürlich ist Üben wichtig. Wichtiger für mathematisches Arbeiten ist es allerdings zu wissen, was man tut und warum eine Aussage gilt – nicht nur, dass sie gilt. ◄

Differenzieren ist sicherlich eine wichtige Grundlage für guten Unterricht und kann auf der Grundlage geeigneter Aufgaben auch „alltagstauglich" sein, wie Bruder[1] und Reibold es formulieren [21]. In dem Beitrag finden sich auch weitere Anregungen für die praktische Umsetzung einer aufgabenorientierten Differenzierung.

Alltagsbezug und Authentizität

Mathematik begegnet uns täglich und überall (vgl. Teil I). Das ist leicht gesagt und niemand wird ernsthaft widersprechen. Fraglich ist nur, welche Rolle die Alltagstauglichkeit der Mathematik im Unterricht haben kann und wie authentisch die gewählten Beispiele

---

[1] Regina Bruder, *1953, ist eine Mathematikdidaktikerin, die an der Universität Darmstadt tätig war. Bekannt ist sie ganz besonders für ihre Beiträge zu Aufgaben und zum Problemlösen.

tatsächlich sind. Es ist natürlich ein wesentliches Ziel des Unterrichts, Schülerinnen und Schüler *in die Lage zu versetzen,* Sachprobleme mathematisch zu bearbeiten und zu lösen. Entsprechend wichtig ist es, der Ausbildung von Modellierungskompetenz (im Sinn der Bildungsstandards) genügend Aufmerksamkeit zu schenken.

Dabei kommt es insbesondere darauf an, reale Situationen zu finden, die mit schulischen Mitteln mathematisch modelliert werden können, sodass *realitätsnahe* Aufgaben abgeleitet werden können. Ganz einfach ist es nbicht, entsprechende authentische Alltagsprobleme mit angemessenem mathematischen Gehalt zu finden. In der didaktischen Diskussion unterscheidet man daher zunächst in einer klassischen Sichtweise ([52]) zwischen *eingekleideten Aufgaben, Textaufgaben* und *Sachaufgaben* ([134]). Bei Einkleidungen und Textaufgaben geht es nicht um authentische Sachprobleme, sondern um mehr oder weniger konstruierte, in Textform präsentierte Situationen. Sie dienen der Anwendung und Übung von Fertigkeiten und Begriffen bzw. der Förderung der Fähigkeit, einen Text zu mathematisieren. Solche Aufgaben gehen nicht von einem realen Kontext aus, sondern sollen bestimmte mathematische Aktivitäten initiiereren und werden aus diesem Blickwinkel konstruiert. Folgendes Beispiel beschreibt hingegen eine authentische Situation und kann deshalb nach der genannten Kategorisierung als „Sachaufgabe" bezeichnet werden:

Beispiel (Wochenkarte)
Thomas wohnt in Landshut und arbeitet in München. Er nutzt für seine Fahrten zwischen Wohnung und Arbeitsplatz die Bahn. Die Wochenkarte kostet 87,90 Euro, eine einzelne Rückfahrkarte kostet 34,60 Euro. Eine Bahncard 25 kostet 54,60 Euro, eine Bahncard 50 kostet 224,70 Euro[2]. Beide sind ein Jahr lang gültig.
1. Ab wie vielen Fahrten lohnt sich die Wochenkarte?
2. Könnte die Anschaffung einer Bahncard für Thomas sinnvoll sein?
3. Welche Argumente wären in einem Beratungsgespräch zu nennen?

                                                                                    ☐

Aufgaben dieser Art entwickeln ihren Reiz unter anderem durch die unvollständigen Angaben. Wie viele Arbeitswochen hat ein Jahr? Wie viele Feiertage gibt es? Entsprechende Diskussionen betreffen zunächst also eher das reale Modell als die mathematische Umsetzung. Selbstverständlich kann der Grad der Offenheit durch Präzisierung der Angaben und ergänzende Informationen gesteuert werden.

---

[2]Unvermeidlich ist, dass Bücher einen Redaktionsschluss haben, also auch dieses. Die Preise sind Stand Juli 2020 und müssten im Unterricht ggf. angepasst werden.

Zur Sache (Wochenkarte)

Es ist üblich, von 45 Arbeitswochen pro Jahr auszugehen. Die insgesamt 52 Wochen werden um 2 wegen der Feiertage und um 5 wegen Urlaub reduziert. Eine Wochenkarte kostet 87,90 €. Die Bahncard ist jedoch ein ganzes Jahr gültig und kostet umgerechnet auf eine Arbeitswoche 54,60 € : 45 = 1,22 € (BC 25) oder 224,70 € : 45 = 5,00 € (BC 50). Die fünf Rückfahrkarten kosten dann 5 · 34,60 € · 75 % = 129,75 € mit BC 25 bzw. 5 · 34,60 € · 50 % = 86,50 € mit BC 50. Nun ist der Vergleich möglich:

Wochenkarte: 87, 90 €
BC 25:   129, 75 € + 1, 22 € = 130, 97 €
BC 50:   86, 50 € + 5, 00 € = 91, 50 €

Zwar sind die Fahrtkosten mit BC 50 ein wenig höher als mit Wochenkarte, wegen der Verwendbarkeit im ganzen Jahr und auch auf anderen Strecken kann es trotzdem ein erheblicher Vorteil sein, sie zu kaufen. ◄

Aufgabe (Alltagsbezug) Kennen Sie eine „schöne" Mathematikaufgabe mit authentischem Alltagsbezug? Warum gefällt Ihnen diese Aufgabe? ☐

Auch beim Blick in eine Tageszeitung findet man zahlreiche mathematische Bezüge, die im Unterricht diskutiert werden können. Anknüpfungspunkte sind hier nicht selten irreführende grafische Darstellungen (etwa durch die Einteilung der Achsen in einem Diagramm) oder auch wirkliche Fehler. So schrieb die Süddeutsche Zeitung am 18. Juli 2011, dass zwischen Bonn und Berlin jährlich 750 Mio. Tonnen Aktenmaterial transportiert werden und korrigierte diese Zahl ein paar Tage später zu 750 t. Das Beispiel ist bestens geeignet, um quantitative und qualitative Aspekte der Orientierung in einem großen Zahlenraum zu thematisieren (und viele solche Beispiele findet man in [70]). Schließlich soll nach den Überlegungen zur Nützlichkeit von Mathematik im Alltag und der Anregung, Anknüpfungspunkte in Zeitungsmeldungen zu suchen, noch ein dritter Gedanke zum Thema Anwendungsorientierung angesprochen werden. Speziell in der Geometrie gibt es viele Gelegenheiten, mathematische Verfahren nicht nur in Aufgaben kennenzulernen, sondern sie konkret umzusetzen. Das beschränkt sich nicht nur auf die bekannten Fälle im Zusammenhang mit Messungen von Flächeninhalten und Volumina (etwa das Beispiel „Pyramidenvolumen" auf S. 152), sondern kann durch Projekte im Gelände sinnvoll ergänzt werden.

Im Zusammenhang mit der zentrischen Streckung wird häufig der so genannte „Jakobsstab" behandelt. Der Jakobsstab besteht aus einem Basisstock und einem senkrecht dazu angebrachten beweglichen Querholz. Man peilt markante Punkte z. B. im Gelände an und verschiebt dabei das Querholz so, dass dessen Enden mit diesen Punkten auf einer Sehlinie liegen. Nun kann über den Tangens der Winkel bestimmt oder (ergänzt durch eine Entfernungsmessung) mit dem Strahlensatz der Abstand zwischen den Punkten ermittelt werden, sofern deren Verbindungsstrecke (einigermaßen) parallel zum Querholz liegt.

Es wäre schade, wenn es bei der Theorie bliebe. In der Dreieckslehre kann durch konkrete Bestimmung von Winkeln und Streckenlängen Landvermessung durchgeführt werden und zwar sowohl im Zusammenhang mit den Ähnlichkeitssätzen als auch in der Trigonometrie (Sinussatz, vgl. Teil VI, S. 122). Einschlägige Aufgaben wirken oft gekünstelt und theoretisch, warum sollte man nicht Mathematik mit den Anwendungen treiben, für die sie entwickelt wurde?

Einsatz von Aufgaben im Unterricht

Ob das Potenzial einer Aufgabe tatsächlich wirksam wird, hängt wesentlich davon ab, wie sie formuliert ist und an welcher Stelle sie im Unterrichtsgeschehen eingesetzt wird. Bei der Bearbeitung kommt es zudem darauf an, welche Vorkenntnisse verfügbar sind und welche Hilfen die Lehrkraft gibt bzw. zulässt. Anhand einiger Beispiele sollen diese Aspekte zumindest kurz angesprochen werden.

Formulierung

Wir wollen zwei Dimensionen der Formulierung einer Aufgabe betrachten. Es geht dabei zum einen um die Offenheit und zum anderen um die Gliederung in sinnvolle Einzelschritte. Je nach Zielsetzung kann ein Beispiel dann ganz unterschiedlich aussehen.

Beispiele (Formulierung)

- *Art der Formulierung*
  Geschlossene Formulierung: Berechne $(2^3)^4$.
  Offene Formulierung: Gib einen Term mit den Zahlen 2, 3 und 4 an, der einen möglichst großen Wert hat.

Die geschlossene Formulierung ist eine Rechenaufgabe, die den Griff zum Taschenrechner nahelegt, während die offene einen explorativen Aspekt enthält und inhaltlich weiter geht, insbesondere weil der Unterschied zwischen $(2^3)^4$ und 2^{3^4} für die Lösung relevant ist. Es gibt sehr viele Möglichkeiten, Aufgaben offen zu gestalten. Grundsätzlich lässt sich jeder der drei folgenden Parameter einzeln oder in Kombination variieren:

K. Reiss und C. Hammer, *Grundlagen der Mathematikdidaktik,* Mathematik Kompakt,
https://doi.org/10.1007/978-3-030-65429-0_28

- *Vollständigkeit der Angaben*
  „Im Klassenzimmer soll ein Faden mit maximaler Länge geradlinig gespannt werden" (diese Formulierung ersetzt die Standardaufgabe „Ein Zimmer ist 6 m lang, 4 m breit und 3 m hoch. Berechne die Raumdiagonale.").
- *Vielfalt der zugelassenen Lösungswege*
  „Gegeben ist das lineare Gleichungssystem .... Überlege zunächst, mit welchem Verfahren es am einfachsten zu lösen ist."
- *Eindeutigkeit des Ergebnisses*
  Vielleicht könnte es das verbreitete starre Bild von Mathematik erweitern, wenn hin und wieder Aufgaben bearbeitet werden, die kein klares Ergebnis haben.   □

So genannte *Fermi-Aufgaben* lassen alle drei Aspekte offen. Ein berühmtes Beispiel ist die Enrico Fermi[1] selbst zugeschriebene Frage: „Wie viele Klavierstimmer gibt es in Chicago?" Hier gibt es weder konkrete Angaben zu den Ausgangsbedingungen noch einen erkennbar günstigen Lösungsweg und darüber hinaus weiß eigentlich auch niemand das „richtige" Ergebnis. Aber man kann plausible Überlegungen anstellen: Wie viele Einwohner hat Chicago? Wie viele davon dürften ein Klavier haben? Wie viele lassen es vermutlich regelmäßig stimmen? Wie viele Klaviere kann ein Klavierstimmer in einem Jahr wohl stimmen? Es kommt nicht auf das eigentliche Ergebnis an, sondern vielmehr darauf, sinnvoll und nachvollziehbar zu argumentieren (man vgl. weitere Beispiele auf Seite 93).

Aufgabe (Offene Aufgaben)
Was ist von Aufgaben wie den folgenden zu halten? überlegen Sie sich eine Antwort.

1. Du sollst den Einkauf für das Mittagessen einer Jugendherberge planen. Es gibt Spaghetti Bolognese.
2. Erfinde eine Geschichte zu folgendem Graphen zum Füllstand einer Badewanne (diese Idee geht auf Herget[2] zurück [71]) (Abb. 28.1):

---

[1]Enrico Fermi (1901–1954) war ein Kernphysiker, der durch theoretische Arbeiten zur Quantenstatistik und den Bau des ersten funktionsfähigen Kernreaktors bekannt wurde. Er erhielt 1938 den Nobelpreis.
[2]Wilfried Herget, *1946, ist ein deutscher Mathematikdidaktiker, der in mehreren Büchern und einer Zeitschriftenrubrik zahlreiche und sehr lesenswerte Vorschläge für „etwas andere Aufgaben" macht.

Abb. 28.1 Füllstand einer
Badewanne

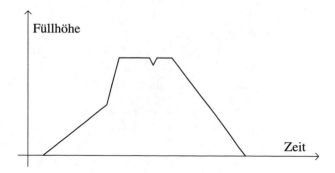

Es handelt sich sicherlich um schöne Aufgabenideen, aber sind sie für die Schule genau
genug formuliert? Argumentieren Sie.   □

Beide Aufgabenbeispiele sind sinngemäß in Unterrichtsmaterialien zu finden, jedoch nicht
in dieser Form. Bei der ersten Aufgabe sind im Original das Rezept und die zusätzliche
Information vorgegeben, dass man Proportionalitäten nutzen soll. Zum Graphen werden die
Maße einer Badewanne mitgeteilt und mehrere konkrete Fragen gestellt. Durch Zusatzin-
formationen und leitende Fragen wird aus einer offenen Formulierung dann ein mehr oder
weniger geschlossenes Format. Die schöne Idee wird verwässert und die kognitive Herausforderung durch Segmentierung in Einzelteile eingeschränkt.

Beide Aufgaben sind in der hier verwendeten Formulierung selbstverständlich nicht als
Lernzielkontrollen geeignet, können aber in Lernphasen sehr gut eingesetzt werden. Die
Lehrperson kann unmittelbar auf Schwierigkeiten reagieren und sollte dabei auf geeignete
kleine Hilfen achten.

Übungsphasen
An mehreren Stellen dieses Buchs wurde bereits auf Übungsmöglichkeiten eingegangen
(z. B. S. 28, 116 und 149), die sich als Ergänzung zum „Päckchenrechnen" eignen. Phasen des automatisierenden Übens mit untereinander ähnlichen Aufgaben unterschiedlicher
Schwierigkeitsgrade sind unverzichtbar und sollen keineswegs gering geschätzt werden.
Sie werden aber hier nicht genauer betrachtet, da sie aus den Lehrwerken wohlbekannt sein
dürften. Folgende Anregungen sollen als ergänzende Möglichkeiten verstanden werden:

> **Beispiele**
>
> 1. *Üben durch Anwenden*
>   Nachdem Aufgaben zur Übung elementarer Rechenregeln betrachtet wurden,
>   könnte folgender Auftrag neue Aspekte ergänzen (z. B. die „Kraft der Null"):
>   Schreibe die Ziffern deines Geburtsdatums auf und setze Klammern und Rechen-
>   zeichen so, dass das Ergebnis 1 (oder 7, 12 …) ist.

2. *Üben der flexiblen Strategiewahl*
Betrachte alle Aufgaben zur Berechnung der Lösungen quadratischer Gleichungen
auf einer beliebigen Seite xx im Schulbuch[3] und teile sie in Gruppen ein. Gib an,
nach welchen Kriterien du die Einteilung vorgenommen hast.

Die Reflexion über Kriterien, nach denen eine Reihe von Aufgaben sortiert werden
können, soll dem Ziel dienen, dass Schülerinnen und Schüler *vor* der Anwendung
eines Algorithmus über die Lösungsstrategie nachdenken. Allzu oft kommt es beispielsweise vor, dass bereits faktorisierte Terme ausmultipliziert werden, um dann
ein bevorzugtes Verfahren zur Lösung verwenden zu können. Der „mathematische
Blick" stellt sich nicht von selbst ein, auch dazu sind Übungen erforderlich. Weitere
Möglichkeiten hierfür sind Fragen wie:

– Welche Aufgaben kannst du im Kopf lösen, welche nicht?
– Suche unter diesen Aufgaben die schwerste, die du gerade noch lösen kannst.
  Warum ist sie schwer?
– Bei welchen Aufgaben kannst du durch kleine Umformungen schnell eine Lösung
  finden?

Solche Fragen sind unabhängig vom Kontext und können daher auch in anderen
Zusammenhängen eingesetzt werden.

3. *Operatives Üben*
Vergleichen Sie hierzu die Beispiele in Kap. 22.
4. *Produktives Üben*
Im Wortsinn sind produktive Aufgaben solche, bei denen etwas hergestellt wird.
Das können z. B. Figuren in der Geometrie, Zahlen in der Arithmetik oder Terme
in der Algebra sein. Dazu finden sich schon einige Beispiele an anderen Stellen
dieses Buchs (z. B. S. 28, 149, 151), dennoch seien noch weitere Möglichkeiten
aufgezeigt:

– Gegeben sind zwei Geraden in der Zeichenebene, die sich außerhalb des Blatts
  schneiden. Konstruiere die Winkelhalbierende[4].
– Betrachte die Zahlenfolge: 7, 12, 19, 31, 50, …

---

[3]Hier ist an eine Schulbuchseite gedacht, auf der zahlreiche ähnliche Aufgaben unterschiedlichen
Schwierigkeitsgrads zu finden sind.
[4]Dies ist natürlich auch eine schöne Problemlöseaufgabe.

i. Welches könnten die nächsten beiden Zahlen in der Folge sein?
ii. Welcher Vorschrift könnte hinter der Folge stecken?
iii. Die beiden ersten Zahlen nennen wir Startzahlen. Wie müssen die beiden Startzahlen gewählt werden, damit sich – bei gleicher Vorschrift für die Fortsetzung – als fünfte Zahl 100 ergibt?
iv. Finde weitere Startzahlen, die zur fünften Zahl 100 führen.
v. Finde *alle* Startzahlenpaare mit dieser Eigenschaft. Warum sind das alle?

Zur Sache

- Zur Konstruktion der Winkelhalbierenden kann man zum Beispiel den Satz über den Schnittpunkt der Winkelhalbierenden im Dreieck nutzen. Man wähle auf den beiden Geraden je einen beliebigen Punkt und stelle sich das Dreieck vor, das zusammen mit dem unsichtbaren Schnittpunkt entsteht. Zwei der Winkelhalbierenden kann man nun konstruieren, die gesuchte dritte muss deren Schnittpunkt enthalten. Wiederholt man dieses Vorgehen mit zwei anderen Punkten, hat man zwei Schnittpunkte, die auf der fehlenden Winkelhalbierenden liegen müssen.
- Die Fibonacci-Folge[5] mit beliebigen Startzahlen lässt sich sowohl probierend erkunden, als auch algebraisch betrachten. Nennt man die Startzahlen x und y, so ergibt sich als fünftes Glied $2x + 3y$. Mit der Vorgabe, dass dieses 100 betragen soll, kann man den linearen Zusammenhang notieren:

$$y = -\frac{2}{3}x + \frac{100}{3}$$

Alle ganzzahligen Wertepaare, die zu dieser linearen Funktion gehören, sind mögliche Startzahlen – und es sind *alle*. ◄

Aufgabe (Unsichtbarer Schnittpunkt)

Überlegen Sie sich eine andere Konstruktionsidee für die Winkelhalbierende zweier Geraden mit unsichtbarem Schnittpunkt. □

---

[5]Leonardo von Pisa, genannt Fibonacci (ca. 1170 bis nach 1240), gilt als einer der ersten „modernen" Mathematiker. Er brachte algebraisches Wissen aus der muslimischen Welt nach Europa und wurde nicht nur wegen der Kaninchen-Aufgabe berühmt, die zu den „Fibonacci-Zahlen" führt.

Unterrichtsverlauf

Das Potenzial einer Aufgabe wird nicht nur durch ihre Formulierung beeinflusst. Es spielt darüber hinaus eine erhebliche Rolle, an welcher Stelle des Unterrichtsgeschehens sie eingesetzt wird. Selbstverständlich bedeutet es einen großen Unterschied, ob eine Aufgabenstellung zur Veranschaulichung behandelt wird, *nachdem* die Schülerinnen und Schüler die zur Lösung erforderlichen Begriffe und Verfahren gelernt haben, oder *zu Beginn* einer Unterrichtssequenz. Da die erste Variante weit verbreitet und gut bekannt ist, wollen wir hier die Erarbeitung neuer Inhalte anhand frühzeitig eingesetzter Aufgaben vorschlagen und beispielhaft skizzieren.

Beispiel (Berufsverkehr)

Wusstest du, dass im Berufsverkehr im Durchschnitt nur 1,2 Personen in einem Auto sitzen?

1. Was bedeutet das?
2. Es werden 10 Autos kontrolliert. Wie könnten sie besetzt sein?
3. Ist es möglich, dass in 39 von 40 kontrollierten Autos je eine einzelne Person sitzt?
4. Wenn in 40 Autos 60 Personen sitzen würden, wie viele wären das durchschnittlich?

□

Erfahrungsgemäß können viele Schülerinnen und Schüler diese Aufgabe zumindest teilweise bereits lösen, *bevor* Dezimalbrüche im Unterricht behandelt wurden. Sie kann als interessantes Einstiegsproblem verwendet werden und der Lehrerin oder dem Lehrer zur Ermittlung der Vorkenntnisse dienen. Dies ist im Hinblick auf einen kumulativen Wissensaufbau von außerordentlich großer Bedeutung. Die Vorstellung, man könne die Vorkenntnisse ignorieren[6] und „bei Null anfangen", ist nicht haltbar. Auch Fehlvorstellungen und Präkonzepte können nicht einfach durch neue Informationen beseitigt, sondern allenfalls verändert werden (der Fachbegriff, auf den wir hier nicht weiter eingehen wollen, heißt „conceptual change"). Daher ist Vorkenntnisermittlung dringend geboten und kann durch die Bearbeitung geeigneter Aufgaben realisiert werden.

Im einem weiteren Beispiel soll noch ein Vorteil von Aufgaben illustriert werden, die vor Behandlung der entsprechenden Theorie in die Klasse gegeben werden. Es wird dabei die Möglichkeit deutlich, bei der Bearbeitung etwas Neues zu entdecken.

---

[6]Schauen Sie sich zur Illustration den Film „Die Feuerzangenbowle" an („jetzt stelle mer uns mal janz dumm").

Beispiel (Rechtecksflächen)

Untersuche Rechtecke mit Flächeninhalten von zunächst höchstens $100\,\mathrm{cm}^2$. Verwende keine Brüche. Beispiel: Es gibt vier verschiedene Rechtecke mit $24\,\mathrm{cm}^2$:

Seite a	1 cm	2 cm	3 cm	4 cm
Seite b	24 cm	12 cm	8 cm	6 cm

1. Zu welchem Flächeninhalt gibt es nur genau ein Rechteck?
2. Wann gibt es mehr als vier verschiedene Rechtecke?
3. Es gibt viele verschiedene Rechtecke mit dem Flächeninhalt $1680\,\mathrm{cm}^2$. Schreibe auf, wie man am schnellsten alle passenden Seitenmaße finden kann.

□

Durch die Vernetzung mit einem bekannten Inhalt (Flächeninhalt von Rechtecken) fällt die Bearbeitung der ersten beiden Teilaufgaben nicht schwer und der Primzahlbegriff wird am Beispiel klar. Weiter führt die Aufgabe hin zur Primfaktorzerlegung und macht bereits beim ersten Zugang die Notwendigkeit neuer mathematischer Überlegungen deutlich, gerade wenn die Schülerinnen und Schüler die dritte Teilaufgabe noch nicht beantworten können.

Damit Aufgaben die gewünschte Wirkung in diesem Sinn – Hinführung zum neuen Thema und Entdeckung mathematischer Zusammenhänge – entfalten können, sollten nach Gallin und Ruf[7] drei Aspekte berücksichtigt werden [44]:

1. Der *Einstieg* soll zum Problem hinführen und für niemanden eine unüberwindliche Hürde darstellen.
2. Im Mittelpunkt muss selbstverständlich eine gehaltvolle mathematische Problemstellung zum Thema, der *Kern der Sache,* stehen.
3. Der dritte Aspekt eines differenzierenden Auftrags lädt die Lernenden zu einem geistigen Höhenflug ein, der manchmal nicht jedem gelingt. Diese *Rampe* ist häufig eine Verallgemeinerung des im Kern der Aufgabe behandelten Spezialfalls.

Wie das Beispiel „Rechtecksflächen" zeigt, kann so ein differenzierender Auftrag entsprechend aus drei Teilaufgaben bestehen. Das ist jedoch nicht unbedingt nötig, wie etwa die schon erwähnte Aufgabe zur Fahrradschaltung (vgl. S. 6) zeigt, bei der die drei Aspekte in einer Frage enthalten sind. Weitere Anregungen zum Thema dieses Abschnitts gibt es in [57].

---

[7]Peter Gallin, *1946, ist ein Schweizer Mathematikdidaktiker und Lehrer; Urs Ruf, *1945, ist ein Schweizer Lehrer für Deutsch und Philosophie, Gymnasialpädagoge. Beide entwickelten zusammen das didaktische Konzept des „Dialogischen Lernens".

Das Konzept der Lernumgebungen

Erfolgreicher Unterricht entsteht im Spannungsfeld zwischen entdeckendem Lernen und informierendem Lehren. Während der erste Aspekt durch die konstruktivistische Auffassung angebahnt wird, liegt der Schwerpunkt beim zweiten Aspekt in der instruktionalen Position (man vgl. Teil IV). Entdeckendes Lernen spielt entsprechend eine wichtige Rolle, wenn Schülerinnen und Schüler erfahren sollen, wie man Verantwortung für das eigene Lernen übernimmt. Fraglos sind dabei geeignete Aufgaben ein wichtiges Hilfsmittel.

Um entdeckendes Lernen zu ermöglichen, sind Angebote zu konstruieren, die über einzelne Aufgaben hinaus vernetzte Arbeitsaufträge bieten und einem einheitlichen Leitgedanken folgen. Solche „großen" Aufgaben werden als Lernumgebungen bezeichnet, deren Konzeption und Evaluation für die Fachdidaktik eine bedeutende Herausforderung darstellt und von Wittmann sogar als wichtiger Beitrag zur Entwicklung wissenschaftlicher Standards der Didaktik bezeichnet wird [184]. Wollring[1] nennt sechs Leitideen zur Konstruktion von Lernumgebungen [185]. Davon beziehen sich drei auf eher inhaltliche Aspekte, wie Bedeutsamkeit („Gegenstand und Sinn"), Differenzierung und die Artikulations- und Kommunikationsmöglichkeiten der Schülerinnen und Schüler. Die übrigen Leitideen konzentrieren sich auf die Realisierungsmöglichkeiten hinsichtlich des Aufwands („Logistik"), die Beobachtung der Beiträge einzelner Schülerinnen und Schüler („Evaluation") und die Integration in den gesamten Mathematikunterricht („Vernetzung").

---

[1]Bernd Wollring, *1949, ist ein Mathematikdidaktiker, der u. a. Lernumgebungen entwickelt und erprobt. Obwohl seine Arbeiten vorwiegend im Bereich der Grundschule angesiedelt werden können, sind sie durchaus geeignet, auch Erwachsene mathematisch herauszufordern.

© Der/die Autor(en), exklusiv lizenziert durch Springer Nature Switzerland AG 2021
K. Reiss und C. Hammer, *Grundlagen der Mathematikdidaktik,* Mathematik Kompakt,
https://doi.org/10.1007/978-3-030-65429-0_29

In der Literatur sind zahlreiche Vorschläge für Lernumgebungen in der Mathematik zu finden (z. B. [3] und [69]). Wir wollen an dieser Stelle das Konzept an einem Beispiel konkretisieren und folgen dabei Wieland[2] et al. (vgl. [1] und [2]).

Beispiel (Füllkurven)

1. *Daten generieren:* Es stehen verschieden geformte Gefäße zur Verfügung, die man schrittweise mit einer bestimmten Menge (z. B. 50 ml) Wasser füllt. Dabei wird die Füllhöhe mit einem Maßstab gemessen und eine Wertetabelle angelegt.
2. *Überblick gewinnen:* Die Messergebnisse werden in ein geeignetes Diagramm übertragen, das natürlich zunächst nur diskrete Werte enthält. Mit der Überlegung, dass durch Verkleinerung der Portionen bis hin zur kontinuierlichen Füllung aus einer gleichmäßig spendenden Wasserleitung auch beliebige Zwischenwerte möglich sind, erhält man „Füllkurven".
3. *Variieren, umkehren:* Nun werden verschiedene Gefäßquerschnitte und Füllkurven verglichen und einander mit Begründung zugeordnet. Mögliche Beispiele zeigt Abb. 29.1[3].
4. *Übertragen, verallgemeinern:* Schließlich können „Schulweggeschichten" („Erzähle zum gegebenen Graphen eine Geschichte." „Zeichne zu deinem Schulweg einen Graphen.") und andere Zusammenhänge („Der Graph zeigt die Veränderung der Geschwindigkeit eines Autos auf einem Rundkurs. Wie sieht die Strecke dazu aus?") diskutiert werden. □

Betrachten wir diese Skizze für eine Lernumgebung unter den Gesichtspunkten der sechs oben zitierten Leitideen.

1. *Gegenstand und Sinn:* Zweifellos ist die Thematik bedeutsam, soll sie doch der Einführung des Konzepts „funktionale Abhängigkeit" dienen. Hier geschieht das an gut nachvollziehbaren Beispielen, bei denen die Variablen konkrete Bedeutungen (Volumen, Füllhöhe, Zeit, Gebühren, Strecke, Geschwindigkeit) haben. Dies unterstützt die

---

[2]Gregor Wieland, *1944, ist ein Mathematikdidaktiker aus der Schweiz, der durch praxisnahe Vorträge und Publikationen bekannt geworden ist. Insbesondere hat er zusammen mit einem Autorenteam ein für die Sekundarstufe völlig neuartiges Lehrwerk (mathbu.ch, Schweizer Zahlenbuch) vorgelegt, das ausschließlich aus Lernumgebungen besteht. Das Beispiel „Füllkurven" ist sinngemäß daraus entnommen.

[3]Als interessante Ergänzung könnte man ein Gefäß, zu dem es keine Füllkurve gibt, und eine Füllkurve, zu der es kein Gefäß gibt, anbieten.

Abb. 29.1 Gefäße und Füllkurven

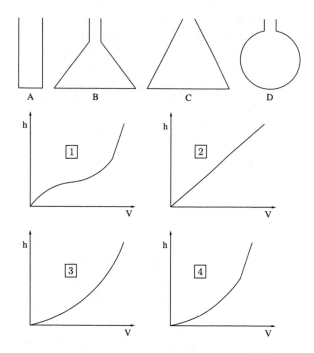

Entwicklung klarer Vorstellungen und lässt in jeder Phase den Rückgriff auf einen sinnvollen Sachzusammenhang zu. Die Situationen sind weitgehend authentisch und interessant.

2. *Differenzierung:* Der handlungsorientierte, enaktive (vgl. Teil III) Zugang ermöglicht schon durch die Aufgabenverteilung zwischen den Schülerinnen und Schülern differenziertes Arbeiten („innere Differenzierung"). Vor allem aber durch die Wahl der Beispiele im dritten und vierten Schritt sind verschiedene Bearbeitungstiefen denkbar, die sich etwa bei den Schulweggeschichten von selbst ergeben („natürliche Differenzierung").

3. *Kommunikation:* Sowohl das Vorgehen als auch die Aufträge (die natürlich noch konkret formuliert werden müssen) begünstigen intensive fachliche Diskussionen, die vor allem den Wechsel zwischen Sachsituation und ikonischer Repräsentationsebene (beide Richtungen!) betreffen.

4. *Logistik:* An sich ist der Aufwand gering. Man muss nur eine ausreichende Anzahl geeigneter Gefäße besorgen oder von den Schülerinnen und Schülern mitbringen lassen. Aber klar: Die Sorge, dass das „Gepantsche" mit dem Wasser chaotische Züge annehmen könnte, lässt vielleicht manche Lehrperson zurückschrecken. Vorschläge für Zögerliche: Es gibt in den meisten Schulen Fachräume, die wasserunempfindlicher als Klassenzimmer sind. Alternative: Man verwendet V-Sand statt Wasser.

5. *Evaluation:* Die Schülerinnen und Schüler protokollieren ihre Arbeit einzeln, so dass die Beobachtung ihrer Beiträge problemlos geleistet werden kann.

6. *Vernetzung:* Es handelt sich um einen möglichen Zugang zur Funktionenlehre, der zunächst auf formal-symbolische Elemente weitgehend verzichtet. Wir sind der Meinung, dass gerade dies eine Stärke ist, weil dabei grundlegendes Verständnis angebahnt wird, ohne zu früh mit formaler Strenge zu argumentieren. Dies ist in diesem Zusammenhang, der die weitere Arbeit bis hin zur Analysis in der Oberstufe prägt, besonders wichtig.

Teil IX
Fehler und Fehlerdiagnose

Das Einmaleins ist mir bis auf diese Stunde nicht geläufig.

Franz Grillparzer (1791–1872)

Mathematiklernen fällt vielen Kindern (und natürlich auch vielen Erwachsenen) nicht leicht. Entsprechend haben wir es im Unterricht zumeist nicht mit optimalen Lernprozessen zu tun, sondern wir müssen viel öfter mit Verständnisproblemen, Schwierigkeiten und Fehlern umgehen und Schülerinnen und Schülern bei ihrer Überwindung zur Seite stehen. In diesem Kapitel soll diskutiert werden, welche Theorien, Ideen und Hilfen die Mathematikdidaktik dabei zur Verfügung stellen kann.

Wir haben in den vorhergehenden Kapiteln gesehen, dass Lehren im Wesentlichen als das Unterstützen von Lernen anzusehen ist. Weil nun aber Lernen etwas sehr Individuelles ist, kommt der richtigen Einschätzung von Lernprozessen eine wichtige Rolle zu und das unabhängig davon, ob sie zu guten oder (zumindest zunächst) zu weniger guten Ergebnissen führen. Die Diagnose des Lern- bzw. Leistungsstandes und die Identifikation angemessener Möglichkeiten der Förderung gehören damit zu den wesentlichen Kompetenzen einer Lehrperson.

Der Begriff „Diagnose" bzw. „Diagnostik", so wie er in diesem Kapitel gebraucht wird, gehört im Grunde in den Kontext der Pädagogischen Psychologie. Amelang und Schmidt-Atzert sehen es als einen Kern an, hier „interindividuelle Unterschiede im Verhalten und Erleben sowie intraindividuelle Merkmale und Veränderungen" zu erfassen. Das Ziel von Diagnostik sind danach Vorhersagen über das künftige Verhalten und über mögliche Veränderungen [6, S. 6]. Konkret möchte man also nicht nur einen Ist-Zustand beschreiben, sondern ihn beispielsweise für Aussagen über die weitere Schullaufbahn oder die Definition geeigneter Fördermaßnahmen nutzen. Spätestens an dieser Stelle wird klar, dass mit der Überschrift *Fehler und Fehlerdiagnose* ein sehr breiter Rahmen aufgespannt wird. Entsprechend gehören zu diesem Thema ganz unterschiedliche Aspekte wie die Auseinandersetzung mit dem Begriff des Fehlers, die Betrachtung der professionellen Voraussetzungen von Lehrkräften beim Umgang mit Fehlern oder die Identifizierung von individuellen Fähigkeiten und Fertigkeiten der Schülerinnen und Schüler. Auch über das notwendige „Material", also über Aufgaben, die für eine differenzierte Diagnose geeignet sind, sollte man in diesem Kontext reden. Die Diagnose von Rechenstörungen (der Fachbegriff ist „Dyskalkulie") und Möglichkeiten der Förderung von Kindern mit Rechenstörungen sind übrigens für den Bereich der Grundschule viel besser untersucht als für die Sekundarstufe. Einen Überblick findet man in [105]. Noch immer lesenswert ist auch der Band von Lorenz[1] und Radatz[2] zum Fördern im Mathematikunterricht (vor allem der Grundschule) [8]. Auch wenn man nicht in der Grundschule unterrichtet, bekommt man einen Einblick in die wesentlichen Denk- und Arbeitsweisen, insbesondere eben im Hinblick auf Dyskalkulie.

---

[1]Jens Holger Lorenz, *1947, ist Mathematikdidaktiker, der sich schwerpunktmäßig mit dem Phänomen der Rechenschwäche auseinandersetzt.

[2]Hendrik Radatz (1939–1997) war Professor für Mathematikdidaktik und als Grundschullehrer ausgebildet. Seine praxisorientierte Forschung hatte insbesondere Schülerfehler als Schwerpunkt. Darüber hinaus war er Autor und Mitautor verschiedener Handbücher zum Mathematikunterricht in der Grundschule.

Die Rolle von Fehlern beim Mathematiklernen   30

Lernprozesse sind nicht immer problemfrei, sondern durch Lernschwierigkeiten, Fehler und Irrtümer geprägt. Das gilt selbstverständlich auch für die Mathematik. Es sind nicht nur optimale Prozesse, die zum Verständnis führen, sondern auch die Beschäftigung mit Problemen kann wesentlich zum Lernerfolg beitragen. Nicht ohne Grund werden die Fehlerkultur und der Umgang mit Schülervorstellungen etwa im naturwissenschaftlichen Unterricht als zentrale Kriterien seiner Wirksamkeit für das Lernen angesehen [160]. Nicht selten wird allerdings die Bedeutung von Fehlern für das Lernen unterschätzt. Gerade Fehler sind häufig geeignet, gute Lernprozesse erst anzuregen, beim Identifizieren günstiger Beispiele zu helfen und Abgrenzungen zwischen korrekten und fehlerhaften Prozessen zu klären.

In Anlehnung an Arbeiten von Oser[1] und Hascher[2] spricht man von einem Fehler als einem von der Norm abweichenden Sachverhalt oder Prozess, der es allerdings überhaupt erst ermöglicht, den diesem Sachverhalt oder Prozess entgegengesetzten richtigen und normbezogenen Sachverhalt in seinen Abgrenzungen zu erkennen [59]. Das mag kompliziert klingen, weil man es sich in Bezug auf die Mathematik oftmals sehr einfach macht. Es gibt eben (nach landläufiger und verbreiteter Meinung) richtige und falsche Antworten, die man klar voneinander abgrenzen kann: „Fehler ist, wenn man $6 + 6$ rechnen soll und man schreibt dann 20 hin" (Katja, 7; 1 Jahre, zitiert nach [133]). Bei genauerer Betrachtung ist es aber nicht ganz so einfach, denn *die* mathematische Norm für den Unterricht ist keinesfalls so klar zu identifizieren. Sie hängt insbesondere von verschiedenen situativen Faktoren wie etwa der Klassenstufe und dem Alter der Schülerinnen und Schüler ab.

---

[1] Fritz Oser, *1937, ist ein Pädagoge und Psychologe, der an der Universität Freiburg in der Schweiz tätig war. Seine Beiträge zur Fehlerforschung sehen einen Fehler als Lernanlass und nicht als ein Versagen an. Sie gelten als essentiell.

[2] Tina Hascher, *1965, arbeitet als Professorin für Pädagogik an der Universität Salzburg. Die empirische Unterrichtsforschung ist einer ihrer wesentlichen Arbeitsschwerpunkte.

© Der/die Autor(en), exklusiv lizenziert durch Springer Nature Switzerland AG 2021
K. Reiss und C. Hammer, *Grundlagen der Mathematikdidaktik,* Mathematik Kompakt,
https://doi.org/10.1007/978-3-030-65429-0_30

Beispiele (Fehlersituationen)

1. Es ist $5^2 = (-5)^2 = 25$. Allerdings kann man nicht im Umkehrschluss folgern, dass $5 = \sqrt{25} = -5$ ist. Hier gilt (unabhängig vom Kontext) als mathematische Norm, dass die Wurzel aus einer nicht negativen reellen Zahl wieder eine nicht negative reelle Zahl ist. Der Grund für mögliche Verständnisprobleme liegt auf der Hand: Es gibt eben einen wesentlichen Unterschied zwischen der eindeutigen Wurzel und der Lösungsmenge der quadratischen Gleichung $x^2 = 25$. Die Lehrkraft sollte diesen Unterschied thematisieren und die Norm begründen oder begründen lassen. Gleichzeitig hat man dann ein schönes Beispiel dafür, dass Regeln in der Mathematik verabredet werden müssen und nicht „vom Himmel fallen".

2. Andere Fehler können dadurch entstehen, dass Regeln auf Situationen übertragen werden, in denen sie nicht gelten („Übergeneralisierung"). Es ist ja auch ärgerlich, dass das Distributivgesetz einmal erfüllt ist wie etwa im Fall $3 \cdot (4+5) = 3 \cdot 4 + 3 \cdot 5$, es aber auch ganz oft nicht erfüllt ist wie etwa in den Fällen $3 \cdot (4 \cdot 5) \neq 3 \cdot 4 \cdot 3 \cdot 5$ oder $3 : (4+5) \neq 3 : 4 + 3 : 5$ oder auch $3^{(4+5)} \neq 3^4 + 3^5$.

3. Das dritte Beispiel soll zeigen, welche Verunsicherung die Formulierung „vereinfache *so weit wie möglich*" hervorrufen kann. Muss bei einer solchen Aufforderung nicht auch der Bruch $\frac{5x+3z}{2x+y}$ weiter gekürzt werden, etwa so:

$$\frac{5x+3z}{2x+y} = \frac{5+3z}{2+y} = \frac{8z}{2y} = \frac{4z}{y}.$$

Keine Frage, das Ergebnis sieht einfacher aus. Günther Malle nennt die Ursache für diesen Fehler übrigens sehr treffend „Wunschdenken" [107, S. 206] (und bekommt eine Schülerin oder ein Schüler in einer Prüfungssituation das richtige Ergebnis und rechnet dann so oder ähnlich weiter, hat die Lehrkraft bei der Bewertung ein Problem).   □

Aus einer theoretischen Perspektive kann man sich dem Begriff des Fehlers nähern, wenn man Wissen in *positives Wissen* und *negatives Wissen* unterteilt. Positives Wissen umfasst die Kenntnis korrekter Fakten und Prozeduren wie etwa das Wissen, wann man das Distributivgesetz anwenden darf, negatives Wissen betrifft fehlerhafte Fakten und Prozeduren so wie sie im Beispiel (2) zum Distributivgesetz aufgelistet sind (vgl. etwa [112] und [123]). Es ist nun das negative Wissen, das eine besondere Rolle spielt. Es umfasst Wissen darüber, welche Fehler vermieden werden müssen, damit eine Problemlösung gelingt und ermöglicht eigentlich erst die Abgrenzung zwischen einer richtigen und einer fehlerhaften Aussage. Wer weiß, was falsch ist, wird den entsprechenden Fehler vermutlich nicht machen. Zum Beispiel hilft das negative Wissen dabei, aus Differenzen und Summen heraus *nicht* zu kürzen kann und so den im Beispiel (3) oben beschriebenen Fehler nicht zu begehen.

Negatives Wissen ist wichtig, um Fehler zu vermeiden, wird aber selten explizit unterrichtet. Entsprechend dürfte es insbesondere in konkreten Fehlersituationen entstehen und durch den *produktiven* Umgang mit Fehlern gefestigt werden [124]. Zu einem solchen produktiven Umgang gehört die Sensibilität, einen Fehler und auch seine Konsequenzen zu erkennen, ihn zu verstehen, zu erklären und zu korrigieren. Ebenso wichtig ist in diesem Zusammenhang die Fehlerprävention, das bedeutet die Entwicklung von Strategien, wie man Fehler vermeiden kann (vgl. dazu vor allem [55] und [123]).

Beispiel (Strategie zur Fehlervermeidung)
Der Physikdidaktiker John J. Clement untersuchte die Lösungsrate bei folgender Aufgabe, die er 150 Ingenieurstudenten im ersten Semester vorlegte[3]: „Schreiben Sie eine Gleichung mit den Variablen S und P, die die folgende Aussage wiedergibt: Auf einen Professor kommen sechs Studierende." 43 % gaben die richtige Antwort $S = 6P$. Der typische Fehler $6S = P$ wäre mit einer einfachen Strategie zu vermeiden, indem man konkrete Zahlen einsetzt und das Ergebnis interpretiert [27]. □

Fehler sind besonders interessant für den Unterricht, wenn sie mit systematischen *Fehlvorstellungen* verbunden sind. Stern[4] unterscheidet eine *intuitive* und eine *kulturelle* Mathematik. Zur intuitiven Mathematik gehört etwa der Umgang mit (natürlichen) Zahlen beim Zählen oder in einfachen Rechenaufgaben. Auch da kann es Probleme geben, doch sind Schwierigkeiten mit der kulturellen Mathematik häufiger und insbesondere für die Sekundarstufe von Relevanz. Stern nennt als Beispiel die Vorstellung, dass Addition und Multiplikation eine Menge vergrößern, während Subtraktion und Division sie jeweils verkleinern [165, S. 145]. Für die natürlichen Zahlen ist diese Idee angemessen, für Brüche oder negative ganze Zahlen ist sie nicht tragfähig und begründet ein mangelndes Verständnis der Zahlen. Es gibt inzwischen eine umfassende Forschung darüber, wie ganz allgemein das Wissen über natürliche Zahlen den Kompetenzerwerb zu Brüchen beeinflussen kann. Darüber hinaus gibt es Evidenz, dass auch Erwachsene sich diesem Einfluss nicht gänzlich entziehen können. Eine Arbeit von Obersteiner[5], Alibali und Marupudi belegt das für den Vergleich von Bruchzahlen [118].

In der Konsequenz heißt das auch, dass im Unterricht vorsichtig mit vereinfachenden „Faustregeln" umgegangen werden muss. Wenn sie zu einem späteren Zeitpunkt korrigiert

---

[3] Übersetzung durch die Verfasser.

[4] Elsbeth Stern, *1957, ist Psychologin an der ETH Zürich und arbeitet in der Lehr-Lern-Forschung. Sie befasst sich in ihrer Forschung häufig mit dem Mathematiklernen. Besonders interessant sind dabei die Ergebnisse, die im Rahmen der SCHOLASTIK-Studie entstanden (Leitung: Franz Emanuel Weinert; vgl. auch die Beiträge in [66]).

[5] Andreas Obersteiner, *1979, ist Mathematikdidaktiker an der Technischen Universität München. Er arbeitet an der Schnittstelle zwischen Mathematikdidaktik, Kognitiver Psychologie und Neuroscience.

werden müssen, dann können sie kurzfristig brauchbar, langfristig aber durchaus schädlich sein. Keine Frage: Unterricht darf nicht auf kurzfristige Effekte zielen, sondern muss den langfristigen Wissens- und Kompetenzaufbau stets im Auge behalten.

Man kann sich das leicht noch einmal am Beispiel zum Zahlenverhältnis zwischen Professoren und Studierenden klar machen. Der typische Fehler hängt damit zusammen, dass die Variablen als Objekte, sozusagen als „Sortenangabe" verwendet werden und nicht stellvertretend für Zahlen. Vor diesem Hintergrund wird auch deutlich, wie problematisch die Faustregel „man kann doch nicht Äpfel und Birnen addieren" sein kann, die im Zusammenhang mit verschiedenartigen Termen gerne verwendet wird. Jedenfalls sollte deutlich werden, dass Variable für Zahlen stehen, was ja bei Obstsorten nicht der Fall ist.

Die konstruktive Nutzung von Fehlern und Fehlersituationen wird als ein wesentliches Element des Lernens angesehen, denn Fehler und Lerngelegenheiten gelten als eng verbunden [123]. Kann man das so einfach voraussetzen? Wird man aus Fehlern wirklich klug, so wie es eine verbreitete Redensart suggeriert? Nehmen wir an, ein Schüler macht einen Fehler, eine geduldige und freundliche Lehrerin sieht ihn, korrigiert ihn und erklärt, warum und wie er es besser machen sollte. Hilft es, die richtige Lösung zu kennen? Führt die Präsentation der richtigen Lösung (und ihre Erklärung) immer zur Einsicht? Profitiert von einer guten Korrektur nicht nur der Schüler selbst, sondern auch seine Lerngruppe? Offensichtlich kann es auf diese Fragen keine eindeutigen Antworten geben. Insbesondere zeigt die Forschung, dass Lernen aus Fehlern kein Selbstläufer ist. So gaben Schülerinnen und Schüler der siebten Jahrgangsstufe zwar an, wenig Angst davor zu haben, Fehler im Unterricht zu machen, sie zeigten allerdings eine allenfalls mäßige Bereitschaft, sich mit ihren Fehlern auseinanderzusetzen [64]. Ein wenig Trost gibt es in Bezug auf das Lernen aus den Fehlern anderer. Hier gibt es nachgewiesene positive Effekte einer Analyse von Fehlern bei einer videobasierten Fortbildung, die Joung, Hesketh und Neal beschreiben [79]. Der Vollständigkeit halber muss allerdings erwähnt werden, dass es sich nicht um Schülerinnen und Schüler beim Mathematiklernen, sondern um Feuerwehrleute handelte („Nobody is perfect")[6].

> **Beispiel (Fehlersuche)**
> Um konstruktiv mit Fehlern umzugehen und negatives Wissen aufzubauen, kann man fehlerhaft gelöste Aufgaben von Schülern analysieren oder anonymisierte Originaldokumente korrigieren lassen. Der Auftrag könnte lauten: „Finde den Fehler!"
>
> $$3x + y = 6$$
> $$3x = 6 - y$$
> $$x = 2 - y$$
>
> □

---

[6]Man verzeihe uns die Anlehnung an „Manche mögen's heiß."

Anregungen für dieses Aufgabenformat erhält man bei jeder Durchsicht von Schülerarbeiten. Jedenfalls ist die früher häufig aufgestellte „Regel", man dürfe in der Klasse nichts Falsches präsentieren, aus didaktischer Sicht in keiner Weise haltbar.

Leider gibt es (viel) zu wenig konkrete empirische Aussagen über den Umgang mit Fehlern, was sicherlich auch daran liegt, dass Fehler im Unterricht gar nicht so häufig explizit werden. So zeigt eine Studie von Heinze[7] eine sehr niedrige Rate von Fehlern, die klassenöffentlich werden [62]. Knapp fünf Fehler gab es durchschnittlich in den betrachteten Mathematikstunden. Als Ursache für diese geringe Anzahl gelten Fehlervermeidungsstrategien sowohl bei den Schülerinnen und Schülern als auch bei den Lehrpersonen [124]. Letztere möchten einerseits nicht den Unterrichtsfluss unterbrechen (unvermeidlich, wenn eine fehlerhafte Äußerung gemacht wird) und andererseits niemanden bloßstellen (und das ist gegenüber den Schülerinnen und Schülern schlicht fürsorglich). Natürlich weiß eine gute Lehrerin oder ein guter Lehrer schnell, von welchen Kindern vermutlich richtige Unterrichtsbeiträge zu erwarten sind, und dürfte diese bevorzugt aufrufen. Im Prinzip gibt es dafür auch durchaus ehrenwerte Beweggründe, die in der Konsequenz aber den Verzicht auf einen Lernanlass bewirken.

Nicht ganz in Vergessenheit geraten sollte an dieser Stelle, dass Fehler und mangelndes Verständnis eng zusammenhängen. Wertheimer[8] arbeitet das in seinem sehr lesenswerten Buch heraus [178]. Als Beispiel nimmt er eine Unterrichtsstunde zum Flächeninhalt des Parallelogramms. Die Methode ist bekannt: Wenn man das Lot von einer Ecke auf die gegenüberliegende Seite fällt, dann bekommt man ein Dreieck. Schneidet man es ab und setzt es auf der anderen Seite an, so entsteht ein Rechteck, dessen Flächeninhalt man kennt. Man bekommt so die Formel „Grundseite × Höhe". Das Verfahren klappt einwandfrei bei „schönen" Parallelogrammen, also bei solchen, bei denen das Lot tatsächlich die gegenüberliegende Seite trifft und nicht nur die durch die Seite bestimmte Gerade. Zum eigentlichen Verständnis gehört es, auch diesen Fall erklären zu können. Darüber hinaus führt ein Abschneiden nur in geeigneter Weise zum Ziel. Wertheimer nimmt als Beispiel, dass man bei einem Trapez eben nicht an irgendeiner Stelle ein Dreieck wegnehmen kann, Verstehen also mehr als ein mechanisches Nachahmen beinhaltet [178, S. 16 ff.].

---

[7] Aiso Heinze, *1971, ist Gründungsdirektor der Abteilung für Didaktik der Mathematik am Leibniz-Institut für die Pädagogik der Naturwissenschaften und Mathematik (IPN) in Kiel. Seine Forschungsinteressen liegen in den Bereichen Entwicklung mathematischer Kompetenzen im Elementar- und Primarbereich, Schülerkompetenzen zum mathematischen Beweisen, Begründen und Argumentieren, sowie Lernen aus Fehlern im Mathematikunterricht.

[8] Max Wertheimer (1880–1943) gilt als einer der wesentlichen Begründer der Gestaltpsychologie bzw. Gestalttheorie, einer psychologischen Theorie, die vor allem im Bereich der Wahrnehmung und des Denkens ihre Anwendung fand.

Diagnosekompetenz von Lehrerinnen und Lehrern

Auch wenn Fachwissen für den Lehrberuf unverzichtbar ist, so ist es damit alleine nicht getan. Wir haben in Kap. II bereits gesehen, dass es zwar eine notwendige, aber keinesfalls eine hinreichende Bedingung für den Lernerfolg der Schülerinnen und Schüler ist. Insbesondere muss es durch mathematikdidaktisches und pädagogisches Wissen ergänzt werden, damit es wirksam werden kann [100]. Das gilt gerade in Situationen, in denen Schwierigkeiten und Fehler (zunächst) als Lernhindernisse auftreten. In diesen Fällen kommt es sehr darauf an, den Lern- und Leistungsstand möglichst genau zu kennen. Wir wollen im Folgenden einige Überlegungen anstellen, was das konkret bedeutet.

Beginnen wollen wir mit einer Situation, in der die Rolle des Fachwissens deutlich wird. Fraglos ist ein wirkliches Durchdringen des mathematischen Schulstoffs die Grundlage für jede Beurteilung des Kompetenzniveaus einer Schülerin oder eines Schülers. Fachwissen ist zwingend notwendig, um die manchmal kompliziert erscheinenden Ideen und Argumentationen von Kindern nachzuvollziehen, ihren sachlichen Gehalt zu erkennen und angemessene Unterstützung daraus ableiten zu können.

> **Beispiele (Fachliches Wissen)**
> 1. Betrachten wir noch einmal das erste der Beispiele in Kap. 30, also die fehlerhafte Schlusskette $5^2 = (-5)^2 = 25$ und somit $5 = \sqrt{25} = -5$. Um zu begründen, was hier falsch gemacht wurde, braucht man offensichtlich fachliches Wissen über den Umgang mit Quadratwurzeln (und konkret gilt eben – wie bereits angesprochen – per Definition, dass $\sqrt{z^2} = |z|$ für alle ganzen Zahlen z ist).
> 2. Im Zusammenhang mit der Betrachtung von Flächeninhalten und den zugehörigen Einheiten sind bei folgender Übung schon einige Schüler, Studierende und Lehrkräfte ins Straucheln gekommen: Zunächst soll (als Vorübung) mit dem Abstand

der Hände gezeigt werden, wie lang die Seite eines Quadrats mit (möglichst) genau $1\,\mathrm{m}^2$ Flächeninhalt ist. Die meisten haben eine gute Vorstellung davon, wie lang ein Meter ist. Nun kommt die interessante Frage: „Zeigen Sie, wie lang die Seite eines Quadrats ist, das den Flächeninhalt $\frac{1}{2}\,\mathrm{m}^2$ hat!". Zweifellos hilft hier das Fachwissen, dass sich eine zentrische Streckung auf Flächeninhalte quadratisch auswirkt. Zudem ermöglicht dieses Wissen auch, Verbindungen zu anderen Situationen herzustellen, z. B. zu der Frage, warum auf der Vergrößerungstaste des Kopierers 141% und auf der für die Verkleinerung 71% steht.   □

Man darf sicher verallgemeinern: Fachliches Wissen ist unverzichtbar, wenn es darum geht, einen Fehler zu erkennen. Vor allem in der „Live-Situation" des Klassenzimmers sind schnelle Entscheidungen über den Grad der Korrektheit einer Aussage gefragt und für den Unterrichtsverlauf zentral. Allerdings sind das Erkennen eines Fehlers und seine Korrektur unterschiedliche Aspekte. Um hier situationsangemessen und adressatengerecht vorzugehen, muss fachdidaktisches Wissen das fachliche Wissen ergänzen.

Wenn man im Mathematikunterricht aus Fehlern lernen soll, dann ist aus didaktischer Sicht eine Diskussion der möglichen Fehlerursachen zentral. Gerade Rechenfehler haben nicht selten eine systematische Komponente, der eine identifizierbare Fehlvorstellung zugrunde liegt. Kennt eine Lehrperson sie, dann wird es wesentlich besser gelingen, einem Schüler oder einer Schülerin zu helfen. Eine breite Sammlung solcher Fehlerursachen gibt es für die Grundrechenarten im Bereich der natürlichen Zahlen [133], aber beispielsweise auch Fehler beim Umgang mit Brüchen können als gut erforscht gelten ([125] bzw. [175], wobei die letztere Studie im Rahmen des bereits genannten Projekts PALMA [171] angesiedelt ist).

Beispiel (Fachdidaktisches Wissen)
Ein Schüler rechnet so: $\sqrt[2]{9^4} = 3$ und $\sqrt[3]{4^6} = 2$. Welches Ergebnis wird er vermutlich bei der folgenden Aufgabe bekommen: $\sqrt[5]{8^{10}} = ?$ Diese Aufgabe wurde so ähnlich bei der schon mehrfach erwähnten COACTIV-Studie verwendet (vgl. [92]), um den Aspekt „Vorhersage von Schülerfehlern" des fachdidaktischen Wissens zu testen. Hier wird dem Schüler unterstellt, dass er $\sqrt[m]{b^n} = \sqrt[\frac{n}{n}]{b}$ rechnet, was man dann auf die neue Aufgabe anwenden soll (und klar, richtig wäre natürlich $\sqrt[m]{b^n} = b^{\frac{n}{m}}$).   □

Wir wollen mit folgender Aufgabe noch einen anderen Aspekt des Umgangs mit Fehlern betrachten. Konkret geht es dabei um die Analyse der Fehlerart.

Aufgabe (Fachdidaktisches Wissen)

Welche Fehler beim Umgang mit Brüchen vermuten Sie?

1. $\frac{3}{4} + \frac{2}{3} = \frac{5}{7}$

2. $\frac{4}{5} \cdot \frac{3}{5} = \frac{12}{5}$

3. $\frac{3}{4} \cdot 3 = \frac{1}{4}$ ☐

In der ersten Zeile wurde das Schema des Multiplizierens „Zähler mal Zähler durch Nenner mal Nenner" auf die Addition übertragen (Übergeneralisierung einer für eine andere Situation gültigen Regel). Im zweiten Beispiel ist es genau umgekehrt: Das Schema der Addition gleichnamiger Brüche („Zähler plus Zähler, Nenner beibehalten") wird auf die Multiplikation verallgemeinert [128]. Das dritte Beispiel erfordert schließlich, die Multiplikationsaufgabe mit einem „von-Ansatz" zu bearbeiten und das birgt für viele Schülerinnen und Schüler Probleme. Nicht selten werden dann Multiplikation und Division verwechselt [175].

Offensichtlich müssen Lehrerinnen und Lehrer Fehler dieser Art erkennen und analysieren können. Dabei dürfte das Erkennen eines Fehlers insbesondere beim Rechnen mit natürlichen oder rationalen Zahlen das kleinere Problem sein. Viel schwieriger ist es, die unterschiedlichen Fehler in ihrer etwa vorhandenen Logik zu beschreiben und Fehlerursachen zu identifizieren. Fraglos ist hier negatives Wissen (im Sinne des vorigen Abschnitts) notwendig, das sowohl fachliches als auch fachdidaktisches Wissen umfasst.

Es ist schon viel erreicht, wenn Fehler gefunden und vor allem ihre Ursachen geklärt sind. Daraus lassen sich im besten Fall Konsequenzen ableiten und die bestehen sinnvollerweise häufig nicht darin, einfach mehr zu üben. Welche Herausforderungen sich dabei stellen können, soll folgende Aufgabe verdeutlichen.

Aufgabe (Klassiker)

Eine Schülerin macht folgenden Fehler (den „Klassiker"):

$$(2x + 3y)^2 = 4x^2 + 9y^2$$

Wie könnte man als Lehrkraft darauf reagieren? Überlegen Sie sich mehrere Möglichkeiten. ☐

Diagnostische Fähigkeiten basieren also genauso auf fachdidaktischem wie auf fachlichem Wissen. Erst über die fachdidaktische Ebene erschließen sich in der Regel unterschiedliche Zugänge zu einem Inhalt, die dann auch einem bestimmten Niveau von Abstraktion oder einem spezifischen Vorwissen zugeordnet werden können. Es gelten aber auch beide Komponenten zusammen nicht unbedingt als hinreichend für Diagnosekompetenz. Hefendehl-Hebeker[1] spricht von einem „didaktisch sensiblen Mathematikverständnis", das sowohl fachliches als auch fachdidaktisches Wissen voraussetzt, aber letztendlich über die einfache Summe hinausgeht [61].

Zum Schluss dieses Abschnitts wollen wir noch kurz eine weitere Facette der Diagnosekompetenz ansprechen. Wenn man der empirischen Forschung folgt, dann tun sich Lehrkräfte häufig schwer damit, die Leistungen ihrer Schülerinnen und Schüler angemessen zu würdigen. Deutlich wurde das im ersten PISA-Zyklus für den Bereich des Lesens. Es zeigte sich, dass Lehrerinnen und Lehrer hier insbesondere Schülerinnen und Schüler mit niedriger Kompetenz nicht unbedingt treffsicher identifizieren konnten [7]. Genauso dürfte es sich im Mathematikunterricht vielfach als schwierig erweisen, unorthodoxe oder fehlerhafte Lösungen zu beurteilen. Wie fantasiereich sie gestaltet sein können, belegen Selter[2] und Spiegel[3] [161] mit Beispielen aus der Grundschule.

---

[1] Lisa Hefendehl-Hebeker, *1948, ist eine Mathematikdidaktikerin, die zahlreiche Beiträge zu Grundlagen des Faches publiziert hat. Eines ihrer Interessensgebiete ist die Integration von fachlichem und fachdidaktischem Wissen in der Lehramtsausbildung.

[2] Christoph Selter, *1961, hat Grundschullehramt und Pädagogik studiert und arbeitet als Mathematikdidaktiker an der Technischen Universität Dortmund. Seine vielfältigen Forschungsinteressen werden in Publikationen und vor allem dadurch deutlich, dass er an zahlreichen in der Schulpraxis wirksamen Projekten beteiligt ist.

[3] Hartmut Spiegel, *1944, ist emeritierter Mathematikdidaktiker an der Universität Paderborn. Seine Vorliebe für die Geometrie wird in mehreren Materialpaketen für die Grundschule sichtbar.

Lernstands- und Leistungsdiagnostik

In allen Fächern, Schulen und Klassen spielt die Leistungsdiagnostik, also das Messen des Lern- und Leistungsstandes der Schülerinnen und Schüler eine wichtige Rolle. Dabei ist man in der Regel am *individuellen* Leistungsstand interessiert, aber auch der Stand einer Klasse, einer Schule, eines Bundeslandes oder eines Staates kann im Fokus von Leistungsdiagnostik stehen. Diese letzten Beispiele gehören zur *systemischen* Komponente. Wie gut eine Schülerin oder ein Schüler die Ziele des Unterrichts erreicht hat, wird in der Regel über von der Lehrperson formulierte Klassenarbeiten, Schulaufgaben oder mündliche Examina erhoben, ansonsten basiert die Diagnose eher auf größeren nationalen und internationalen Erhebungen.

Im ersten Fall („Individualdiagnostik") sind die Prüfungsinhalte zumeist eng an die letzten Unterrichtsstunden angelehnt, im zweiten Fall („Systemdiagnostik") umfassen sie einen breiten Bereich von Kompetenzen, die über mehrerer Schuljahre hinweg erworben werden sollten. Wir wollen diese beiden Prototypen im Folgenden etwas genauer betrachten.

Individualdiagnostik

Die Bewertung einer Schülerleistung zum Beispiel in Form von Noten ist sicherlich ein wesentliches Ziel der individuellen Leistungsdiagnostik. Wir müssen diesen Aspekt hier nicht vertiefen. Aufgaben, mit denen das Erreichen der gesetzten Ziele geprüft wird, gehören schon immer zu Schule und Unterricht. Interessanter wird es, wenn man nicht den Leistungsstand in den Vordergrund stellt, sondern den Lernstand einer Schülerin oder eines Schülers im Hinblick auf die weitere Entwicklung betrachtet. Dabei geht es um spezifische Lernschwierigkeiten und die Beurteilung des Lernfortschritts. Eine solche Diagnose von Lernprozessen und Lernergebnissen setzt allerdings voraus, dass geeignete Messinstrumente vorhanden sind. In der Regel werden das Aufgaben sein. Damit sie diesen Zweck erfüllen, müssen sie sorgfältig angepasst werden. Es hängt viel von der gelungenen Auswahl oder Konstruktion einer Aufgabe oder der Sequenzierung von Aufgaben ab, wenn es um Diagnostik im Mathematikunterricht geht.

© Der/die Autor(en), exklusiv lizenziert durch Springer Nature Switzerland AG 2021
K. Reiss und C. Hammer, *Grundlagen der Mathematikdidaktik,* Mathematik Kompakt,
https://doi.org/10.1007/978-3-030-65429-0_32

Ein wesentlicher Gesichtspunkt für die Konstruktion oder Auswahl geeigneter Diagnoseaufgaben ist zweifellos, dass gezielt typische Problembereiche angesprochen werden. Für einige Bereiche (z. B. Algebra [107], Bruchrechnung [125]) liegen diesbezüglich Forschungsergebnisse vor. Padberg (vgl. S. 116) bietet auch passende Diagnoseaufgaben[1] an.

> **Beispiele (Dezimalbrüche)**
> 1. Addiere: $3,48 + 4,2 =$
> 2. Multipliziere: $0,2 \cdot 0,3 =$
> 3. Multipliziere: $0,4 \cdot 0,05 =$
>
> $\Box$

Hier wird auf verschiedene Weise ermittelt, ob die Bedeutung der Stellenwerte im Dezimalsystem verstanden wurde. Bei der ersten Aufgabe deutet das falsche Ergebnis $3,50$ auf die „Komma-trennt-Vorstellung" hin, während bei der zweiten aus $2 \cdot 3 = 6$ fälschlicherweise $0,2 \cdot 0,3 = 0,6$ gefolgert werden könnte. Wenn dann bei einem Faktor noch eine Null nach dem Komma auftritt (Aufgabe 3) wird noch klarer, ob das Stellenwertsystem verstanden wurde.

Es ist selbstverständlich, dass Aufgaben für den jeweiligen Zweck auch geeignet sein müssen. Dies gilt zunächst für die unterschiedlichen Situationen, in denen Aufgaben eingesetzt werden. So stellt man an Aufgaben, die in der Schule oder als Hausaufgabe bearbeitet werden andere Anforderungen als an Aufgaben, die in einer Test- oder Leistungssituation zu lösen sind. Man wählt für die erste Kategorie gerne die Bezeichnung *Lernaufgaben* und trennt sie von den *Leistungsaufgaben*. Zu diesen Kategorien gehören jeweils unterschiedliche Aufgabenfunktionen. Konkret sind es die Erwartungen an die Schülerinnen und Schüler, aber auch die mit den Aufgaben verbundenen Ziele, die sich dabei trennen lassen. So dienen Lernaufgaben eher dem Aufbau von Kompetenzen, Leistungsaufgaben sollen es hingegen möglich machen, vorhandene Kompetenzen zu zeigen. Damit unterstützen Lernaufgaben dann auch eher *Prozesse* des Lernens. Zwar ist nicht immer der Weg auch gleich das Ziel, aber Fehler sollten bei Lernaufgaben ein Anlass für den Erwerb von Wissen und Kompetenzen sein. Bei Leistungsaufgaben stehen hingegen meist die *Produkte* im Vordergrund, die erfolgreiches Lernen möglichst gut und damit fehlerfrei abbilden sollten. Fraglos müssen Leistungsaufgaben zu den bearbeiteten Lernaufgaben passen. Dies klingt selbstverständlich, scheint aber nicht immer zu gelingen. So stellt Drüke-Noe[2] in ihrer Untersuchung fest, dass in Klassenarbeiten überwiegend technische Anforderungen abgefragt werden

---

[1] www.bruchrechenunterricht.de (letzter Aufruf 06.08.2020).

[2] Christina Drüke-Noe, *1967, hat die Fächer Mathematik und Englisch studiert und mehrere Jahre an einem Gymnasium unterrichtet. Sie ist Mathematikdidaktikerin an der Pädagogischen Hochschule Weingarten. Ihr Arbeitsschwerpunkt ist die aufgabenbasierte Lernstands- und Leistungsdiagnostik.

und Aufgaben, bei denen andere prozessbezogene Kompetenzen (vgl. Kap. VII) erforderlich sind, kaum vorkommen. Klassenarbeiten spiegeln also bisher noch nicht wider, dass sich die Unterrichtskultur im Sinn einer Kompetenzorientierung weiterentwickelt hat ([37]). Zudem sind ausschließlich produktorientierte Leistungsaufgaben unpassend, wenn die Schülerinnen und Schüler mit offenen Lernumgebungen unterrichtet wurden. Wälti[3] [172] plädiert für die Entwicklung alternativer Leistungsbewertungs-Instrumente und berücksichtigt dabei unterschiedliche Informationsquellen. Dazu gehören Tests, Beobachtung von Schülerhandlungen, kriteriengeleitete Gespräche und Selbsteinschätzungen der Schüler ebenso wie „Mathematische Beurteilungsumgebungen (MBU)". Letztere sollen die Brücke zwischen den offenen Lernumgebungen und den Leistungsaufgaben schlagen. Im Kontext der Schweizer Zahlen- und Math-Bücher (z. B. [2, 3]) und im Internet[4] gibt es dazu umfangreiche und praxistaugliche Materialien.

Systemdiagnostik

Wir haben bereits in Kap. VII gesehen, dass Bildungsstandards nicht etwas anders geartete Lehrpläne sind, sondern mit ihrer Einführung auch die Kontrolle der Wirkungen von Unterricht verbunden ist. Als Instrument dienen zentrale Tests, durch die nicht die Inhalte der letzten Unterrichtssequenz, sondern übergreifende Kompetenzen verglichen werden. Die meisten deutschen Bundesländer beteiligen sich an nationalen Vergleichsarbeiten für allgemeinbildende Schulen und/oder nutzen länderspezifische Verfahren. Sie sollen zeigen, wie die Inhalte von Unterricht zum Erwerb von Kompetenzen geführt haben. Auch internationale Vergleichsuntersuchungen wie etwa PISA [144] sind in diesem Kontext einzuordnen.

Die Aufgaben für solche Vergleiche müssen einer Reihe von Kriterien genügen. Sie sollten gerade in der Mathematik sprachlich nicht überlastet sein, um wirklich fachspezifisches Wissen zu erfassen. Sie sollten darüber hinaus verständlich formuliert und möglichst eindeutig zu interpretieren sein. Ganz wesentlich ist außerdem, dass sie ausreichend differenzieren, sodass man gute und weniger gute Leistungen treffsicher voneinander unterscheiden kann. Zu diesem letzten Aspekt gehört auch, dass Schwierigkeitsniveaus von Aufgaben mit dem tatsächlichen Kompetenzniveau einer Schülerin oder eines Schülers zusammengebracht werden können. Um es ganz einfach zu erklären: Eine Aufgabe, die spezielles Wissen etwa über Fußball erfordert kann eine Person völlig unabhängig von ihrer mathematischen Kompetenz nicht lösen, wenn sie sich mit dieser Sportart nicht auskennt. Gute Testaufgaben fokussieren auf die Mathematik und fordern ansonsten eher Alltagswissen.

---

[3] Beat Wälti, *1960, ist Mathematikdidaktiker an der Pädagogischen Hochschule Bern, der langjährige Erfahrungen als Sekundarstufenlehrer gesammelt hat. Neben seiner Tätigkeit in der Lehrerbildung ist er an der Lehrplanentwicklung beteiligt und arbeitet als Lehrbuchautor.

[4] http://www.zahlenbu.ch (letzter Aufruf 06.08.2020).

Beispiele (Testaufgaben)

1. Kauf eines DVD-Players (VERA 8 Beispielaufgabe 2013: IQB[5]).

   In einem Online-Shop im Internet ist ein Angebot für einen tragbaren DVD-Player zu finden. Der ursprüngliche Preis dieses DVD-Players von 99,99 € wird um 20 % reduziert. Wenn man den Rechnungsbetrag vom Bankkonto abbuchen lässt, bekommt man auf diesen reduzierten Preis nochmal einen Rabatt von 5 %.

   Teilaufgabe 1: Gib den Preis für den DVD-Player an, wenn man ihn **ohne** Abbuchung vom Bankkonto bezahlt. Runde auf ganze Cent.

   Teilaufgabe 2: Es wird behauptet: „Statt zunächst den Preisnachlass von 20 % und anschließend den Rabatt von 5 % abzuziehen, kann man auch einmalig 25 % vom Preis des DVD-Players abziehen!"

   Ist diese Behauptung richtig?

   Begründe deine Antwort.

2. Nachfolgerzahl (VERA 8 Beispielaufgabe 2013: IQB).

   Frank behauptet:

   „Wähle eine natürliche Zahl und bilde ihre Nachfolgerzahl. Quadriere beide Zahlen und ziehe das kleinere Ergebnis vom größeren ab. Dann erhältst du die Summe der beiden ursprünglich gewählten Zahlen."

   Teilaufgabe 1: Überprüfe Franks Behauptung mit den beiden Zahlen 12 und 13.

   Teilaufgabe 2: Stimmt Franks Behauptung auch für zwei beliebige aufeinander folgende natürliche Zahlen?

   Begründe deine Antwort.

   $\square$

Zur Sache

Bei beiden Aufgaben geht es zunächst darum, den Text zu erfassen und die konkrete Problemstellung zu erkennen. Zudem unterscheiden sich die beiden Teilaufgaben jeweils in ihrem Anspruch.

Die erste Aufgabe kann man erfolgreich bearbeiten, indem man zuerst den Rabatt ausrechnet und dann subtrahiert: 20% · 99,99 €= 20 €; 99,99 €−20 €= 79,99 €. Etwas eleganter ginge es natürlich auch in einem Schritt: 80% · 99,99 €= 79,99 €. Teilaufgabe 2 erfordert streng genommen keine Rechnung. Da sich der Rabatt von 5% auf einen niedrigeren Grundwert bezieht, muss die Behauptung falsch sein. Natürlich kann man

---

[5] Das Kürzel IQB steht für das Institut zur Qualitätsentwicklung im Bildungswesen; Quelle für die Beispiele: https://www.iqb.hu-berlin.de/vera/aufgaben/ma1 (letzter Aufruf 18.07.2017).

das auch berechnen: $95\% \cdot 80\% = 76\% \neq 75\%$. Es sind also mehrere Lösungswege denkbar, dennoch kann klar beurteilt werden, ob eine Lösung korrekt ist. ◄

Beide Aufgaben dürften für nicht wenige Schülerinnen und Schüler der achten Klasse herausfordernd sein. Dennoch haben sie alle Merkmale einer Testaufgabe: Die Aufgabenstellungen sind klar beschrieben, die Bedingungen sind vollständig genannt und es gibt eindeutige Lösungen. Die zweite Aufgabe ermöglicht im ersten Teil eine vielleicht überraschende Entdeckung, die die im zweiten Teil sinngemäß gestellte Frage „ist das immer so?" (vgl. S. 81 und 169) provoziert.

In Kap. VII haben wir bereits diskutiert, dass die Zuordnung von Kompetenzstufen zu Aufgaben als ein Ansatz betrachtet werden kann, der eine relativ elaborierte Differenzierung von Schwierigkeiten erlaubt. Als Grundlage sind Kompetenzmodelle geeignet, in denen Inhalte und Prozesse so in Stufen beschrieben werden, dass sie Ergebnisse vorangegangener empirischer Tests widerspiegeln. Für den Bereich der Sekundarstufe ist das wohl aussagekräftigste Kompetenzmodell für Mathematik im Kontext von PISA entstanden. Es umfasst sechs Stufen, die (und das ist nur eine ganz kleine Auswahl sowohl der Stufen als auch ihrer Inhaltsbereiche) vom Antworten in vertrauten Kontexten (I) über die Fähigkeit zur Auswahl geeigneter einfacher Problemlösestrategien (III), das Vergleichen und Bewerten komplexer Problemlösestrategien (V) bis zum anspruchsvollen mathematischen Denken und Argumentieren (VI) reichen [152, S. 156]. Es sei angemerkt, dass Leuders[6] darüber hinaus eine Beurteilung der „inhaltlichen, kognitiven, strukturellen, generalisierenden, externen und konsequentiellen Validität" in die Diskussion eingebracht hat. Diese Ebenen dürften im Zusammenhang mit der Diagnosepraxis eine bedeutsame Rolle spielen [102].

Systemdiagnostik bedeutet im Grunde, dass weniger die Kompetenz der einzelnen Schülerin oder des einzelnen Schülers bewertet werden kann [86]. Testaufgaben decken zumeist nur einen kleinen Ausschnitt der möglichen Inhalte ab und bewegen sich auch im Hinblick auf die Differenzierung von Schwierigkeiten in einem engen Rahmen. Entsprechend sind mit Hilfe solcher Tests eher Aussagen über große Einheiten möglich. Wie steht eine Schule im Vergleich zu anderen da? Gibt es signifikante Unterschiede zwischen Stadt und Land bzw. zwischen verschiedenen Bundesländern? Solche Ergebnisse sind dann beispielsweise als Grundlage für politische Entscheidungen interessant.

---

[6]Timo Leuders, *1968, ist Professor für Mathematikdidaktik an der Pädagogischen Hochschule Freiburg. Einer seiner Forschungsschwerpunkte ist Diagnose und Förderung von Schülerinnen und Schülern in der Sekundarstufe I.

Teil X
Planung von Mathematikunterricht

Der Atomismus ist die letzte Weisheit der Unterrichtskunde –
Sprößling eines seichten Behaviorismus.

Freudenthal (1905–1990)

Hier soll es um die Konkretisierung der bisherigen Überlegungen gehen, was jedoch weder eine Zusammenfassung dieses Buches bedeutet, noch eine umfassende Abhandlung über qualitätvollen Mathematikunterricht – das würde allein ein ganzes Buch füllen. Vielmehr soll zunächst an Grundlagenwissen erinnert werden, das spezifisch auf das Fach Mathematik und auf Aspekte konkreter Unterrichtsplanung zugeschnitten ist. Zum Schluss wird ein kurzer Leitfaden vorgeschlagen, an dem man sich bei der Unterrichtsvorbereitung orientieren kann. Mag sein, dass manche Leserinnen und Leser einen Abschnitt zu Methoden vermissen. Eine grundlegende Einführung in die Mathematikdidaktik ist unserer Meinung nach allerdings der falsche Ort dafür. Doch eines sollte klar sein: Zunächst muss eine Unterrichtsstunde fachlich und didaktisch geplant sein, dann werden passende Methoden überlegt. Keinesfalls darf es umgekehrt sein.

Unterricht findet unter Bedingungen statt, die wegen ihrer Komplexität nur teilweise bei der Planung berücksichtigt werden können. Sie betreffen den Unterrichtsgegenstand selbst, der einerseits durch curriculare Vorgaben und die verfügbaren Lernmittel und andererseits durch eine tradierte Stoffkultur geprägt wird. Sie betreffen auch die Lehrkraft, die bestimmte Kompetenzen, Erfahrungen und Überzeugungen mitbringt und den Unterricht durch ihre Persönlichkeit maßgeblich beeinflußt. Nicht zuletzt spielen die Lernvoraussetzungen der Schülerinnen und Schüler eine zentrale Rolle und dabei neben Persönlichkeitsmerkmalen vor allem ihre Vorkenntnisse. Reusser spricht vom „didaktischen Dreieck", in dem der Gegenstand, die Lehrperson und der Lernende vernetzt sind [148]. Schließlich spielen auch die schulischen Rahmenbedingungen, wie etwa rechtliche Vorgaben bis hin zu den räumlichen Gegebenheiten und der Ausstattung mit Lernmitteln eine bestimmende Rolle für den Unterricht.

Dieses Kapitel behandelt nur Aspekte, die durch die Lehrkraft und ihre Unterrichtsplanung beeinflussbar sind und einen klaren und eher exklusiven Fachbezug haben. Gleichwohl ist es wesentlich, auch andere Bedingungen zu berücksichtigen, da sie in der Praxis durchaus auch einmal dominieren können. Neben den genannten Einflüssen spielt es z. B. eine große Rolle, was die Schülerinnen und Schüler vor der Mathematikstunde erlebt haben, ob die Ferien nahen oder wann die letzte Prüfung stattgefunden hat.

Unterrichtsqualität

33

Was ist guter Mathematikunterricht? Diese Frage haben wir bereits in Kap. II gestellt und mit theoretischem Schwerpunkt diskutiert. An dieser Stelle versuchen wir eher die praktischen Konsequenzen für zielführende Unterrichtsplanung in den Blick zu nehmen. Zunächst sei noch einmal an die Kriterien erinnert, nach denen die Qualität von Unterricht eingeschätzt werden kann (siehe auch [168, S. 418 ff.]):

1. Unterrichts- und Klassenführung,
2. Schülerorientierung,
3. kognitive und metakognitive Aktivierung.

Zur Klassenführung gehören alle Aktivitäten, die das komplexe Unterrichtsgeschehen steuern und koordinieren. Dabei geht es um die planbaren Abläufe ebenso wie um kurzfristig erforderliche Interventionen, für die eine Lehrkraft schnelle Entscheidungen fällen muss. Als qualitätvoll kann man das Lehrerhandeln dann bezeichnen, wenn es nicht nur auf Störungen des Ablaufs reagiert, sondern wenn es den Unterricht proaktiv und präventiv steuert (vgl. [100, S. 88]). In einem gut strukturierten, störungsarmen Unterricht wird die Lernzeit der Schülerinnen und Schüler bestmöglich genutzt, daher kann die *effektive Lernzeit* als Indikator für die Qualität der Klassenführung dienen. Hier wird bereits deutlich, dass die drei Aspekte der Unterrichtsqualität von den fachlichen und fachdidaktischen Kompetenzen der Lehrkraft erheblich abhängen. Mit gut strukturiertem Unterricht ist nämlich nicht nur gute Organisation gemeint, sondern ganz maßgeblich auch ein fachinhaltlich klares Lernangebot. Daher sind souveräne schulmathematische Kenntnisse der Lehrkraft unverzichtbare Voraussetzung für eine qualitätvolle Unterrichtsführung.

Im Mathematikunterricht sind es vor allem Aufgaben und ihre Implementierung (vgl. Kap. VIII), mit denen die Lernprozesse der Schülerinnen und Schüler initiiert und unterstützt werden[1]. Daher ist es nicht verwunderlich, dass das Potenzial der dargebotenen Aufgaben entscheidenden Einfluss auf die Lernprozesse hat. Je mehr *kognitiv aktivierende* Lerngelegenheiten Schülerinnen und Schülern angeboten werden, um so bessere Erfolge sind zu erwarten. Kognitive Aktivierung bedeutet dabei natürlich nicht schlichte Manipulation von Materialien oder das Abarbeiten von Routinen. In Kap. VII wurde gezeigt, welche Möglichkeiten die in den Bildungsstandards beschriebenen Aspekte der mathematischen Kompetenz hinsichtlich der Einschätzung des Potenzials von Aufgabenstellungen und hinsichtlich der Konstruktion gehaltvoller Aufträge bieten. Im Umgang mit Aufgaben und darüber hinaus bei jeder Lernaktivität zeichnet sich qualitätvoller Unterricht auch dadurch aus, dass er auch metakognitiv anregend ist (vgl. [168]). Damit ist gemeint, dass die Vorgehensweisen und Strategien im Unterrichtsgespräch und beim Lösen von Aufgaben explizit gemacht werden. Dies betrifft zunächst die Planung der Bearbeitung, dann die begleitende Kontrolle und schließlich die Reflexion über das Vorgehen im Rückblick (vgl. [29]). Um einen schlichten Vergleich zu bemühen: durch metakognitive Aktivitäten füllt man einen „Werkzeugkasten" mit Konzepten und Hilfsmitteln, die sich zur Bearbeitung mathematischer Problemstellungen eignen. Unter der Überschrift „quality of teaching" beschreibt John Hattie [56] in seiner viel beachteten Metaanalyse ganz ähnliche Kriterien für einen qualitätsorientierten Mathematikunterricht. Danach gilt es insbesondere, Schülerinnen und Schüler zum Durchdringen und Lösen von Problemen zu motivieren und ihre Fähigkeit zu mathematischem Denken und Argumentieren zu fördern.

Selbst effiziente Klassenführung und kognitiv aktivierende Aufgaben garantieren noch nicht den Unterrichtserfolg. Ganz wesentlich ist dafür ein hoher Beteiligungsgrad der Schülerinnen und Schüler. Auch wenn die Lehrkraft nur zum Teil Einfluss auf die individuelle Disposition der Lernenden hat (vgl. Kap. IV), kann sie durch *konstruktive Unterstützung* Lernschwierigkeiten reduzieren und Bereitschaft zur Beteiligung fördern. Auch dies erfordert solides fachliches und fachdidaktisches Wissen, um einerseits Schülerprobleme zu analysieren und andererseits adressatengerechte Hilfestellungen anbieten zu können.

Wie bereits mehrfach betont, setzen alle drei dargestellten Aspekte profunde fachliche und fachdidaktische Kompetenzen der Lehrkraft voraus, die nur bedingt durch Erfahrung entwickelt werden können. Daher ist die Bedeutung der Didaktik in der Lehrerbildung kaum zu überschätzen. Zudem sind wir der Meinung, dass alle drei Aspekte gleichermaßen wichtig sind und Defizite in einem Bereich nicht beliebig durch Stärken in einem anderen kompensiert werden können.

---

[1]Im Rahmen einer internationalen Videostudie wird berichtet, dass in den sieben untersuchten Ländern mehr als 80 % der Lernzeit für die Bearbeitung von Aufgaben verwendet wird [149, S. 69].

Unterrichten bedeutet, Schülerinnen und Schülern mit einem Lerninhalt vertraut zu machen. Es geht also um eine *Sache,* den groben Gegenstand des Unterrichts. Darüber hinaus braucht guter Unterricht aber auch eine *Kernidee,* warum es gerade dieser Inhalt sein soll. Die beiden Aspekte wollen wir im Folgenden präzisieren.

Die Sache

Grundlage jeder Unterrichtsplanung ist die fachlich fundierte Auseinandersetzung mit dem Gegenstand der Unterrichtsstunde („Sachanalyse"). Die Lehrkraft sollte dabei zunächst die Struktur des Themas herausarbeiten, Beziehungen zwischen Elementen und Teilgebieten herstellen und den Inhalt in größere Zusammenhänge einordnen – kurz: sich selbst sachkompetent machen. Dazu gehören z. B. Definitionen und Erläuterungen der wesentlichen Begriffe und Regeln, sowie Herleitungen von Formeln, Beweise wichtiger Sätze und Lösungen zentraler Aufgaben. Damit bildet die Sachanalyse die Grundlage für alle weiteren didaktischen und methodischen Überlegungen und Entscheidungen.

Die Kernidee

Die zweite und vielleicht schwierigste Frage, die es bei der Unterrichtsplanung zu klären gilt, ist: „Warum sollen die Schülerinnen und Schüler den zu behandelnden Gegenstand lernen?" Aus Sicht der Lehrperson könnte man auch fragen: „Was ist an dem Thema für mich selbst interessant?" oder: „Was ist der Witz an der Sache?" (vgl. [44]). Wie entscheidend die individuelle Antwort auf solche Fragen ist, soll an zwei Beispielen gezeigt werden.

Beispiel (Flächeninhaltsformeln)

Im Geometrieunterricht werden ausgehend vom Flächeninhalt eines Rechtecks nach und nach die Formeln für andere geradlinig begrenzte ebene Figuren wie Parallelogramme, Dreiecke und Trapeze entwickelt. Welche Bedeutung könnte das für die Schülerinnen und Schüler haben? Manche Schulbuchaufgaben suggerieren, dass Flächenberechnungen im Alltag vorkommen, wenn man z. B. ausrechnen möchte, wie viel Farbe man zum Streichen einer Wand benötigt. Nur: Wände sind selten Parallelogramme und die Farbe wird in ganzen Kübeln verkauft (zur Authentizität von Aufgaben vgl. auch Kap. VIII). Wozu also Flächeninhaltsformeln?

Es versteht sich von selbst, dass es keine allgemeingültige Antwort darauf gibt, aber eine könnte sein: Es geht darum, die *einheitliche Struktur* von Flächeninhaltsformeln zu durchschauen. Man erhält Flächeninhalte durch Multiplikation zweier Längen. Der Unterricht konzentriert sich auf die Frage, um welche Längen es geht, die Formeln sind klar und müssen nicht auswendig gelernt werden. Übrigens kommt man bei den im Unterricht vorkommenden Grundfiguren sogar mit *einer* Flächeninhaltsformel aus: Flächeninhalt = Mittellinie · Höhe.[1] ☐

Sicher wird schon an diesem Beispiel deutlich, dass die „Kernidee" der Lehrkraft entscheidende Folgen für die Unterrichtsplanung und -gestaltung hat [44]. Wer dem genannten Vorschlag folgt, wird die verschiedenen Figuren nicht einfach nacheinander behandeln, sondern großen Wert auf den Zusammenhang legen (vgl. auch [178]). Wegen der zentralen Bedeutung dieses Gedankens soll noch ein Beispiel verdeutlichen, wie wichtig es ist, über den „Witz an der Sache" nachzudenken.

Beispiel (Multiplikation negativer Zahlen)

Das Rechnen mit ganzen Zahlen ist zweifellos wichtiger Unterrichtsinhalt. Die Regel für die Multiplikation zweier negativer Zahlen kann man sich leicht einprägen. Ihre Behandlung stellt allerdings eine didaktische Herausforderung dar, zumal die bei der Einführung der ganzen Zahlen hilfreichen Modelle (Skalen, Pfeile, Guthaben und Schulden) hier weitgehend versagen. Eine Lehrkraft, deren Kernidee lautet: „Hauptsache, die Schülerinnen und Schüler rechnen fehlerfrei", wird die Regel mitteilen, allenfalls eine Eselsbrücke bauen und dann zügig zu Übungsaufgaben übergehen. Im Sinne eines verständnisorientierten Unterrichts ist das nicht *state of the art*. Und natürlich ist es möglich, an diesem Beispiel die grundlegende Idee des Permanenzprinzips zu erläutern. Der Schwerpunkt eines Unterrichts, der dieser Kernidee folgt, ist dann aber offensichtlich ein ganz anderer.

---

[1] Beim Kreis muss man nur überlegen, was mit „Mittellinie" gemeint sein könnte.

Zur Sache (Permanenzreihe)

Nachdem die Regeln für die Multiplikation einer negativen mit einer positiven Zahl über fortgesetzte Addition und das Kommutativgesetz entwickelt wurden, kann die „Permanenzreihe" zur Regel für die Multiplikation zweier negativer Zahlen führen:

$$
\begin{array}{ccccc}
(-3) & \cdot & (+2) & = & -6 \\
& & \Big\downarrow {\scriptstyle -1} & & \Big\downarrow {\scriptstyle +3} \\
(-3) & \cdot & (+1) & = & -3 \\
& & \Big\downarrow {\scriptstyle -1} & & \Big\downarrow {\scriptstyle +3} \\
(-3) & \cdot & 0 & = & 0 \\
& & \Big\downarrow {\scriptstyle -1} & & \Big\downarrow {\scriptstyle +3} \\
(-3) & \cdot & (-1) & = & ?
\end{array}
$$

Damit das Neue sich als konsistent mit dem Bekannten erweist, kann nur die Lösung $(-3) \cdot (-1) = (+3)$ sinnvoll sein. ◄

Es ist nicht immer leicht, eine zündende Kernidee zu finden, und es gibt leider auch kein Rezept dafür. Als Weg hat sich jedoch vielfach der Austausch bewährt. Diskussionen mit Kolleginnen und Kollegen (auch fachübergreifend) und Wachsamkeit bei Schüleräußerungen liefern oft gute Anregungen für individuelle Kernideen.

Aufgabe (Kernideen)
Überlegen Sie sich Ihre Kernideen zu folgenden Unterrichtsthemen:

1. Aufstellen von Termen
2. Kreisumfang
3. Relative Häufigkeit

□

Unterrichtsformen

35

Um es gleich zu Beginn dieses Abschnitts klarzustellen: Es gibt keine „guten" oder „schlechten" Unterrichtsformen. Jede der im Folgenden skizzierten Varianten hat ihre Bedeutung. Für einzelne Unterrichtsphasen muss die Lehrkraft jeweils eine geeignete Unterrichtsform auswählen; dies ist wesentlicher Teil der Vorbereitung. Die viel zitierte und zu Recht geforderte „Methodenvielfalt" sollte nicht als Aufforderung zu einem Showprogramm missverstanden werden. Vielmehr ist es für einen interessanten, abwechslungsreichen Unterricht günstig, lehrerzentrierte und schülerzentrierte Phasen einzuplanen, wobei deren Umfang je nach Unterrichtsgegenstand und Alter der Schülerinnen und Schüler variieren kann.

Lehrerzentrierter Unterricht

Aus mindestens zwei Gründen ist es sinnvoll, im Unterrichtsablauf lehrerzentrierte Phasen vorzusehen. So gibt es mathematische Probleme, die von den Schülerinnen und Schülern ohne Steuerung durch die Lehrkraft nicht selbständig gelöst werden können. Hier eignen sich alle denkbaren Spielarten des *Lehrervortrags*. Dazu gehört das eventuell durch Anschauungsmaterialien und Experimente unterstützte (kurze) Referat ebenso wie ein Lehrgespräch, dessen berühmtes Vorbild der „Sokratische Dialog" ist. Nun ist die Idee einer Lenkung der Gedanken durch gezielte Fragestellungen eher nur mit einzelnen Schülerinnen und Schülern sinnvoll umsetzbar. Das weit verbreitete fragend-entwickelnde Unterrichtsgespräch ist zumindest problematisch und kann wohl kaum mit der Diskurskunst des Sokrates verglichen werden. Diese zeigt sich in eindrucksvoller Weise im Dialog mit dem Schüler Menon[1] der durch Fragen und Kommentare zur Erkenntnis geführt wird, dass ein Quadrat mit doppeltem Flächeninhalt nicht durch Verdoppelung der Seitenlänge entsteht, sondern indem man das Quadrat über der Diagonalen zeichnet (Abb. 35.1).

---

[1] In [181] ist eine Übersetzung des Dialogs aus Platons „Menon" abgedruckt.

K. Reiss und C. Hammer, *Grundlagen der Mathematikdidaktik*, Mathematik Kompakt,
https://doi.org/10.1007/978-3-030-65429-0_35

Abb. 35.1 Verdopplung des
Quadrats

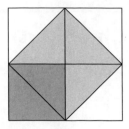

Lehrgespräche, bei denen nicht nur wenige Schülerinnen und Schüler aktiv sind, sondern eine ganze Klasse profitiert, sind äußerst anspruchsvoll für alle Beteiligten. Sie erfordern auf Seiten der Lehrkraft fundierte didaktische Kompetenz und viel Erfahrung, auf Seiten der Schülerinnen und Schüler eine hohe Aufmerksamkeit. Kühnel[2] [95] kritisiert die „fragend-entwickelnde Lehrform" mit fünf Argumenten:

- „Sie verschließt den Kindern den Mund."
- „[…] sie wendet sich an zu wenig."
- „Die Frage nimmt den Kindern die Arbeit ab."
- „Die Frage unterbindet die Zielbewußtheit des geistigen Tuns.
- „Die Frage überträgt die Unehrlichkeit des Fragenden auf die Kinder."

Es lohnt sich auch heute, den über hundert Jahre alten Text zu lesen, in dem Kühnel die Argumente ausführlich erläutert und begründet. Hier kann dies nur ganz kurz und damit verkürzend geschehen: Der erste Punkt betrifft die Notwendigkeit, die Fragen und Erzählungen der Kinder einzuschränken, was sie in der Konsequenz verstummen lässt. Das zweite Argument bedarf keiner Erklärung, wenn man eigene Erfahrungen dazu gesammelt hat. Im dritten und vierten Gedanken soll ausgedrückt werden, dass entwickelndes Vorgehen den Kindern eben die Entwicklungsarbeit abnimmt und deshalb auch planvolles, zielbewusstes Denken unnötig macht. Der letzte Punkt ist besonders heikel. Kühnel meint mit Unehrlichkeit, dass derjenige fragt, der (vielleicht als einziger) die Antwort weiß. Dass also den Schülerinnen und Schülern Fragen gestellt werden, zu denen sie die richtige Antwort vielleicht noch nicht wissen können, sondern erst lernen sollen. Die Frage „Welches Ergebnis hat 7·8?" ist unehrlich, im Gegensatz zu „Wie überlegst du bei der Aufgabe 7·8?" Vielleicht sind manchen Kühnels Gedanken zu radikal, sie könnten aber Anregungen bieten, über das eigene Gesprächsverhalten im Unterricht nachzudenken.

Ein wichtiger Grund für lehrerzentrierte Unterrichtsphasen liegt in der bereits in Kap. VIII erläuterten Bedeutung von Aufgaben im Mathematikunterricht. Auch wenn es lernförderlich sein kann, in der Klasse eigene Aufgaben entwickeln zu lassen, ist es normalerweise die Lehrperson, die Aufgaben und Reihenfolge der Bearbeitung festlegt. Für die Unterrichtsplanung ist damit die Auswahl von Aufgaben verbunden, ggf. ihre Anpassung an die

---

[2]Johannes Kühnel (1869–1928) kann als ganz früher Vertreter der Mathematikdidaktik angesehen werden. Er verfolgte einen reformpägogischen Ansatz.

angestrebten Ziele und die Entscheidung über die Art ihrer Präsentation. Auch wenn dies selbstverständlich zu sein scheint, betonen wir, dass die Bedeutung dieses Aspekts nicht unterschätzt werden sollte. Insbesondere genügt es nicht, unreflektiert Aufgaben zu bearbeiten, nur weil sie so im Schulbuch stehen. Dies gilt natürlich auch für Hausaufgaben, über die schon bei der Unterrichtsvorbereitung nachgedacht werden sollte.

In neuerer Zeit wurde der Gedanke des „Lernens im Dialog" von Gallin und Ruf aufgegriffen, die einen Dialog in schriftlicher Form vorschlagen [44]. Dabei gibt die Lehrkraft Aufträge und konstruktive Rückmeldungen zu Schülertexten. In diesem Konzept wird deutlich, dass schulisches Lernen natürlich vom Dialog zwischen Lehrkräften und Schülerinnen und Schülern lebt, also vom „Austausch unter Ungleichen" [44]. Im Gegensatz zum kritisierten fragend-entwickelnden Unterricht werden dabei individuelle Lernwege in den Mittelpunkt gerückt, aber dennoch von der Lehrkraft gesteuert. Eine große Herausforderung besteht in der Formulierung geeigneter Aufträge, die den Schülerinnen und Schülern substanzielle Lernmöglichkeiten eröffnen. Dazu haben wir bereits in Kap. VIII und in S. 195 („Kernidee") Anregungen formuliert. Zudem gilt es, möglichst alle Schülerdokumente zu sichten und zu analysieren, um konstruktive Rückmeldungen geben zu können.

Schülerzentrierter Unterricht

So wichtig die Rolle der Lehrperson bei der Steuerung des Unterrichts ist, so entscheidend ist auch, dass Schülerinnen und Schüler Gelegenheiten für eigene mathematische Aktivitäten erhalten. Dafür gibt es vielfältige Möglichkeiten, die von Rechercheaufträgen über Präsentationen bis zu mathematischen Diskussionen und Eigenproduktionen führen. Durch Arbeit mit Material oder Software sind Entdeckungen möglich, die mindestens zu Vermutungen, manchmal auch zu mathematisch gültigen Argumenten führen.

Beispiele (Entdeckendes Lernen)

1. Der Satz des Thales kann in der Klasse entdeckt werden. Eine Möglichkeit ist zum Beispiel, die rechtwinklige Ecke des Geodreiecks durch einen geraden Schlitz (kürzer als die Hypotenuse des Geodreiecks) in einem Karton zu schieben. Die sich ergebenden Eckpunkte liegen auf dem Thaleskreis. Mittels Dynamischer Geometrie Software (DGS) lässt sich die „Entdeckung" dann bestätigen und – wenn gewünscht – zum Umfangswinkelsatz verallgemeinern.

2. Um die Begriffe Variable und Term mit Schüleraktivitäten zu erarbeiten, gibt es in vielen Schulbüchern gute Anregungen (z. B. [2]). Wenn etwa ein Muster vorgegeben und danach gefragt wird, wie es weitergeht. Bei folgenden Figuren soll man herausfinden, aus wie vielen kleinen Quadraten die 3., 4., 5., …, n-te Figur zusammengesetzt werden kann (Abb. 35.2):
   Dabei kann man entdecken, dass der Term die Situation ein für alle Mal beschreibt und nicht bei jeder Figur neu nachgedacht werden muss.   □

Abb. 35.2 Die beiden ersten
Figuren des Musters

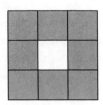
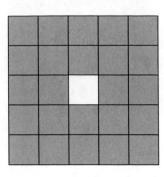

Zur Sache (Mustererkennung)

Beim zweiten Beispiel zeigt sich, dass man je nach Sichtweise (bzw. Zerlegung der Figur,
siehe Abb. 35.3, n steht für die Nummer der Figur) auf unterschiedliche Terme kommt,
über deren Äquivalenz bereits in der Unterstufe diskutiert werden kann. ◄

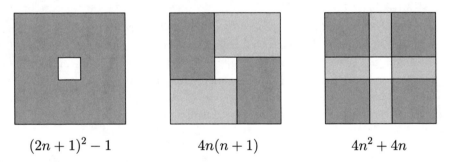

$$(2n + 1)^2 - 1 \qquad\qquad 4n(n + 1) \qquad\qquad 4n^2 + 4n$$

Abb. 35.3 Verschiedene Zerlegungen

Bei der Unterrichtsplanung ist es also wichtig zu überlegen, welche Informationen die Lehrkraft den Schülerinnen und Schülern geben muss und welche Inhalte sie selbst erarbeiten
können. Dadurch ergibt sich ein Wechselspiel zwischen lehrerzentrierten und schülerzentrierten Phasen (vgl. Kap. II). Es versteht sich von selbst, dass Lehrervorträge bei jüngeren
Kindern kürzer ausfallen müssen als bei älteren Jugendlichen, bei denen zunehmend Vor-
lesungsstil möglich ist. Zur Gestaltung der schülerzentrierten Phasen sei an dieser Stelle
noch einmal an das Konzept der Lernumgebungen (vgl. S. 169) erinnert, das genau auf das
„Lernen auf eigenen Wegen" abzielt.

Leitfaden für die Unterrichtsplanung

Die Sache

Wie schon in Kap. 34 angesprochen, gilt es zunächst, die sachliche Basis der zu planenden Unterrichtseinheit zu klären. Dabei geht es um zentrale Begriffe und Regeln ebenso wie um die mathematische Struktur der Inhalte. Bei den zu bearbeitenden Aufgaben empfiehlt es sich, Lösungen bereitzulegen und auch über unterschiedliche Lösungswege nachzudenken. Es kommt immer wieder vor, dass die Tücken einer Aufgabe erst beim zweiten Blick sichtbar werden. Zudem wird das Potenzial einer Aufgabe und erst recht einer Lernumgebung oft nur bei der Bearbeitung deutlich. Zwar mag es trivial klingen, dass die fachliche Qualifikation der Lehrkraft wesentlichen Einfluss auf das Unterrichtsgeschehen hat, aber man sollte diesen Punkt nicht unterschätzen. Sehr häufig kommt es vor, dass Schülerinnen und Schüler unerwartete Antworten geben oder Fragen stellen, auf die nur angemessen reagieren kann, wer fachlich souverän ist [31].

Die Ziele

Hier geht es um die Frage, welche konkreten Kompetenzen und Fertigkeiten auf der Basis der Vorkenntnisse und Lernvoraussetzungen der Schülerinnen und Schüler angestrebt werden sollen. Dabei sollten nicht nur die durch die mathematischen Inhalte naheliegenden Ziele, sondern auch die allgemeinen mathematischen Kompetenzen ins Auge gefasst werden. In jedem Fall lohnt sich ein Blick in den Lehrplan. Moderne Lehrpläne sind kompetenzorientiert formuliert und zeigen sowohl verbindliche als auch fakultative Ziele auf. Zudem lassen sie an vielen Stellen Spielräume für Schwerpunktsetzungen und Vertiefungen. Diese Möglichkeiten sollten verantwortungsbewußt genutzt werden, wobei die individuellen didaktischen Überlegungen (vgl. Kap. 34) als Rahmen dienen.

Es ist oft gar nicht so einfach, die Ziele einer Unterrichtsstunde oder Unterrichtseinheit zu formulieren. Insofern ist es auch nützlich sich zu überlegen, ob ein mathematischer Sachverhalt durch die Lehrkraft präsentiert oder durch die Klasse erarbeitet, von den

Schülerinnen und Schülern betrachtet oder verstanden, von ihnen selbstständig oder unter Anleitung angewendet werden soll. Lernen findet statt, wenn Information redundant angeboten und verarbeitet wird. Es kommt also sicherlich nicht darauf an, in einer einzelnen Stunde große Schritte zu erwarten, sondern sie vielmehr unter Beachtung des Vorwissens realistisch einzuschätzen.

Der Ablauf

Schließlich wird ein Ablauf festgelegt, bei dem erneut die didaktischen Überlegungen und die Wahl der Unterrichtsformen (vgl. Kap. 35) bedeutsam sind. Dabei stehen – ganz klar – die Ziele im Mittelpunkt der Betrachtungen. Welche inhaltlichen Aspekte werden hier umgesetzt? Gibt es eine mehr oder minder zwingende oder natürliche Reihenfolge? Es empfiehlt sich dann, nicht nur zu überlegen, welche Unterrichtssequenzen lehrerzentriert und welche schülerzentriert ablaufen sollen, sondern auch die Übergänge zwischen diesen Phasen zu planen. Man sollte darauf achten, dass Fragen und Aufträge formuliert werden, die bei den Schülern als Impulse wirken. Daher kann es hilfreich sein, sich Schlüsselformulierungen *wörtlich* zurechtzulegen, da genau die „Gelenkstellen" entscheidend für einen sinnvollen und reibungslosen Ablauf sind.

Bei diesen Überlegungen sollte auch berücksichtigt werden, dass möglichst allen Schülerinnen und Schülern Gelegenheiten gegeben werden, sich für eine gewisse Zeit selbstständig mit den Unterrichtsinhalten zu beschäftigen. Dabei kann man sich vom „ICH–DU–WIR-Prinzip"[1] leiten lassen, nach dem Unterricht grundsätzlich in drei Schritte gegliedert werden sollte: Zunächst setzen sich die Schüler individuell mit einem Auftrag auseinander (ICH), dann treten sie in den Dialog mit einem DU (Lehrer, Mitschüler), das möglichst konstruktive Rückmeldungen gibt. Erst dann wird das Regelhafte, die richtige Lösung für alle gemeinsam festgehalten (WIR)[2]. Schließlich ist zu überlegen, wie der Lernfortschritt und die Lernergebnisse überprüft und gesichert werden sollen. Dafür sind z. B. wohlüberlegte Testaufgaben oder Zusammenfassungen durch die Klasse geeignet. Vielfach hat sich auch ein schriftlicher Lernbericht bewährt, in dem individuell und konkret festgehalten wird, welcher Lernzuwachs von den Schülerinnen und Schülern selbst wahrgenommen wurde. Dabei ist es wichtig, dass entsprechende Aussagen nicht zu allgemein gehalten, sondern mit Beispielen („…ich kann jetzt Aufgaben wie …lösen.") verdeutlicht werden. Wenn all dies geplant ist, muss noch für Arbeits- und Demonstrationsmaterialien gesorgt werden, dann steht einer gelungenen Stunde (fast) nichts mehr im Weg.

---

[1] Oder in der angelsächsischen Literatur: „THINK–PAIR–SHARE"

[2] Gallin/Ruf haben als Titel für ein Schülerarbeitsbuch „ICH mache das so! Wie machst DU es? Das machen WIR ab." [45] gewählt. Man achte auf die Interpunktion.

Hinweise zu den Aufgaben

Zuviel Mathe S. 5

Was die Nützlichkeit der Inhalte des Mathematikunterrichts betrifft, hat Heymann sicher recht. Nach der Prozentrechnung könnte man unter diesem Gesichtspunkt tatsächlich mit der Mathematik aufhören. Dass es aber wesentlich auf andere Aspekte als den der Nützlichkeit ankommt, wird hoffentlich in diesem Buch an vielen Stellen deutlich. Nebenbei bemerkt: wenn Nützlichkeit ein Motiv wäre, Mathematik zu lernen, dann könnten alle Menschen Prozentrechnen, die (einigermaßen erfolgreich) an einer weiterführenden Schule gewesen sind.

Potenzgesetze S. 32

- $a^m \cdot a^n = \underbrace{a \cdot a \ldots \cdot a}_{m-\text{mal}} \cdot \underbrace{a \cdot a \ldots \cdot a}_{n-\text{mal}} = \underbrace{a \cdot a \ldots \cdot a}_{m+n-\text{mal}} = a^{m+n}$

- $(a^m)^n = \underbrace{a^m \cdot a^m \ldots \cdot a^m}_{n-\text{mal}} = \underbrace{\underbrace{a \cdot \ldots \cdot a}_{m-\text{mal}} \cdot \ldots \cdot \underbrace{a \cdot \ldots \cdot a}_{m-\text{mal}}}_{n-\text{mal}} = a^{m \cdot n}$

- $a^m \cdot a^0 = a^{m+0} = a^m \Rightarrow a^0 = 1$. Ein weniger formales Argument im Sinn des Permanenzprinzips kann auch die Betrachtung des Graphen der reellen Exponentialfunktion sein. Um Stetigkeit zu gewährleisten muss $\lim\limits_{x \to 0} a^x = 1$ gelten.

- Es gäbe ein Vorzeichenproblem, wenn man negative Basen zulässt und nicht zwischen geraden und ungeraden Exponenten unterscheiden kann. Welches Vorzeichen soll z. B. $(-2)^{\frac{1}{2}}$ haben?

Rechnen mit ganzen Zahlen S. 39

Da es sehr unterschiedliche Zugänge und Regelformulierungen gibt, kann diese Aufgabe nicht allgemein beantwortet werden. Wir geben Hinweise für die Idee, das Permanenzprinzip zu nutzen, um die Rechenregeln zu entwickeln. In [4] findet sich folgende Aufgabenstellung:

„Setze jeweils für x der Reihe nach die Zahlen 4 3 2 1 0 -1 -2 -3 -4 ein. Was stellst du fest?

A $2 + (x) =$ B $2 - (x) =$ C $-2 + (x) =$ D $-2 - (x) =$
E $2 + (-x) =$ F $2 - (-x) =$ G $-2 + (-x) =$ H $-2 - (-x) =$"

Die Lehrkraft sollte in einer instruktionalen Phase ggf. mit Beispielen klären, was die Schülerinnen und Schüler konkret tun sollen und dass Aufgaben dabei sind, bei denen sie noch keine Regeln kennen, aber Vermutungen äußern sollen. Dann arbeiten die Schülerinnen und Schüler selbständig und versuchen, auch Lösungen für „neue" Aufgaben zu finden, indem sie die Entdeckung nutzen, dass manche Aufgaben die selbe Lösung haben. Probieren Sie es selbst aus.

Ziel ist es zu erkennen, dass Addition einer negativen Zahl das selbe Ergebnis hat wie die Subtraktion der Gegenzahl und Subtraktion einer negativen Zahl gleichbedeutend mit Addition der Gegenzahl ist. Dies wird in einer instruktionalen Phase festgehalten und gesichert.

Winkelsumme im Dreieck S. 50

Es gibt verschiedene geeignete Beweise für den Innenwinkelsummensatz. Die *enaktive* Ebene kann sowohl genutzt werden, um eine Hypothese zu entwickeln, als auch zu einem Beweis hinführen. Man könnte z. B.

- die Innenwinkel messen und die Ergebnisse addieren.
- die Ecken eines Papierdreiecks abreissen und nebeneinander legen.
- ein Dreieck an der Mittenlinie und die anderen beiden Ecken zur ehemaligen Dreiecksspitze falten.
- die Ebene mit kongruenten Dreiecken (teilweise) parkettieren.

Man sollte sich klarmachen, welche dieser Ideen zu einem korrekten Beweis weiterentwickelt werden können und wie das geschehen kann. So besteht z. B. beim Abreißen von Ecken – also auf der *enaktiven* Ebene – die Gefahr, sich auf den bloßen Augenschein zu verlassen. Die *ikonische* Ebene kann mit der bekannten Überlegungsfigur angesprochen werden, bei der man eine Parallele zur Grundseite des Dreiecks durch die gegenüber liegende Ecke einzeichnet. Auf der *symbolischen* Ebene wird dann mit Stufen- oder Wechselwinkeln oder Symmetrieüberlegungen argumentiert. Bis auf die Messübung können alle genannten Aktivitäten zu korrekten Argumentationen entwickelt werden.

Abgestufte Lösungshilfen S. 68

Hilfe 1: Klärung der Aufgabenstellung, insbesondere der vorkommenden Begriffe (Zylinder, Oberfläche, Volumen)

Hilfe 2: Notieren der Beziehungen zwischen Oberfläche, Volumen, Radius und Körperhöhe
Hilfe 3: Welches ist die Zielfunktion und worin besteht die Nebenbedingung?
Hilfe 4: Extremwertbestimmung und Interpretation.

Beweisen S. 77
Mögliche Aspekte:

- Können Schülerinnen und Schüler selbst auf die Beweisidee kommen? Welche Impulse sind dazu sinnvoll?
- Ist die Beweisidee anschlussfähig? Werden im Sinn der vertikalen Vernetzung vorhergehende Inhalte angewandt und kann man diese Idee noch an anderen Stellen sinnvoll einsetzen?
- Stehen die Flächeninhalte oder die Streckenlängen im Vordergrund? Bei den Anwendungsaufgaben geht es fast ausschließlich um Streckenlängen.

Taxigeometrie S. 90

- Man könnte die Anzahl der Gitterpunkte im Inneren betrachten. Informieren Sie sich auch über die Formel von Pick.
- Muss man zum Beispiel drei Streckenstücke nach rechts und zwei nach oben gehen, kann ein Weg durch rrroo beschrieben werden. Alle Kombinationsöglichkeiten, die dreimal r und zweimal o enthalten, ergeben mögliche Wege. Es gibt also $\binom{3}{5} = \binom{2}{5} = 10$ verschiedene Wege.

Spiralprinzip S. 103
Hier kann man sich z. B. an den Stufen des Begriffsverständnisses nach Vollrath ([170], S. 202 ff) orientieren. In der Grundschule werden die Grundlagen gelegt und dann immer wieder aufgegriffen. So entwickelt sich ausgehend vom intuitiven inhaltliches und schließlich integriertes Begriffsverständnis. Machen Sie sich klar, was damit jeweils konkret gemeint ist.

Satz des Pythagoras S. 112
Zwei Vernetzungsmöglichkeiten wurden im Text bereits dargestellt: Flächenvergleich mit dem Prinzip der Ergänzungsgleichheit und Streckenverhältnisse ähnlicher Figuren. Bei der Figuren- und Körpergeometrie geht es um die Berechnung von Höhen (z. B. gleichseitiges Dreieck oder Pyramide bzw. Kegel). In der Trigonometrie sind die Beispiele Kosinussatz (Verallgemeinerung) und $\sin^2 \varphi + \cos^2 \varphi = 1$ („trigonometrischer Pythagoras") einschlägig. Auch in der analytischen Geometrie bedient man sich immer wieder dieses berühmten Satzes.

Konstruktivismus S. 134

Kurzfassung des Artikels in [49]:

„Die gegenwärtige Konstruktivismus-Diskussion bietet in Bezug auf den Wissenserwerb ein uneinheitliches und verwirrendes Bild. Aus diesem Grund werden drei Diskussionslinien in diesem Beitrag herausgearbeitet. Ausgehend von Fragen nach der Objektivität des Wissens und dessen Verhältnis zur Welt, nach der theoretischen Modellierung des Wissens, seiner kontextuellen und kulturellen Einbettung und schließlich nach den Möglichkeiten der Förderung des Wissenserwerbs werden drei Varianten unterschieden (1) Konstruktivismus als Erkenntnis- und Wissenschaftstheorie, (2) ‚Neuer‘ Konstruktivismus in der Soziologie, Kognitionswissenschaft und Psychologie, (3) konstruktivistische Ansätze in der Instruktionspsychologie und empirischen Pädagogik. Abschließend werden Schlußfolgerungen für die Psychologie des Wissenserwerbs gezogen.“

Bruchdivision S. 149

Hier haben wir ein Beispiel für eine Permanenzreihe (vgl. S. 197). Man erkennt, dass – wie bei der Division natürlicher Zahlen – mit der Halbierung der Divisoren die Verdopplung der Ergebnisse einhergeht. Division durch $\frac{1}{4}$ ist gleichbedeutend mit der Multiplikation mit dem Kehrwert $\frac{4}{1}$.

Alltagsbezug S. 159

Alltagsbezug ist eine sehr relative Angelegenheit. Die Mathematik von Hypothekenkrediten kann sehr authentisch empfunden werden, es fragt sich allerdings, ob das für Schülerinnen und Schüler der 6. Klasse zutrifft. Wir wollen zwei Aspekte formulieren, die Sie bei der Beurteilung „Ihrer“ Aufgabe neben der Angemessenheit hinsichtlich der Lebenswelt von Jugendlichen in Betracht ziehen sollten:

- Ist das Problem authentisch in Hinblick auf die Sachsituation, kommt es in der Realität *so* vor?
- Würde man das Problem tatsächlich mit den mathematischen Methoden lösen, die im Unterricht behandelt werden?

Sie merken schon, dass es nicht so einfach ist, authentische Aufgaben mit Alltagsbezug zu finden (vgl. auch „Zuviel Mathe“ S. 5). Aber das ist vielleicht nicht so schlimm, denn es gibt ganz viele interessante innermathematische Problemstellungen.

Offene Aufgaben S. 162

Es handelt sich um eine Fermiaufgabe (1) und einen offenen Auftrag zur Verbalisierung (2). Wir müssen unsere Position hier nicht wiederholen, dass wir solche Aufgaben für kognitiv anregend und wertvoll halten. Eine Umformulierung im Sinn von Konkretisierung und

Einengung droht diesen Wert zu zerstören. Es ist überflüssig zu erwähnen, dass im Unterricht auch geschlossene Aufgaben ihren wichtigen Platz haben[1].

Unsichtbarer Schnittpunkt S. 165

Nennen wir die gegebenen Geraden g und h. Die Richtung der gesuchten Winkelhalbierenden kann man finden, indem man z.B. zu g eine Parallele k zeichnet, die h auf dem Blatt schneidet. Eine der beiden Winkelhalbierenden von h und k ist parallel zur gesuchten Winkelhalbierenden.

Nun brauchen wir noch einen Punkt, der auf ihr liegt. Man könnte diesen so konstruieren, wie es in „Zur Sache" (S. 165) beschrieben ist.

Oder man betrachtet die Schnittpunkte P und Q der anderen Winkelhalbierenden mit g und h. Der Mittelpunkt der Strecke $[PQ]$ muss aus Symmetriegründen auf der gesuchten Winkelhalbierenden liegen.

Fachdidaktisches Wissen S. 182

Die Frage wurde im Text beantwortet.

Klassiker S. 183

Man könnte mit einfachen Zahlenbeispielen einen kognitiven Konflikt erzeugen, oder schlicht summandenweise ausmultiplizieren. Gut geeignet ist auch die graphische Darstellung als Rechtecksflächen.

Kernideen S. 197

Hier gibt es keine „Musterlösungen". Kernideen sind individuell und situationsabhängig. Dennoch machen wir stichpunktartige Vorschläge:

- Terme sind dazu da, Probleme ein für allemal zu lösen.
- Es handelt sich um eine Proportionalität – es geht erst in zweiter Linie um π.
- Vergleich absoluter Häufigkeiten bringt bei verschiedenen Grundgesamtheiten nichts.

---

[1] Den Spruch: „Wer immer offen ist, ist nicht ganz dicht" haben wir von Wilfried Herget gehört, zumindest sinngemäß stammt er vermutlich von Kurt Tucholsky.

Literatur

1. Affolter, W., Beerli, G. Hurschler, H., Jaggi, B., Jundt, W., Krummenacher, R., Nydegger, A., Wälti, B. & Wieland, G. (2002). *mathbu.ch 7, Arbeitsheft*. Zug: Klett und Balmer.
2. Affolter, W., Beerli, G. Hurschler, H., Jaggi, B., Jundt, W., Krummenacher, R., Nydegger, A., Wälti, B. & Wieland, G. (2003). *mathbu.ch 7* (2. Aufl.). Zug: Klett und Balmer.
3. Affolter, W., Amstadt, H. Doebeli, M. & Wieland, G. (2009). *Schweizer Zahlenbuch 5*. Zug: Klett und Balmer.
4. Affolter, W., Beerli, G. Hurschler, H., Jaggi, B., Jundt, W., Krummenacher, R., Nydegger, A., Wälti, B. & Wieland, G. (2014). *mathbuch 2*. Zug: Klett und Balmer.
5. Aigner, M. & Behrends, E. (2009). *Alles Mathematik. Von Pythagoras zum CD-Player*. (3. Aufl.) Braunschweig: Vieweg.
6. Amelang, M. & Schmidt-Atzert, L. (2006). *Psychologische Diagnostik und Intervention*. Heidelberg: Springer.
7. Artelt, C., Stanat, P., Schneider, W. & Schiefele, U. (2001). Lesekompetenz: Testkonzeption und Ergebnisse. In J. Baumert, E. Klieme, M. Neubrand, M. Prenzel, U. Schiefele, W. Schneider, P. Stanat, K-J. Tillmann & M. Weiß (Hrsg.), *PISA 2000 – Basiskompetenzen von Schülerinnen und Schülern im internationalen Vergleich* (S. 69–137). Opladen: Leske + Budrich.
8. Aster, M. von & Lorenz, J. H. (2005). *Rechenstörungen bei Kindern. Neurowissenschaft, Psychologie, Pädagogik*. Göttingen: Vandenhoeck & Ruprecht.
9. Baumert, J., Lehmann, R., Lehrke, M., Schmitz, B., Clausen, M., Hosenfeld, I., Köller, O. & Neubrand, J. (1997). *TIMSS – Mathematisch-naturwissenschaftlicher Unterricht im internationalen Vergleich: Deskriptive Befunde*. Opladen: Leske + Budrich.
10. Baumert, J. & Köller, O. (1998). Interest research concerning secondary level I: An overview. In L. Hoffmann, A. Krapp, K. A. Renninger & J. Baumert (Eds.), *Interest and learning. Proceedings of the Seeon conference on interest and gender* (pp. 241–257). Kiel: IPN.
11. Baumert, J., Lehmann, R., Lehrke, M., Clausen, M., Hosenfeld, I., Neubrand, J., Patjens, S., Jungclaus, H. & Günther, W. (Hrsg.). (o. J.). *Testaufgaben Mathematik TIMSS 7./8. Klasse (Population 2)*. Berlin: Max-Planck-Institut für Bildungsforschung.
12. Baumert, J., Klieme, E., Neubrand, M., Prenzel, M., Schiefele, U., Schneider, W., Stanat, P., Tillmann, K. J. & Weiß, M. (Hrsg.). (2001). *PISA 2000. Basiskompetenzen von Schülerinnen und Schülern im internationalen Vergleich*. Opladen: Leske + Budrich.

© Der/die Autor(en), exklusiv lizenziert durch Springer Nature Switzerland AG 2021
K. Reiss und C. Hammer, *Grundlagen der Mathematikdidaktik*, Mathematik Kompakt,
https://doi.org/10.1007/978-3-030-65429-0

13. Baumert, J. & Kunter, M. (2011). Das Kompetenzmodell von COACTIV. In M. Kunter, J. Baumert, W. Blum, U. Klusmann, S. Krauss & M. Neubrand (Hrsg.), *Professionelle Kompetenz von Lehrkräften: Ergebnisse des Forschungsprogramms COACTIV* (S. 29–53). Münster: Waxmann.

14. Baumert, J. & Kunter, M. (2011). Das mathematikspezifische Wissen von Lehrkräften, kognitive Aktivierung im Unterricht und Lernfortschritte von Schülerinnen und Schülern. In M. Kunter, J. Baumert, W. Blum, U. Klusmann, S. Krauss & M. Neubrand (Hrsg.), *Professionelle Kompetenz von Lehrkräften: Ergebnisse des Forschungsprogramms COACTIV* (S. 163–192). Münster: Waxmann.

15. Behrends, E., Gritzmann, P. & Ziegler, G. (Hrsg.) (2008). *π und Co. Kaleidoskop der Mathematik*. Berlin: Springer.

16. Blum, W. & Kirsch, A. (1991). Preformal proving: examples and reflections. *Educational Studies in Mathematics, 22*, 183–203.

17. Blum, W. & Leiss, D. (2005). Modellieren im Unterricht mit der „Tanken"-Aufgabe. *mathematik lehren, 128*, 18–21.

18. Blum, W., Drüke-Noe, C., Hartung, R. & Köller, O. (2006). *mathematik lehren, 162*, 2–9.

19. Blum, W., Roppelt, A. & Müller, M. (2013). Kompetenzstufenmodelle für das Fach Mathematik. In H. A. Pant, P. Stanat, U. Schroeders, A. Roppelt, T. Siegle & C. Pöhlmann (Hrsg.), *IQB-Ländervergleich 2012. Mathematische und naturwissenschaftliche Kompetenzen am Ende der Sekundarstufe I* (S. 61–73). Münster: Waxmann.

20. Bruder, R. & Collett, C. (2011). *Problemlösen lernen im Mathematikunterricht*. Berlin: Cornelsen Scriptor.

21. Bruder, R. & Reibold, J. (2010). Weil jeder anders lernt. Ein alltagstaugliches Konzept zur Binnendifferenzierung. *Problemlösen lernen im Mathematikunterricht*. Berlin: Cornelsen Scriptor.

22. Bruner, J. S. (1970). *Der Prozess der Erziehung*. Düsseldorf: Schwann.

23. Bruner, J. S. (1988). *Studien zur kognitiven Entwicklung*. Stuttgart: Klett-Cotta.

24. Bruner, J. S. (2006). *In Search of Pedagogy: The Selected Works of Jerome Bruner, 1957–1978*. New York: Routledge.

25. Brunner, M., Kunter, M., Krauss, S., Klusmann, U., Baumert, J., Blum, M., Neubrand, M., Dubberke, T., Jordan, A., Löwen, K. & Tsai, Y. (2006). Die professionelle Kompetenz von Mathematiklehrkräften: Konzeptualisierung, Erfassung und Bedeutung für den Unterricht. In M. Prenzel & L. Allolio-Näcke (Hrsg.), *Untersuchungen zur Bildungsqualität von Schule. Abschlussbericht des DFG-Schwerpunktprogramms* (S. 54–82). Münster: Waxmann.

26. Carraher, T. N., Carraher, D. W. & Schliemann, A. D. (1985). Mathematics in the streets and in schools. *British Journal of Developmental Psychology, 3*, 21–29.

27. Clement, J. (1982). Algebra word problem solutions: Thought processes underlying a common misconception. *Journal for Research in Mathematics Education, 13*, 16–30.

28. Cohors-Fresenborg, E., Sjuts, J. & Sommer, N. (2004). Komplexität von Denkvorgängen und Formalisierung von Wissen. In M. Neubrand (Hrsg.), *Mathematische Kompetenzen von Schülerinnen und Schülern in Deutschland* (S. 109–144). Wiesbaden: Verlag für Sozialwissenschaften.

29. Cohors-Fresenborg, E. (2011). Metakognitive und diskursive Aktivitäten im Unterricht der Mathematik und anderer geisteswissenschaftlicher Fächer. In R. Haug & L. Holzäpfel (Hrsg.), *Beiträge zum Mathematikunterricht 2011* (S. 183–186). Münster: WTM.

30. Dehaene, S. (1999). *Der Zahlensinn oder warum wir rechnen können*. Basel: Birkhäuser.

31. Deiser, O., Reiss, K. & Heinze, A. (2012). Elementarmathematik vom höheren Standpunkt: Warum ist $0,\overline{9} = 1$? In W. Blum, R. Borromeo Ferri & K. Maaß (Hrsg), *Mathematikunterricht im Kontext von Realität, Kultur und Lehrerprofessionalität. Festschrift für Gabriele Kaiser* (S. 249–264). Wiesbaden: Springer Spektrum.

32. Delazer, M., Domahs, F., Bartha, L., Brenneis, C., Lochy, A., Trieb, T. et al. (2003). Learning complex arithmetic – an fMRI study. *Cognitive Brain Research, 18*, 76–88.

33. Deutsches PISA-Konsortium (Hrsg.). (2000). *Schülerleistungen im internationalen Vergleich: Eine neue Rahmenkonzeption für die Erfassung von Wissen und Fähigkeiten.* Berlin: Max-Planck-Institut für Bildungsforschung.

34. Deutsches PISA-Konsortium (Hrsg.). (2003). *Der Bildungsstand der Jugendlichen in Deutschland – Ergebnisse des zweiten internationalen Vergleichs.* Münster: Waxmann.

35. Deutsches PISA-Konsortium (Hrsg.). (2003). *Der zweite Vergleich der Länder in Deutschland – Was wissen und können Jugendliche?* Münster: Waxmann.

36. Dorn, M. (2004). *Lambacher Schweizer, Mathematik 6 (Ausgabe Bayern).* Stuttgart: Klett.

37. Drüke-Noe, C. (2014). *Aufgabenkultur in Klassenarbeiten im Fach Mathematik.* Wiesbaden: Springer Spektrum.

38. Edelmann, W. (2000). *Lernpsychologie.* Weinheim: Beltz.

39. Feuerlein, R. & Näpfel, H. (1992). *Physik 1.* München: Bayerischer Schulbuchverlag.

40. Franke, M. & Reinhold, S. (2016). *Didaktik der Geometrie in der Grundschule.* Heidelberg: Spektrum.

41. Frenzel, A., Götz, T. & Pekrun, R. (2009). Emotionen. In E. Wild & J. Möller (Hrsg.), *Pädagogische Psychologie* (S. 205–231). Heidelberg: Springer.

42. Freudenthal, H. (1973). *Mathematics as an educational task.* Dordrecht: Reidel.

43. Freudenthal, H. (1979). *Mathematik als pädagogische Aufgabe: Band 1 und 2.* Stuttgart: Klett.

44. Gallin, P. & Ruf, U. (1998). *Dialogisches Lernen in Sprache und Mathematik: Band 1 und 2.* Seelze: Kallmeyer.

45. Gallin, P. & Ruf, U. (1999). *Ich – Du – Wir – Sprache und Mathematik: Band 1 und 2.* Zürich: Lehrmittelverlag des Kantons Zürich.

46. Gardner, M. (1983). *Frames of Mind. The Theory of Multiple Intelligences.* New York: Basic Books.

47. Gardner, M. (1997). *The Last Recreations: Hydras, Eggs, and Other Mathematical Mystifications.* New York: Springer.

48. Gasteiger, H. (2017) Frühe mathematische Bildung – sachgerecht, kindgemäß, anschlussfähig. In S. Schuler, C. Streit & G. Wittmann (Hrsg.), *Perspektiven mathematischer Bildung im übergang vom Kindergarten zur Grundschule.* Wiesbaden: Springer Spektrum.

49. Gerstenmaier, J. & Mandl, H. (1995). Wissenserwerb unter konstruktivistischer Perspektive. *Zeitschrift für Pädagogik, 41,* 867–888.

50. Götz, T. (2004). *Emotionales Erleben und selbstreguliertes Lernen bei Schülern im Fach Mathematik.* München: Herbert Utz Verlag.

51. Götz, T., Frenzel, A., Pekrun, R., Hall, N. & Lüdtke, O. (2009). Between- and within-domain relations of students' academic emotions. *Journal of Educational Psychology, 99,* 715–733.

52. Greefrath, G. (2010). *Didaktik des Sachrechnens in der Sekundarstufe* (S. 83–87). Heidelberg: Spektrum.

53. Grigutsch, S., Raatz, V. & Törner, G. (1998). Einstellungen gegenüber Mathematik bei Mathematiklehrern. *Journal für Mathematik-Didaktik 19,* 3–45.

54. Gruber, H. & Stamouli, E. (2009). Intelligenz und Vorwissen. In E. Wild & J. Möller (Hrsg.), *Pädagogische Psychologie* (S. 27–47). Heidelberg: Springer.

55. Guldimann, T. & Zutavern, M. (1999). „Das passiert uns nicht noch einmal!" Schülerinnen und Schüler lernen gemeinsam den bewussten Umgang mit Fehlern. In W. Althof (Hrsg.), *Fehlerwelten. Vom Fehlermachen und Lernen aus Fehlern* (S. 233–258). Opladen: Leske + Budrich.

56. Hattie, J. A. C. (2009). *Visible Learning.* London: Routledge.

57. Hammer, C. (2008). Durch Aufgaben gesteuerter Mathematikunterricht. In Bayerisches Staatsministerium für Unterricht und Kultus (Hrsg.), *SINUS Bayern – Beiträge zur Weiterentwicklung*

des mathematisch-naturwissenschaftlichen Unterrichts (S. 110–115). München: Bayerisches Staatsministerium für Unterricht und Kultus.

58. Hanna, G. (1989). Proofs that prove and proofs that explain. In G. Vergnaud, J. Rogalski & M. Artigue (Eds.), *Proceedings of the International Group for the Psychology of Mathematics Education: Vol. II* (pp. 45–51). Paris: Université de Paris.

59. Hascher, T. & Oser, F. (1996). Lernen, Motivation und Sozialklima. In C. Spiel, U. Kastner-Koller & P. Deimann (Hrsg.), *Motivation und Lernen aus der Perspektive lebenslanger Entwicklung* (S. 175–184). Münster: Waxmann.

60. Healy, L. & Hoyles, C. (1998). *Justifying and Proving in School Mathematics. Technical Report on the Nationwide Survey.* London: Institute of Education, University of London.

61. Hefendehl-Hebeker, L. (1998). Aspekte eines didaktisch sensiblen Mathematikverständnisses. *Mathematische Semesterberichte, 45,* 189–206.

62. Heinze, A. (2004). Umgang mit Fehlern im Geometrieunterricht der Sekundarstufe I – Methode und Ergebnisse einer Videostudie. *Journal für Mathematikdidaktik 25,* 221–245.

63. Heinze, A. & Reiss, K. (2007a). Reasoning and proof in the mathematics classroom. *Analysis, 27,* 333–357.

64. Heinze, A. & Reiss, K. (2007b). Mistake-handling activities in the mathematics classroom: Effects of an in-service teacher training on students' performance in geometry. In J. H. Woo, H. C. Lew, K. S. Park & D. Y. Seo (Eds.), *Proceedings of the 31st Conference of the International Group for the Psychology of Mathematics Education: Vol. III* (pp. 9–16). Seoul, Korea: The Korea Society of Educational Studies in Mathematics.

65. Heinze, A. & Reiss, K. (2009). Developing argumentation and proof competencies in the mathematics classroom. In D. A. Stylianou, M. L. Blanton, & E. J. Knuth (Eds.), *Teaching and learning proof across the grades: A K – 16 Perspective* (pp. 191–203). New York, NY: Routledge.

66. Helmke, A. & Weinert, F. E. (1997). Bedingungsfaktoren schulischer Leistungen. In F. E. Weinert (Hrsg.), *Psychologie des Unterrichts und der Schule. Enzyklopädie der Psychologie: Serie Pädagogische Psychologie, Bd. 3* (S. 71–176). Göttingen: Hogrefe.

67. Helmke, A. (2008). *Unterrichtsqualität erfassen, bewerten, verbessern.* Seelze: Kallmeyer.

68. Helmke, A. (2010). *Unterrichtsqualität und Lehrerprofessionalität. Diagnose, Evaluation und Verbesserung des Unterrichts* (3. Aufl.). Seelze: Kallmeyer.

69. Hengartner, E., Hirt, U. & Wälti, B. (2006). *Lernumgebungen für Rechenschwache bis Hochbegabte.* Zug: Klett und Balmer.

70. Herget, W. & Scholz, D. (1998). *Die etwas andere Aufgabe – aus der Zeitung.* Seelze: Kallmeyer.

71. Herget, W., Jahnke, T. & Kroll, W. (2001). *Produktive Aufgaben für den Mathematikunterricht in der Sekundarstufe I.* Berlin: Cornelsen.

72. Herget, W. (2005). Die etwas andere Aufgabe. *Mathematik lehren, 128,* 66.

73. Heymann, H. W. (1996). *Allgemeinbildung und Mathematik.* Weinheim: Beltz.

74. Hiebert, J. (Ed.). (1986). *Conceptual and Procedural Knowledge: The Case of Mathematics.* Hillsdale, NJ: Lawrence Erlbaum.

75. Hilbert, D. (1899). *Grundlagen der Geometrie.* Leipzig.

76. Hillmayr, D., Reinhold, F., Ziernwald, L., & Reiss, K. (2017). *Digitale Medien im mathematisch-naturwissenschaftlichen Unterricht der Sekundarstufe. Einsatzmöglichkeiten, Umsetzung und Wirksamkeit.* Münster: Waxmann.

77. Jahnke, T. (1992). Wie viele Gänge hat ein 21-Gang-Fahrrad. *Didaktik der Mathematik, 20,* 249–260.

78. Jonassen, D. H. & Grabowski, B. L. (1993). *Handbook of Individual Differences, Learning, and Instruction.* Hillsdale NJ: Lawrence Erlbaum.

79. Joung, W., Hesketh, B. & Neal, A. (2006). Using "war stories" to train for adaptive performance: Is it better to learn from errors or success. *Applied Psychology: An International Review, 55,* 282–302.

80. Kintsch, W. & Greeno, J. G. (1985). Understanding and solving word arithmetic problems. *Psychological Review, 92,* 109–129.

81. Klafki, W. (1958). Didaktische Analyse als Kern der Unterrichtsvorbereitung. *Die Deutsche Schule, 10,* 450–47.

82. Klafki, W. (1985). Zur Unterrichtsplanung im Sinne kritisch-konstruktiver Didaktik. In W. Klafki (Hrsg.), *Neue Studien zur Bildungstheorie und Didaktik* (S. 194–227). Weinheim: Beltz.

83. Klauer, K. J. (2000). Das Huckepack-Theorem asymmetrischer Strategietransfers. *Zeitschrift für Entwicklungspsychologie und Pädagogische Psychologie, 32,* 153–168.

84. Klein, F. (1933). *Elementarmathematik vom höheren Standpunkte aus: Teil 1. Arithmetik, Algebra, Analysis* (4. Aufl.). Berlin: Springer.

85. Klieme, E., Schümer, G. & Knoll, S. (2001). Mathematikunterricht in der Sekundarstufe I: „Aufgabenkultur" und Unterrichtsgestaltung. In E. Klieme & J. Baumert (Hrsg.), *TIMSS – Impulse für Schule und Unterricht. Forschungsbefunde, Reforminitiativen, Praxisberichte und Video-Dokumente* (S. 43–57). Bonn: Bundesministerium für Bildung und Forschung.

86. Klieme, E., Avenarius, H., Blum, W., Döbrich, P., Gruber, H., Prenzel, M., Reiss, K., Riquarts, K., Rost, J., Tenorth, H. E. & Vollmer, H. J. (2003). *Zur Entwicklung nationaler Bildungsstandards. Eine Expertise.* Berlin: BMBF.

87. Klieme, E., Reiss, K. & Heinze, A. (2003). Geometrical competence and understanding of proof. A study based on TIMSS items. In F. L. Lin & J. Guo (Eds), *Proceedings of the International Conference on Science and Mathematics Learning 2003* (pp. 60–80). Taipei (Taiwan): National Taiwan Normal University.

88. Klieme, E., Artelt, C., Hartig, J., Jude, N., Köller, O., Prenzel, M., Schneider, W. & Stanat, P. (Hrsg.). (2010). *PISA 2009: Bilanz nach einem Jahrzehnt.* Münster: Waxmann.

89. Köller, O., Schnabel, K. & Baumert, J. (2001). Does interest matter? The relationship between academic interest and and achievement in mathematics. *Journal for Research in Mathematics Education, 32,* 448–470.

90. Krapp, A. (1992). Das Interessenskonstrukt. Bestimmungsmerkmale der Interessenshandlung und des individuellen Interesses aus der Sicht einer Person-Gegenstands-Konzeption. In A. Krapp & M. Prenzel (Hrsg.), *Interesse, Lernen, Leistung. Neuere Ansätze der pädagogisch-psychologischen Interessensforschung* (S. 297–329). Münster: Aschendorff.

91. Krapp, A. (1993). Psychologie der Lernmotivation. *Zeitschrift für Pädagogik, 39,* 187–206.

92. Krauss, S., Kunter, M., Brunner, M., Baumert, J., Blum, W., Neubrand, M., Jordan, A. & Lowen, K. (2004). COACTIV: Professionswissen von Lehrkräften, kognitiv aktivierender Mathematikunterricht und die Entwicklung von mathematischer Kompetenz. In J. Doll & M. Prenzel (Hrsg.), *Bildungsqualität von Schule: Lehrerprofessionalisierung, Unterrichtsentwicklung und Schülerforderung als Strategien der Qualitätsverbesserung* (S. 31–53). Münster: Waxmann.

93. Krauss, S., Blum, W., Brunner, M., Neubrand, M., Baumert, J., Kunter, M., Besser, M. & Elsner, J. (2011). Konzeptusalisierung und Testkonstruktion zum fachbezogenen Professionswissen von Mathematiklehrkräften. In M. Kunter, J. Baumert, W. Blum, U. Klusmann, S. Krauss & M. Neubrand (Hrsg.), *Professionelle Kompetenz von Lehrkräften: Ergebnisse des Forschungsprogramms COACTIV* (S. 135–161). Münster: Waxmann.

94. Krauthausen, G. & Scherer, P. (2007). *Einführung in die Mathematikdidaktik* (3. Aufl.). Heidelberg: Spektrum.

95. Kühnel, J. (1916). *Neubau des Rechenunterrichts..* Leipzig: Julius Klinkhardt.

96. Kultusministerkonferenz. (2003). *Bildungsstandards im Fach Mathematik für den mittleren Schulabschluss.* Bonn: KMK.

97. Kultusministerkonferenz. (2004). *Bildungsstandards im Fach Mathematik für den Primarbereich*. Bonn: KMK.

98. Kultusministerkonferenz. (2004). *Bildungsstandards im Fach Mathematik für den Hauptschulabschluss*. Bonn: KMK.

99. Kultusministerkonferenz. (2012). *Bildungsstandards im Fach Mathematik für die Allgemeine Hochschulreife*. Bonn: KMK.

100. Kunter, M., Baumert, J., Blum, W., Klusmann, U., Krauss, S., & Neubrand, M. (Hrsg.). (2011). *Professionelle Kompetenz von Lehrkräften: Ergebnisse des Forschungsprogramms COACTIV*. Münster: Waxmann.

101. Kuntze, S. (2006). *Themenstudienarbeit: Konzeption einer Lernumgebung für den gymnasialen Mathematikunterricht und Evaluation einer Themenstudienarbeit zum mathematischen Beweisen und Argumentieren*. München: Dr. Hut.

102. Leuders, T. (2014). Modellierungen mathematischer Kompetenzen ? Kriterien für eine Validitätsprüfung aus fachdidaktischer Sicht. *Journal für Mathematik-Didaktik, 35*, 7–48.

103. Linnemann, T., Siller, H. S., Bruder, R., Hascher, T., Sattelberger, E. & Steinfeld, J. (2015). Kompetenzstufenmodellierung am Ende der Sekundarstufe II. In F. Caluori, H. Linneweber-Lammerskitten & C. Streit (Hrsg.), *Beiträge zum Mathematikunterricht 2015* (S. 588–591). Münster: WTM-Verlag.

104. Loos, A. & Ziegler, G. M. (2015). Gesellschaftliche Bedeutung der Mathematik. In R. Bruder, L. Hefendehl-Hebeker, B. Schmidt-Thieme & H.-G. Weigand (Hrsg.), *Handbuch der Mathematikdidaktik*. Berlin: Springer Spektrum.

105. Lorenz, J. H. & Radatz, H. (1993). *Handbuch des Förderns im Mathematikunterricht*. Hannover: Schroedel.

106. Ludwig, N. (2008). *Mathematik+Sport: Olympische Disziplinen im mathematischen Blick*. Wiesbaden: Teubner.

107. Malle, G. (1993). *Didaktische Probleme der elementaren Algebra*. Braunschweig, Wiesbaden: Vieweg.

108. Mandl, H. & Gerstenmaier, J. (Hrsg.). (2000). *Die Kluft zwischen Wissen und Handeln. Empirische und theoretische Lösungsansätze*. Göttingen: Hogrefe.

109. Mehler, J. & Bever, T. G. (1967). Cognitive capacity of very young children. *Science, 158*, 141–142.

110. Meyer, H. (2004). *Was ist guter Unterricht?* Berlin: Cornelsen.

111. Meyer, H. (2007). *Leitfaden Unterrichtsvorbereitung*. Berlin: Cornelsen.

112. Minsky, M. (1994). Negative expertise. *International Journal of Expert Systems, 7*, 13–19.

113. Müller, K. & Ehmke, T. (2013). Soziale Herkunft als Bedingung der Kompetenzentwicklung. In M. Prenzel, C. Sälzer, E. Klieme & O. Köller (Hrsg.), *PISA 2012: Fortschritte und Herausforderungen in Deutschland* (S. 245–274). Münster: Waxmann.

114. Müller, K. & Ehmke, T. (2016). Soziale Herkunft und Kompetenzerwerb. In K. Reiss, C. Sälzer, A. Schiepe-Tiska, E. Klieme & O. Köller (Hrsg.), *PISA 2015: Eine Studie zwischen Kontinuität und Innovation* (S. 285–316). Münster: Waxmann.

115. National Council of Teachers of Mathematics (2000). *Principles and standards for school mathematics*. Reston, VA: National Council of Teachers of Mathematics.

116. Obersteiner, A., Dresler, T., Reiss, K., Vogel, C. A., Pekrun, R., & Fallgatter, A. J. (2010). Bringing brain imaging to the school to assess arithmetic problem solving. Chances and limitations in combining educational and neuroscientific research. *ZDM. The International Journal on Mathematics Education, 42*, 541–554.

117. Obersteiner, A. (2012). *Mentale Repräsentationen von Zahlen und der Erwerb arithmetischer Fähigkeiten. Dissertation*. München: Technische Universität.

118. Obersteiner, A., Alibali, M. W., & Marupudi, V. (2020). Complex fraction comparisons and the natural number bias: the role of benchmarks. *Learning and Instruction, 67.*

119. Organisation for Economic Co-operation and Development (OECD) (Hrsg.). (2004). *Lernen für die Welt von morgen. Erste Ergebnisse von PISA 2003.* Paris: OECD

120. OECD (2018). *PISA 2021 Mathematics Framework: Draft.* Paris: OECD Publishing.

121. OECD (2019). *PISA 2018 Assessment and Analytical Framework.* Paris: OECD Publishing.

122. Oerter, R. & Montada, L. (2008). *Entwicklungspsychologie.* Weinheim: Beltz PVU.

123. Oser, F., Hascher, T. & Spychiger, M. (1999). Lernen aus Fehlern. Zur Psychologie des „negativen" Wissens. In W. Althof (Hrsg.), *Fehlerwelten* (S. 11–41). Opladen: Leske + Budrich.

124. Oser, F. & Spychiger, M. (2005). *Lernen ist schmerzhaft. Zur Theorie des negativen Wissens und zur Praxis der Fehlerkultur.* Weinheim: Beltz.

125. Padberg, F. & Wartha, S. (2017). *Didaktik der Bruchrechnung* (5. Aufl.). Heidelberg: Spektrum.

126. Pekrun, R., Hofe, R. vom, Blum, W., Jullien, S. Zirngibl, A., Kleine, M., Wartha, S. & Jordan, A. (2004). Emotionen und Leistung im Fach Mathematik: Ziele und erste Befunde aus dem Projekt „Projekt zur Analyse der Leistungsentwicklung in Mathematik". In J. Doll & M. Prenzel (Hrsg.), *Bildungsqualität von Schule: Lehrerprofessionalisierung, Unterrichtsentwicklung und Schülerförderung als Strategien der Qualitätsverbesserung* (S. 345–363). Münster: Waxmann.

127. Perels, F., Gürtler, T. & Schmitz, B. (2005). Training of self-regulatory and problem-solving competence. *Learning and Instruction, 15*, 123–139.

128. Perels, F. (2007). Training für Schüler der Sekundarstufe I: Förderung selbstregulierten Lernens in Kombination mit mathematischem Problemlösen bei der Bearbeitung von Textaufgaben. In M. Landmann & B. Schmitz (Hrsg.), *Selbstregulation erfolgreich fördern. Praxisnahe Trainingsprogramme für effektives Lernen* (S. 33–52). Stuttgart: Kohlhammer.

129. Piaget, J. & Szeminska, A. (1972). *Die Entwicklung des Zahlbegriffs beim Kinde* (Original: La genèse du nombre chez l'enfant, Neuchâtel, 1941). Stuttgart: Klett.

130. Piaget, J. (2000). *Psychologie der Intelligenz* (10. Aufl., Original: Psychologie de l'Intelligence, Paris, 1947). Stuttgart: Klett-Cotta.

131. Pólya, G. (1949). *Schule des Denkens. Vom Lösen mathematischer Probleme.* Bern: Francke.

132. Prenzel, M. & Allolio-Näke, L. (Hrsg.). (2006). *Untersuchungen zur Bildungsqualität von Schule. Abschlussbericht des DFG-Schwerpunktprogramms.* Münster: Waxmann.

133. Radatz, H. (1980). *Fehleranalysen im Mathematikunterricht.* Braunschweig: Vieweg.

134. Radatz, H. & Schipper, W. (1983). Handbuch für den Mathematikunterricht an Grundschulen (S. 130). Hannover: Schroedel.

135. Reinmann, G. & Mandl, H. (2006). Unterrichten und Lernumgebungen gestalten. In A. Krapp & B. Weidenmann (Hrsg.), *Pädagogische Psychologie* (S. 613–658). Weinheim: Beltz

136. Reinhold, F. (2019). *Wirksamkeit von Tablet-PCs bei der Entwicklung des Bruchzahlbegriffs aus mathematikdidaktischer und psychologischer Perspektive. Eine empirische Studie in Jahrgangsstufe 6.* Wiesbaden: Springer Spektrum.

137. Reinhold, F., Reiss, K., Diedrich, J., Hofer, S., & Heinze, AS. (2019). Mathematische Kompetenz in PISA 2018 ? aktueller Stand und Entwicklung. In K. Reiss, M. Weis, E. Klieme & O. Köller (Hrsg.), *PISA 2018. Grundbildung im internationalen Vergleich* (S. 187–209). Münster: Waxmann.

138. Reiss, K. & Thomas, J. (2000). Wissenschaftliches Denken beim Beweisen in der Geometrie. Ergebnisse einer Studie mit Schülerinnen und Schülern der gymnasialen Oberstufe. *Mathematica didactica, 23*, 96–112.

139. Reiss, K. (2002). *Argumentieren, Begründen, Beweisen im Mathematikunterricht.* Projektserver SINUS. Bayreuth: Universität.

140. Reiss, K., Hellmich, F. & Thomas, J. (2002). Individuelle und schulische Bedingungsfaktoren für Argumentationen und Beweise im Mathematikunterricht. In M. Prenzel & J. Doll (Hrsg.),

Bildungsqualität von Schule: Schulische und außerschulische Bedingungen mathematischer, naturwissenschaftlicher und überfachlicher Kompetenzen. Zeitschrift für Pädagogik (45. Beiheft) (S. 51–64).

141. Reiss, K. & Renkl, A. (2002). Learning to prove: The idea of heuristic examples. *Zentralblatt für Didaktik der Mathematik, 34,* 29–35.

142. Reiss, K. & Schmieder, G. (2007). *Basiswissen Zahlentheorie. Eine Einführung in Zahlen und Zahlbereiche* (2. Aufl.). Heidelberg: Springer.

143. Reiss, K., Roppelt, A., Haag, N., Pant, H. A. & Köller, O. (2012). Kompetenzstufenmodelle im Fach Mathematik. In P. Stanat, H. A. Pant, K. Böhme & D. Richter (Hrsg.), *Kompetenzen von Schülerinnen und Schülern am Ende der vierten Jahrgangsstufe in den Fächern Deutsch und Mathematik. Ergebnisse des IQB-Ländervergleichs 2011* (S. 72–84). Münster: Waxmann.

144. Reiss, K., Sälzer, C., Schiepe-Tiska, A., Klieme, E. & Köller, O. (Hrsg.) (2016). *PISA 2015: Eine Studie zwischen Kontinuität und Innovation.* Münster: Waxmann.

145. Renkl, A. (1996). Träges Wissen: Wenn Erlerntes nicht genutzt wird. *Psychologische Rundschau, 47,* 78–92.

146. Renkl, A. (2009). Wissenserwerb. In E. Wild & J. Möller (Hrsg.), *Pädagogische Psychologie* (S. 3–26). Heidelberg: Springer.

147. Resnick, L. (1991). Perspectives on socially shared cognition. In L. Resnick, J. Levine & S. Teasley (Eds), *Perspectives on Socially Shared Cognition* (pp. 1–20). Washington, DC: American Psychological Association.

148. Reusser, K. (2008). Empirisch fundierte Didaktik – didaktisch fundierte Unterrichtsforschung. Eine Perpektive zur Neuorientierung der Allgemeinen Didaktik. In M. A. Meyer, M. Prenzel & S. Hellekamps (Hrsg.), *Perspektiven der Didaktik (Zeitschrift für Erziehungswissenschaft, Sonderheft 9)* (S. 219–237). Wiesbaden: VS Verlag für Sozialwissenschaften.

149. Reusser, K., Pauli, C. & Waldis, M. (Hrsg.) (2010). *Unterrichtsgestaltung und Unterrichtsqualität – Ergebnisse einer internationalen und schweizerischen Videostudie.* Münster: Waxmann.

150. Reusser, K. & Pauli, C. (2010). Unterrichtsgestaltung und Unterrichtsqualität. Ergebnisse einer internationalen und schweizerischen Videostudie zum Mathematikunterricht: Einleitung und überblick. In K. Reusser, C. Pauli & M. Waldis (Hrsg.), *Unterrichtsgestaltung und Unterrichtsqualität – Ergebnisse einer internationalen und schweizerischen Videostudie zum Mathematikunterricht* (S. 9–32). Münster: Waxmann.

151. Rittle-Johnson, B. & Alibali, M. W. (1999). Conceptual and procedural knowledge of mathematics: Does one lead to the other? *Journal of Educational Psychology, 91,* 175–189.

152. Sälzer, C., Reiss, K., Schiepe-Tiska, A. & Prenzel, M. (2013). Zwischen Grundlagenwissen und Anwendungsbezug: Mathematische Kompetenz im internationalen Vergleich. In M. Prenzel, C. Sälzer, E. Klieme & O. Köller (Hrsg.), *PISA 2012: Fortschritte und Herausforderungen in Deutschland* (S. 47–97). Münster: Waxmann.

153. Schiefele, U., Krapp, A. & Schreyer, I. (1993). Metaanalyse des Zusammenhangs von Interesse und schulischer Leistung. *Zeitschrift für Entwicklungspsychologie und Pädagogische Psychologie, 25,* 120–148.

154. Schiefele, U. (2009). Motivation. In E. Wild & J. Möller (Hrsg.), Pädagogische Psychologie (S. 151–177). Heidelberg: Springer.

155. Schiepe-Tiska, A., & Schmidtner, S. (2013). Mathematikbezogene emotionale und motivationale Orientierungen, Einstellungen und Verhaltensweisen von Jugendlichen in PISA 2012. In M. Prenzel, C. Sälzer, E. Klieme & O. Köller (Hrsg.), *PISA 2012: Fortschritte und Herausforderungen in Deutschland* (S. 99–121). Münster: Waxmann.

156. Schiepe-Tiska, A., Heine, J.-H., Lüdtke, O., Seidel, T., & Prenzel, M. (2016). Mehrdimensionale Bildungsziele im Mathematikunterricht und ihr Zusammenhang mit den Basisdimensionen der Unterrichtsqualität. *Unterrichtswissenschaft, 44 (3),* 211–225.

157. Schmidt-Thieme, B., &. Weigand, H. G. (2018). Symmetrie und Kongruenz. In H. G. Weigand et al. (Hrsg.), *Didaktik der Geometrie für die Sekundarstufe I. Mathematik Primarstufe und Sekundarstufe I + II* (S. 179–202). Heidelberg: Spektrum.

158. Schupp, H. (2002). *Thema mit Variationen.* Hildesheim: Franzbecker.

159. Schweiger, F. (1992). Fundamentale Ideen – eine geistesgeschichtliche Studie zur Mathematikdidaktik. *Journal für Mathematikdidaktik, 13,* 199–214.

160. Seidel, T., Prenzel, M., Rimmele, R., Dalehefte, I. M., Herweg, C., Kobarg, M. & Schwindt, K. (2006). Blicke auf den Physikunterricht. Ergebnisse der IPN Videostudie. *Zeitschrift für Pädagogik, 52,* 798–821.

161. Selter, C. & Spiegel, H. (1997). *Wie Kinder rechnen.* Leipzig: Klett.

162. Shulman, L. S. (1986). Those who understand: Knowledge growth in teaching. *Educational Researcher, 15(2),* 4–14.

163. Staub, F. & Stern, E. (2002). The nature of teachers' pedagogical content beliefs matters for students' achievement gains: quasi-experimental evidence from elementary mathematics. *Journal of Educational Psychology, 94,* 344–355.

164. Stern, E. (1998). *Die Entwicklung des mathematischen Verständnisses im Kindesalter.* Lengerich: Papst.

165. Stern, E. (2005). Kognitive Entwicklungspsychologie des mathematischen Denkens. In M. von Aster & J. H. Lorenz (Hrsg.), *Rechenstörungen bei Kindern. Neurowissenschaft, Psychologie, Pädagogik* (S. 137–149). Göttingen: Vandenhoeck & Ruprecht.

166. Stern, E. & Neubauer, A. (2013). *Intelligenz.* München: DVA.

167. Sweller, J. (1988). Cognitive load during problem solving: Effects on learning. *Cognitive Science, 12,* 257–285.

168. Ufer, S., Heinze, A. & Lipowsky, F. (2015). Unterrichtsmethoden und Instruktionsstrategien. In R. Bruder, L. Hefendehl-Hebeker, B. Schmidt-Thieme & H.-G. Weigand (Hrsg.), *Handbuch der Mathematikdidaktik* (S. 411–434). Berlin, Heidelberg: Springer Spektrum.

169. Ufer, S., & Reiss, K. (2009). Was macht mathematisches Arbeiten aus? Empirische Ergebnisse zum Argumentieren, Begründen und Beweisen. *Jahresbericht der DMV, 4-2009,* 155–177.

170. Vollrath, H.-J. (1994). *Methodik des Begriffslehrens.* Stuttgart: Klett.

171. Vom Hofe, R., Pekrun, R., Kleine, M. & Götz, T. (2002). Projekt zur Analyse der Leistungsentwicklung in Mathematik (PALMA). Konstruktion des Regensburger Mathematikleistungstests für 5.–10. Klassen. *Zeitschrift für Pädagogik, 45,* 83–100.

172. Wälti, B. (2014). *Alternative Leistungsbewertung in der Mathematik.* Bern: Schulverlag plus.

173. Wagenschein, M. (1973). *Verstehen Lehren. Genetisch – Sokratisch – Exemplarisch* (4. Aufl.). Weinheim: Beltz.

174. Wahl, D. (2005). *Lernumgebungen erfolgreich gestalten. Vom trägen Wissen zum kompetenten Handeln.* Bad Heilbrunn: Klinkhardt.

175. Wartha, S. (2005). Fehler in der Bruchrechnung durch Grundvorstellungsumbrüche. In G. Graumann (Hrsg.), *Beiträge zum Mathematikunterricht 2005* (S. 103–106). Hildesheim: Franzbecker.

176. Weinert, F. E. (2001). Vergleichende Leistungsmessung in Schulen – eine umstrittene Selbstverständlichkeit. In F. Weinert (Hrsg.), *Leistungsmessungen in Schulen* (S. 17–31). Weinheim: Beltz.

177. Weis, M., Müller, K., Mang, J., Heine, J.-H., Mahler, N., & Reiss, K. (2019). Soziale Herkunft, Zuwanderungshintergrund und Lesekompetenz. In K. Reiss, M. Weis, E. Klieme, & O. Köler (Hrsg.), *PISA 2018 Grundbildung im internationalen Vergleich* (S. 129–162). Münster: Waxmann.

178. Wertheimer, M. (1964). *Produktives Denken* (2. Aufl.). Frankfurt: Kramer.

179. Wild, E., Hofer, M. & Pekrun, R. (2006). Psychologie des Lernens. In A. Krapp & B. Weidenmann (Hrsg.), *Pädagogische Psychologie* (S. 203–267). Weinheim: Beltz.

180. Winter, H. (1972). Vorstellungen zur Entwicklung von Curricula für den Mathematikunterricht in der Gesamtschule. In H. W. Henn (Hrsg.), *Beiträge zum Lernzielproblem* (S. 67–95). Ratingen: Kultusministerium Nordrhein-Westfalen.

181. Winter, H. (1991). *Entdeckendes Lernen im Mathematikunterricht* (2. Aufl.). Braunschweig: Vieweg.

182. Winter, H. (1996). Mathematikunterricht und Allgemeinbildung. *Mitteilungen der Gesellschaft für Didaktik der Mathematik, 61*, 37–46.

183. Wittmann, E. C. (1974). *Grundfragen des Mathematikunterrichts*. Wiesbaden: Vieweg+Teubner.

184. Wittmann, E. C. (1992). Mathematikdidaktik als „design science". *Journal für Mathematikdidaktik 13*, 55–70.

185. Wollring, B. (2004). Kooperative Aufgabenformate und Lernumgebungen im Mathematikunterricht der Grundschule. In H. Dauber (Hrsg.), *Gestalten – Entdecken. Lernumgebungen für selbständiges und kooperatives Lernen*, (S. 14–21). Kassel: Zentrum für Lehrerbildung der Universität.

186. Wynn, K. (1992). Addition and subtraction by human infants. *Nature, 358*, 749–750.

187. Yager, R. E. & Tamir, P. (1993). STS Approach: Reasons, intentions, accomplishments and outcomes. *Science Education, 77*, 637–658.

188. Zech, F. (1996). *Grundkurs Mathematikdidaktik*. Weinheim: Beltz.

189. Zöttl, L. (2010). *Modellierungskompetenz fördern mit heuristischen Lösungsbeispielen*. Hildesheim: Franzbecker.

Namen- und Stichwortverzeichnis

Printed in the United States
by Baker & Taylor Publisher Services